高等院校移动商务管理系列教材

# 移动商务安全
# Mobile Commerce Security

（第二版）

张润彤　田佳丽◎主编

经济管理出版社

ECONOMY & MANAGEMENT PUBLISHING HOUSE

**图书在版编目（CIP）数据**

移动商务安全/张润彤，田佳丽主编. —2 版. —北京：经济管理出版社，2017.1
ISBN 978-7-5096-4826-1

Ⅰ.①移…　Ⅱ.①张…　②田…　Ⅲ.①电子商务—安全管理　Ⅳ.①F713.36

中国版本图书馆 CIP 数据核字（2016）第 316254 号

组稿编辑：勇　生
责任编辑：杨国强
责任印制：木　易
责任校对：超　凡

出版发行：经济管理出版社
　　　　　（北京市海淀区北蜂窝 8 号中雅大厦 A 座 11 层　100038）
网　　址：www. E-mp. com. cn
电　　话：（010）51915602
印　　刷：玉田县昊达印刷有限公司
经　　销：新华书店
开　　本：720mm×1000mm/16
印　　张：16.5
字　　数：296 千字
版　　次：2017 年 4 月第 2 版　2017 年 4 月第 1 次印刷
书　　号：ISBN 978-7-5096-4826-1
定　　价：33.00 元

# 编 委 会

# 专家指导委员会

**主　任**：杨培芳　中国信息经济学会理事长、教授级高级工程师，工业和信息
化部电信经济专家委员会秘书长，工业和信息化部电信研究院副总工
程师

**副主任**：杨学成　北京邮电大学经济管理学院副院长、教授

**委　员**（按照姓氏拼音字母排序）：

安　新　中国联通学院广东分院院长、培训交流中心主任

蔡亮华　北京邮电大学教授、高级工程师

陈　禹　中国信息经济学会名誉理事长，中国人民大学经济信息管理系主任、
教授

陈　飓　致远协同研究院副院长，北京大学信息化与信息管理研究中心研究员

陈国青　清华大学经济管理学院常务副院长、教授、博士生导师

陈力华　上海工程技术大学副校长、教授、博士生导师

陈鹏飞　北京嘉迪正信（北京）管理咨询有限公司总经理

陈玉龙　国家行政学院电子政务研究中心专家委员会专家委员，国家信息化专
家咨询委员会委员，国家信息中心研究员

董小英　北京大学光华管理学院管理科学与信息系统系副教授

方美琪　中国人民大学信息学院教授、博士生导师，经济科学实验室副主任

付虹蛟　中国人民大学信息学院副教授

龚炳铮　工业和信息化部电子六所（华北计算机系统工程研究所）研究员，教
授级高级工程师

郭东强　华侨大学教授

高步文　中国移动通信集团公司辽宁有限公司总经理

郭英翔　中国移动通信集团公司辽宁有限公司董事、副总经理

何　霞　中国信息经济学会副秘书长，工业和信息化部电信研究院政策与经济
研究所副总工程师，教授级高级工程师

洪　涛　北京工商大学经济学院贸易系主任、教授，商务部电子商务咨询专家

# 前　言

随着移动互联网的深入渗透，我们的生活、工作和娱乐的移动化趋势越来越明显，移动商务成为不可阻挡的商业潮流。尤其是"互联网+"战略正在推动数字经济与实体经济的深度融合，"大众创业，万众创新"方兴未艾，我们有理由相信，移动商务终将成为商业活动的"新常态"。

在这样的背景下，有必要组织力量普及移动商务知识，理清移动商务管理的特点，形成移动商务管理的一整套理论体系。从2014年开始，经济管理出版社广泛组织业内专家学者，就移动商务管理领域的重点问题、关键问题进行了多次研讨，并实地调研了用人单位的人才需求，结合移动商务管理的特点，形成了一整套移动商务管理的能力素质模型，进而从人才需求出发，围绕能力素质模型构建了完整的知识树和课程体系，最终以这套丛书的形式展现给广大读者。

本套丛书有三个特点：一是课程知识覆盖全面，本套丛书涵盖了从移动商务技术到管理再到产业的各个方面，覆盖移动商务领域各个岗位能力需求；二是突出实践能力塑造，紧紧围绕相关岗位能力需求构建知识体系，有针对性地进行实践能力培养；三是案例丰富，通过精心挑选的特色案例帮助学员理解相关理论知识并启发学员思考。

希望通过本套丛书的出版，能够为所有对移动商务管理感兴趣的人士提供一份入门级的读物，帮助大家理解移动商务的大趋势，形成全新的思维方式，为迎接移动商务浪潮做好知识储备。

本套丛书还可以作为全国各个大、专院校的教材，尤其是电子商务、工商管理、计算机等专业的本科生和专科生，相信本套丛书将对上述专业的大学生掌握本专业的知识提供非常有利地帮助，并为未来的就业和择业打下坚实的基础。除此之外，我们也期待对移动商务感兴趣的广大实践人士能够阅读本套丛书，相信你们丰富的实践经验必能与本套丛书的知识体系产生共鸣，帮助实践人士更好地总结实践经验并提升自身的实践能力。这是一个全新的时代，希望本套丛书的出版能够为中国的移动商务发展贡献绵薄之力，期待移动商务更加蓬勃的发展！

# 目 录

**第一章　移动商务安全概述** ………………………………………… 1

　　第一节　电子商务与移动商务 …………………………………… 4

　　第二节　移动商务概述 …………………………………………… 9

　　第三节　移动商务安全的概念与现状 …………………………… 15

　　第四节　移动商务的安全原则和措施 …………………………… 20

**第二章　移动商务的安全基础** ………………………………………… 27

　　第一节　移动商务的体系结构与支撑环境 ……………………… 29

　　第二节　移动商务安全威胁的产生 ……………………………… 34

　　第三节　移动商务支付 …………………………………………… 38

　　第四节　主流移动商务安全技术概述 …………………………… 45

**第三章　移动商务网络安全机制与应用** ……………………………… 57

　　第一节　移动商务网络简介 ……………………………………… 60

　　第二节　移动商务网络安全问题与防范 ………………………… 67

　　第三节　入侵检测和攻击分析 …………………………………… 73

　　第四节　移动商务应用安全 ……………………………………… 79

**第四章　移动商务安全协议与标准** …………………………………… 87

　　第一节　协议与标准概述 ………………………………………… 89

　　第二节　无线网络安全协议与标准 ……………………………… 94

　　第三节　现场移动支付安全标准 ………………………………… 102

　　第四节　影响移动商务安全发展的相关标准 …………………… 108

**第五章　移动商务安全技术** …………………………………………… 119

　　第一节　移动商务安全技术概述 ………………………………… 121

第二节　移动商务中主要的安全技术介绍 ……………………………… 126

第三节　移动商务安全技术综合应用模式 ……………………………… 135

第四节　移动商务安全技术的发展趋势 ………………………………… 140

第六章　移动支付安全 …………………………………………………… 149

第一节　移动支付 ………………………………………………………… 154

第二节　移动支付模式 …………………………………………………… 159

第三节　移动支付安全 …………………………………………………… 167

第四节　移动支付产业发展问题与策略 ………………………………… 175

第七章　移动商务的安全管理 …………………………………………… 183

第一节　移动商务存在的安全管理问题分析 …………………………… 186

第二节　国内外移动商务安全管理现状 ………………………………… 188

第三节　信誉与信任模型 ………………………………………………… 194

第四节　移动商务安全管理措施 ………………………………………… 199

第八章　移动商务安全应用 ……………………………………………… 211

第一节　移动商务应用安全概述 ………………………………………… 213

第二节　手机银行应用安全问题 ………………………………………… 217

第三节　移动游戏应用安全问题 ………………………………………… 223

第四节　移动政务应用安全问题 ………………………………………… 228

参考文献 …………………………………………………………………… 239

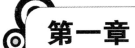

第一章

移动商务安全概述

## 学习目的

知识要求 通过本章的学习，掌握：

● 电子商务的概念
● 移动商务的概念
● 移动商务安全的概念及现状
● 移动商务安全的原则与措施

技能要求 通过本章的学习，能够：

● 了解电子商务、移动商务的概念
● 了解移动商务安全的概念
● 理解移动商务安全的现状
● 掌握移动商务安全的原则与措施

1

## 学习指导

1. 本章内容包括：电子商务与移动商务；移动商务概述；移动商务安全的概念与现状；移动商务的安全原则和措施。

2. 学习方法：独立思考，抓住重点。了解电子商务、移动商务的相关概念；重点掌握移动商务安全的原则与措施。

3. 建议学时：4 学时。

 引导案例

## 当电子商务遇见手机 购物习惯因网而变

一家你常光顾的咖啡店，它所售的咖啡只满足成本的需要。当你在其中享受咖啡时光时，会无意间接触到很多商品。一只精致的咖啡杯吸引了你的目光，"买下它"是你当时的唯一念头，于是你掏出手机，拍下这只咖啡杯，并一键购买了它。

这并非科幻电影中的虚构场景，按照目前移动电子商务的发展，这样的场景很可能就在不远的将来。

### 一、"移动"着购物不再遥远

网购这块大"蛋糕"在众多宅男宅女外加潮男潮女的鼎力支持下变得愈发香甜，各方在紧盯着它的同时，不忘磨快自己的小刀，以从中分杯羹尝尝，但切蛋糕的快慢往往取决于手中的工具是否锋利。于是，选择用"手机"切蛋糕的人越来越多，因为它切得更好、更快。移动互联网和电子商务的结合也就应运而生。

根据近期艾瑞咨询发布的数据显示，2011 年第一季度，我国移动互联网市场规模达 64.4 亿元，同比增长 43.4%，环比增长 23.0%。在市场细分格局中，除了移动增值市场以 55.6% 的优势保持领先外，手机电子商务表现较为突出，所占比例达到 21.6%。

而清科报告的数据也表明，2011 年，我国的移动互联网投资将有望刷新历年纪录。2010 年全年，移动互联网投资案例 23 起，总金额约 2 亿美元；2011 年，仅截至 3 月底的数据，就有 6 起案例以及 1.2 亿美元的投资额。

根据艾瑞咨询的数字，2010 年，中国电子商务市场规模为 4.8 万亿元，预计到 2014 年，将超过 20 万亿元。按照保守估计，到 2016 年，移动电子商务的规模将至少达到 10 万亿元。

可见，疯狂的资本投资背后，并非是电商的一相情愿。业内专家预言：电子商务正在经历一场从"桌面"到"掌上"的变革。

### 二、从"坐着买"到"走着买"

当传统电子商务还在打着"没人上街不等于没人逛街"的旗号躺在功劳簿上"吃老本"时，移动电子商务却先行一步，蜕变为电子商务 2.0 版本，以抢占这片手机"蓝海"。

从手机与无线互联网珠联璧合的那一刻开始，它就已不再是传统意义的"电话"，而当与无线互联网"牵手"成功的手机遇上电子商务时，"移动商店"

就在你的口袋里了。

说起移动电子商务的概念，按照网络流行的解释，其实就是利用手机、平板电脑等无线终端进行的电子商务应用。它将互联网、移动通信、短距离通信等技术完美结合起来，使人们可以在任何时间、任何地点进行线上、线下购物与交易、在线电子支付，参与各种商务活动和金融活动等。

传统电子商务实现了大家不出门就能购物的梦想，打破了时间限制，而移动电子商务则可以克服"只能坐在家里买东西"的限制，有了口袋里的"移动商店"，在任何有手机网络覆盖的地方，都可以轻松选购商品、下单乃至支付，直至完成交易。

### 三、"智能"为手机带来购物商机

对于网购达人来说，手机购物并不是件新鲜事情。其实，早在 2008 年，淘宝就开通了手机版淘宝网页，随后当当网、卓越亚马逊等网上商城先后都曾推出手机版。不过，当时受限于手机屏幕小、上网速度慢等原因，手机购物只会带来较差的购物体验，埋单的人并不多。

如今，以 iPhone 和 Android 为代表的智能手机的逐渐普及，为移动电子商务带来了新的契机。目前，中国有超过 3 亿人的手机用户规模，手机支付日趋成熟，这些都让企业信心满满，手机购物正成为各大电商战略布局的重心。

例如，卓越亚马逊推出的 Android 应用就融入了"心愿单"功能，消费者如果遇到自己心仪的商品，但目前还并不打算购买，那么可以将其放入"心愿单"内，其他朋友如果看见在"心愿单"中的商品，很有可能在你生日或其他重要日子里，将它买下送给你，从而帮你实现心愿。

从淘宝到当当，从麦考林到凡客诚品，从苏宁易购到 1 号店，它们或推出手机商城，或开发智能手机客户端，都想在移动购物领域分一杯羹。

### 四、购物比价渐成潮流

由于移动终端的应用，一种称作"靠谱价"的比价功能也应运而生。

小刘是淘宝网双钻买家，称得上是购物达人的她最近总是能以最优惠的价格买到商品，让许多同事眼红，问起原因，小刘告诉记者："在商场买东西最重要的就是比价，俗语说货比三家不吃亏，在网上也是一样。'靠谱价'所提供的就是比价功能，使用了这个功能之后，在网上比价轻而易举，买到便宜的商品也是理所当然的。"

据介绍，"靠谱价"就是官方网站根据成交量高、信誉好、人气旺的商家的商品价格得出的平均价格。由于"靠谱价"以 TOP 卖家实际成交情况作为标准，而成为买家的消费指南，这样一来，不管是线上还是线下，偏离"靠谱价"太多的店家首先会被买家淘汰，依据"靠谱价"，消费者能够更精准地找到所需商品并快速完成购买。

在消费行为的模式里，比价功能可以带给消费者直接、实际、容易满足的体验，与传统比价方式相比，"靠谱价"的最大优势在于：首先是购物主动性，消费者不再被动接受一个商家的信息，可以从多个商家的信息中选择最理想的价格；其次是价格透明，同样的商品谁的价高、谁的价低，一目了然，物有所值不吃暗亏；最后是快捷方便，通过"靠谱价"获得的价格信息，不仅适用于网络购物，同样也适用于线下实体店购物，消费者不用再为买一件商品而一家家去比价了。

**五、拨开浮云才能迎来黄金时代**

不过，正当移动电子商务这趟列车全速驶向"成熟"时，2011年3·15央视却频频曝光团购的欺诈与诚信缺失。这不得不警醒大家，当手机购物"热"时，还要抽空"冷"思考一下。

专家指出，各种网络欺诈行为已成为消费者投诉热点，不断增长的各种钓鱼网站欺诈行为，直接威胁到消费者的网购及支付安全。这也揭露了电子商务与移动电子商务的通病：诚信缺失及用户体验不成熟。此外，就目前情况而言，国内物流行业鱼龙混杂，移动电子商务支付手段主要由物流公司代收货款和充值点卡代收等。这种物流企业与商家的结算风险比较大，而且结算周期相对较长，安全、便利性不尽如人意。

虽然国内移动电子商务市场正值黄金时代，但无论是电商还是网购达人，想要真正在其中受益，还需慢慢拨开眼前的浮云，慎步而行。

资料来源：张莹. 当电子商务遇见手机　购物习惯因网而变 [N]. 新报，2011-07-11.

➡ **问题：**

1. 移动通信网络怎样促进了移动商务的发展？

2. 案例总结了哪些影响移动商务发展的安全问题？你还能总结出哪些其他安全问题？

# 第一节　电子商务与移动商务

随着计算机通信网络技术快速革新和电子商务活动的日益丰富，固定的电子商务形式再也不能满足人们的需求，越来越多的企业或个人因商务和职业的需要，希望能随时随地地进行商务活动。随着移动通信技术和移动手持设备的迅速成熟、普及，人们越来越多地利用手机或膝上电脑收发电子邮件、查阅新闻或股市行情、订购各种急需商品；商家进行移动中的咨询洽谈、遥测位置、广告宣传、提供移动娱乐服务、移动教育平台；等等。这些活动就是本书要讨论的移动商务。

## 一、电子商务

计算机、通信、信息技术的快速发展和 Internet 的普及应用，使得现代商业具有不断增长的供货能力、不断增长的客户需求和不断增长的全球竞争三大特征，电子商务正是为了适应这个以全球为市场的变化而出现和发展起来的。

### (一) 电子商务的定义

从宏观角度讲，电子商务是计算机网络的第二次革命，是通过电子手段建立一个新的经济次序，它不仅涉及商业交易本身，而且涉及诸如金融、税务、教育等社会其他层面。

从微观角度讲，电子商务是指各种具有商业活动能力的实体（生产企业、商贸企业、金融机构、政府机构、个人消费者等）利用网络和先进的数字化传媒技术进行的各项商务贸易活动。然而，一次完整的商业贸易过程是复杂的，包括交易前了解商情、询价、报价、发送订单、应答订单、发送接收送货通知、取货凭证、支付汇兑过程等，此外还有涉及行政过程的认证等行为。因此，严格来讲，只有上述所有贸易过程都实现了无纸贸易，即全部是非人工介入，均使用各种电子工具完成，才能称为一次完整的电子商务。

电子商务应包含以下五点含义：采用多种电子通信方式，特别是通过 Internet；实现商品交易、服务交易（其中含人力资源、资金、信息服务等）；包含企业间的商务活动，也包含企业内部的商务活动（生产、经营、管理财务等）；涵盖交易的各个环节，如询价、报价、订货、结算及售后服务等；采用电子方式是形式，跨越时空、提高效率、节约成本是主要目的。

综上所述，电子商务是利用计算机技术、网络技术和远程通信技术，实现整个商务（买卖）过程中的电子化、数字化和网络化。

### (二) 电子商务的发展阶段

电子商务的发展经历了以下五个阶段。

1. 20 世纪 70 年代基于传统 EDI 的电子商务阶段

在"无纸化"贸易需求的推动下，为了克服传统的人工处理单证和文件的困难，贸易商们开始在商务活动中尝试运用计算机处理商务活动中的文件和单据，EDI 应运而成。EDI 是将业务文件按一个公认的标准从一台计算机传输到另一台计算机的电子传输方法。由于 EDI 大大减少了纸质票据，因此，被形象地称为"无纸贸易"或"无纸交易"。从技术上讲，EDI 包括硬件和软件两大部分，硬件主要指计算机网络，软件包括计算机软件和 EDI 标准。EDI 即电子商务的初级阶段。

2. 20 世纪 90 年代以 Internet 上的 EDI 为核心的电子商务阶段

EDI 的运用大大推动了国际贸易的发展，但是由于 EDI 通信系统的建立需要较大的投资，因此限制了基于 EDI 的电子商务应用范围的扩大。20 世纪 90 年代，Internet 迅速普及，它克服了 EDI 的不足，满足了中小企业对于电子数据交换的需要。Internet 作为一个费用更低、覆盖面更广、服务更好的系统，为所有企业普及电子商务提供了可能。基于 Internet 的 EDI 集 EDI 和 Internet 的优势于一体，因此有人把通过 Internet 实现的 EDI 称为 Internet EDI。

3. 现在的 E 概念电子商务阶段

自 2000 年初以来，人们对于电子商务的认识逐渐扩展到 E 概念的高度。电子信息技术不但可以和商务活动相结合，还可以和医疗、教育、卫生、军事、政府等有关的应用领域相结合，从而形成有关领域的 E 概念。电子信息技术同教育相结合，孵化出电子教务——远程教育；电子信息技术和医疗结合，产生出电子医务——远程医疗；电子信息技术同政务结合，产生出电子政务；电子信息技术和金融结合，产生出在线银行；电子信息技术与企业组织形式结合，形成虚拟企业；等等。随着电子信息技术的发展和社会需要的不断提出，人们会不断地为电子信息技术找到新的应用，必将产生越来越多的 E 概念，进入所谓的 E 概念电子商务阶段。

4. 全程电子商务阶段

随着 SaaS（Software as a Service）软件服务模式的出现，各种软件纷纷登录互联网，延长了电子商务链条，形成了当下最新的"全程电子商务"概念模式。并且随着无线通信技术的发展和各类移动终端价格的平民化，互联网的接入方式正在悄悄地发生改变，人们除了继续使用台式电脑访问有线网络外，也渐渐开始用这些普及的移动终端设备来接入互联网，从而实现移动互联，于是就产生了移动商务。

5. 智慧电子商务阶段

2011 年，互联网信息碎片化以及云计算技术愈发成熟，主动互联网营销模式出现，i-Commerce（individual Commerce）顺势而出，即电子商务摆脱传统销售模式生搬上互联网的现状，以主动、互动、用户关怀等多角度与用户进行深层次沟通。

## 二、移动商务的兴起

当前，随着移动网络的迅速普及和发展，在人们普遍接受网上购物、网上办公等电子商务模式后，移动上网、移动聊天、移动定位、移动付费等新型的沟通和商务模式也已悄然走进人们的生活。这种新型的商务模式就是移动商务。

最新统计显示，截至 2011 年 6 月，中国网民规模达到 4.85 亿人，其中手机网民占比超过 65%，达到 3.18 亿人，成为我国网民的重要组成部分。移动互联网市场的迅速崛起，预示着移动商务在中国将有极大的发展空间和市场前景。

### (一) 移动通信技术的发展

移动数据通信和互联网技术的飞速发展为移动商务的发展提供了保障。相对于互联网的发展，移动通信领域是当前发展最快、应用最广和最前沿的通信领域之一，它的最终目标是实现任何人可以在任何地点、任何时间与其他任何人进行任何方式的无线电通信。移动通信目前已从 20 世纪 80 年代的第一代模拟及频分多址通信技术（简称"1G"），发展到 90 年代初时分多址的第二代数字移动通信技术（简称"2G"），再到普遍应用的介于 2G 和 3G 之间的 2.5G，乃至目前的新技术——第三代数字移动通信技术（简称"3G"）。这是促成移动商务飞速发展的主要因素。

### (二) 移动设备的发展和运用

随着移动通信和移动互联网的迅速发展和普及，移动通信设备无论功能和种类还是数量和质量都得到了飞速的发展，从概念到实施只经历了很短的时间，而且还在以一种前所未有的速度在全球推进。从第一代的 WAP 手机到第二代的 GPRS 手机，再到现在普遍使用的 3G 手机、初进市场的 4G 手机，以及各式各样的掌上通信工具，人类通信在互联网技术的推动下创造着一个又一个的应用新境界，而每一次跨越都对人们生活、思维习惯和社会规范产生着深远的影响。移动接入设备的发展为移动商务的运用提供了可能，这类设备具有一定的运算处理能力、网络连接能力和存储能力。由于体积小、携带方便而且集中了计算、编辑、多媒体和网络等多种功能，它不仅可用来管理个人信息、访问网络资源、收发 E-mail 等，甚至还可以通过无线通信方式与远程计算机进行交互控制。移动设备发展的趋势和潮流就是计算、通信、网络、存储、娱乐、电子商务等多功能的融合。

由于移动设备的便携性及移动通信技术的飞速发展，近年来在电子商务中，作为对台式计算机的补充，大多数人已经开始使用移动设备进行各种各样的贸易，以提高工作效率。移动商务不仅能提供在互联网上的直接购物，还是一种全新的销售与促销渠道，通过移动商务，用户可随时随地用移动电话或 PDA 查找、选择及购买商品和服务。甚至有人预测，在电子商务发展的第五阶

段，"移动商务"将覆盖传统的"电子商务"。

## 三、移动商务与电子商务的关系

### （一）电子商务是移动商务的基础

移动商务是由电子商务的概念衍生出来，是电子商务的表现形式之一。现在的电子商务以 PC（个人电脑）为主要界面，是"有线的电子商务"；而移动商务，则是通过手机、PDA 等这些可以装在口袋里的终端来完成商务活动的。几乎所有的无线互联以及有线互联企业都会进入移动商务，只有进入这个领域，才能将无线终端的用户以及有线终端的网民这两个社会群体转变为消费的群体，从而为企业的生产带来实质的利益。

电子商务的发展为移动商务的研究和应用提供了丰富的经验，无论是市场开发还是发展环境都为移动商务的发展提供了一个很好的平台。近几年来，随着计算机与 Internet 的发展，电子商务，无论是作为一种交易方式、传播媒介还是企业组织的进化，都在广度与深度方面取得了前所未有的进展。然而，与此同时，电子商务发展的基础环境问题，尤其是电子商务的法律环境，也越来越引起了人们的关注。在法律环境上，我们需要建立完善的贸易自由化下对国内产业的保障机制，制定完善的反倾销与反补贴法以及货物贸易与服务贸易市场的进口保障机制，增强贸易政策的透明度。要完善技术法规、标准和评定程序，修改知识产权法律法规、加强知识产权执法力度，放宽对外商投资的限制，要与与贸易有关的投资措施协议并轨，建立有效的利用争端解决机制等。在电子商务下的法律环境，仍然适合移动商务对法律的需要，这为移动商务的健康发展提供了法律保障。

移动商务重新建立新的商务模式能够节约很多成本。如 B2B、B2C 等经典的商务模式不但适用于移动商务模式而且还可以加快移动商务的发展。

### （二）移动商务是电子商务的未来

从积极的角度来看，移动商务的企业应用有着广泛的空间。移动商务是传统电子商务的扩展，它能利用最新的移动技术和各种各样的移动设备，派生出很多更有价值的商务模式。当电子商务的概念逐渐普及，企业部署电子商务的基础架构基本完成时，接下来的发展必然是移动商务。在整个互联经济的发展过程中，从最初的基于 Web 的简单应用，到电子交易系统的建立，再到电子商务的完全成型，现在到了全面的移动商务应用。可见，移动商务属于电子商务发展的一个必然延伸。移动商务统合了移动通信的优势，有很大的发展空间。

但目前，由于一些电子商务固有的老问题还没有解决，移动电子商务的新业务发展必然是缓慢的和有限的。比如虽然现在的移动通信基础有了，但金融体制没有健全，支付问题难以解决；认证和信用体系更是很薄弱，商业欺诈比比皆是。这些问题不解决，将会在很大程度上阻碍移动商务的发展。

尽管如此，从总的发展趋势看，移动商务还是有巨大的应用空间和发展空间，代表着电子商务的未来，是发展的必然趋势。在中国，目前已经超过4.5亿名手机用户和数目众多的PDA，这些移动终端构成了移动商务巨大的潜在市场。据统计，2010年中国移动电子商务市场交易规模已经达到26亿元，同比增长率达到370%，并预计，2012年该数据将达到380亿元。

# 第二节　移动商务概述

## 一、移动商务的定义

随着移动网络的快速发展、移动网络从3G到4G的演进、网络所支持的移动数据速率的快速提升，一些面向移动商务领域发展的趋势日益明显：越来越多的消费者喜欢上了网上购物，增值的SMS业务大受欢迎；越来越多的预付费充值购买可以通过移动电话进行。目前移动通信技术已经成熟，全球拥有移动通信设备的人越来越多，移动商务将很快得到消费者的认可，因为他们可以随时随地上网查询信息、购买产品、预订服务，既方便快捷，又节省时间。移动商务成为现在和今后移动应用的重要内容。

从宏观角度来说，移动商务是继电子商务之后，计算机网络的又一次创新，它通过Internet和移动通信技术的完美结合将电子商务推向更高的水平，它利用移动通信的各种终端将有线电子商务带给用户。

从微观角度来说，移动商务是指各种具有商业活动能力的实体利用网络和先进的移动通信技术进行的各项商务贸易活动。通过移动商务，用户可随时随地获取所需的服务、应用、信息和娱乐，他们可以在自己需要的时候，使用智能电话或PDA（个人数字助理）、笔记本等通信终端查找、选择及购买商品和服务。

可见，电子商务是将商务活动网络化与电子化，而移动商务是将固定通信网的商务活动提升到移动网。

综合以上分析，我们可以将移动商务定义为通过移动通信网络进行数据传输并且利用移动终端开展各种商业经营活动的一种新型电子商务模式。移动商务是商务活动参与主体可以在任何时间、任何地点实时获取和采集商业信息的一类电子商务模式，移动商务活动以应用移动通信技术和使用移动终端进行信息交互为特性。由于移动通信的实时性，移动商务的用户可以通过移动通信在第一时间准确地与对象进行沟通，与商务信息数据中心进行交互，使用户摆脱固定的设备和网络环境的束缚而最大限度地驰骋于自由的商务空间。

## 二、移动商务的特点

移动商务的主要特点是灵活、简单、方便。移动商务不仅能提供在互联网上的直接购物，还是一种全新的销售与促销渠道，它全面支持移动互联网业务，可实现电信、信息、媒体和娱乐服务的电子支付。移动商务能完全根据消费者的个性化需求和喜好定制，设备的选择以及提供服务与信息的方式完全由用户自己控制。通过移动商务，用户可随时随地获取所需的服务、应用、信息和娱乐，不受时间和空间的限制，这从本质上完善了商务活动。用户还可以在自己方便的时候，使用智能电话或 PDA 查找、选择及购买商品和各种服务。采购可以即时完成，商业决策也可以马上实施。服务付费可以通过多种方式进行，可直接转入银行、用户电话账单或者实时在专用预付账户上借记，以满足不同需求。对于企业而言，这种方式更是提高了工作效率，降低了成本，扩大了市场，必将产生更多的社会效益和经济效益。

移动商务能够为人们的生活带来变革，与传统电子商务相比，它具有明显优势，主要表现在以下几个方面：

### （一）移动商务无处不在

由于移动终端设备天生的设计特性——易于携带。这使得用户可以更有效地利用空余时间来从事商业活动。如用户可在旅行途中利用可上网的移动设备来从事商业交互活动，如商务洽谈、下订单等。而电子商务受地理位置及电脑网线等硬件设备限制，缺乏移动商务的地理便利。

### （二）移动商务以定位为中心

通过应用 GPS 可以准确定位移动用户所在地，从而为其提供个性化服务，给移动商务带来有线电子商务无可比拟的优势。利用这项技术，移动商务提供商将能够更好地与特定地理位置上的用户进行信息的交互。

### （三）移动商务非常便利

人们在接入电子商务活动时，不再受时间及地理位置的限制。例如，用户在排队或陷于交通阻塞时，可以进行网上娱乐或通过移动商务来处理一些日常事务。移动服务的便利性和用户的舒适体验将使其更忠诚，而移动商务中的通信设施是传送便利的关键应用。

### （四）移动商务终端定制化

由于移动终端具有比 PC 机更高的贯穿力，因此，移动商务的生产者可以更好地发挥主动性，为不同用户提供定制化服务。例如，与传统媒介类似，依赖于包含大量活跃客户和潜在客户信息的数据库，开展具有个性化的短信息服务活动。数据库通常包含客户的基本爱好信息、生日信息、社会地位、收入状况、前期购买行为等。利用无线服务提供商提供的人口统计信息和基于移动用户当前位置的信息，商家可以通过具有个性化的短信息服务活动进行更有针对性的广告宣传，从而满足用户的需求。

### （五）移动商务可识别

与 PC 机的匿名接入不同，移动终端利用内置 ID 来支持交易安全。移动设备通常由单独确定的个体使用，使得商家基于个体的目标营销更易实现。移动商务也提供了为不同的细分市场发送个性化信息的机会。

移动终端的使用让电子商务的开展摆脱了地理位置的限制，使商家对用户的服务无处不在。在预先定位的基础上，广告商可以选择用户感兴趣的或能满足用户当前需要的信息，确保消费者所接收的就是他所想要的。由于定位成功，商家可以获得较高的广告阅读率。同时，还可以通过基于地理位置的服务产生或巩固虚拟社区，以满足客户进行社交、与人沟通的需求。

11

## 三、移动商务的应用

移动商务的应用领域非常广泛，比如，至少可以包括移动金融服务、移动网上商品交易、广告宣传、移动娱乐、信息提供服务、遥测服务、咨询洽谈、移动库存管理、移动商务重构、超前服务管理、交易管理、移动网上商品交易、内容提供服务等。在第八章中，我们将详细介绍目前移动商务的热点应用领域：手机银行、移动游戏和移动政务。下面对移动商务应用较为广泛的领域做简要介绍。

### （一）移动金融应用（MFA）

移动金融应用是移动商务应用中最为重要的一种，它又可包含若干应用，如移动银行、经纪人业务、股票交易、移动资金转移业务和移动小额支付业务等。移动金融应用将移动终端从单纯的通信工具变为一种商务工具。

在移动金融应用中，最有前景的移动金融应用模式是小额支付业务（如图 1-1 所示）。移动终端通过无线网络与自动售货机通信，以完成交易过程。小额支付可以通过多种方式实施：一种方式是用户可以拨打一个固定号码，由此产生的话费与购买的商品价格相当，这种方式已经由一家芬兰公司 Sonera 在销售可口可乐和百事可乐的自动售货机上使用；另外一种小额支付的方式是通过向银行、服务提供商或信用卡公司购买一个预付费号码，通过无线局域网技术完成支付过程。为了支持这种交易，移动服务提供商将会与银行竞争，并可能会最终取代银行、自动取款机和信用卡。

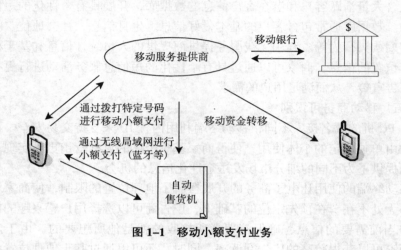

**图 1-1　移动小额支付业务**

### （二）移动网上商品交易

移动网上商品交易主要是指企业和客户利用各种移动通信终端在移动 Internet 上进行商品预订购和电子货款支付。企业的移动 Internet 上的订购系统通常都是在商品介绍的页面上提供十分友好的订购提示信息和订购交互表格，当客户填完订购单时，系统回复确认信息单表示收悉。移动商务的客户订购信息采用加密的方式，使客户和商家的商业信息不会泄露。

电子货款的支付也是移动商务交易过程中的重要环节，客户和商家之间可采用电子账户、电子钱包、电子支票和电子现金等多种电子支付方式在移动 Internet 上进行支付，这为商务交易节省了成本。同时，目前的移动 Internet 技术已经能够很好地保证商务信息的传输安全性。

### （三）广告宣传

与传统各种广告形式相比，移动商务提供的广告成本最为低廉，并且为客户带来更为丰富的商务信息；与电子商务提供的广告形式相比，移动商务主要体现了灵活、安全和快速的特点。这种广告形式通常可以采取短信（SMS）或彩信（MMS）等形式送达用户。移动广告的出现改变了商业广告的传统形态，极大地提高了广告的效率性和针对性。

由于移动广告可以基于用户偏好信息和用户当前所处的位置，非常有针对性地进行广告投送，这就为广告投送的个性化提供了一个极好的平台。移动运营商对用户的偏好信息的收集，可以是基于早期用户的访问信息，也可以是基于用户购买习惯的积累。

广告信息可以被商家甚至是用户预先确定选择投送到某一特定区域，如到达某一超市 500 米范围内的所有用户将收到该超市目前的促销信息或者是发送给用户 500 米范围内的所有酒店信息；也可以根据商家的要求按照移动用户的兴趣和个性特征来投送广告，如给经常购买啤酒的人发送促销的啤酒广告（如图 1-2 所示）。被投送的广告信息随着无线基础设施带宽的增加，将有内容丰富的广告形式，包括声音、图片和视频片段。运营商可以考虑采用 Push 和 Pull 技术基于单个用户或某一类用户进行投送。

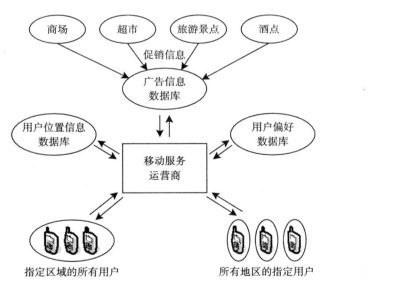

**图 1-2 移动广告应用**

### （四）信息提供服务

移动商务这方面的功能是利用无线信道的分发特性来提供数字内容，其中包括新闻信息浏览、即时查询天气、体育比赛记分、票务信息、市场价格等动态信息以及目录服务。

### （五）移动娱乐

随着社会的发展，越来越多的人处在移动之中。人们不仅需要在移动中办公，还需要在移动中娱乐。目前，这方面的需求可能是拉动移动商务应用普及最为重要的因素。越来越多的人会选择在移动环境中进行娱乐休闲。移动娱乐内容涵盖多个方面，包括图铃下载、视频点播、移动电视、星相占卜、虚拟服务、音乐下载、在线游戏等。

### （六）遥测服务

移动商务提供的遥测服务系统是移动商务的重要组成部分及发展的一个重要方向，它是通过 GSM 网络对产品进行遥测。遥测服务系统通过 GSM 模块连接整个 GSM 网络，再通过 GSM 网络进行信息的传递。整个系统具有高可靠性、高稳定性的特点，提供点对点、短消息协议的遥测服务，更好地体现了 GSM 网络的优点，并给出了实际测试及运行结果。移动商务的遥测服务系统是移动通信网及计算机技术发展到一定程度的产物，是整个移动商务中的重要一环。其主要应用于对一定范围内的产品进行远程参数设置和信息采集，同时实现在主站对采集到的数据进行分析统计。目前实现移动商务遥测系统的版本很多，基于的媒介亦有很多，比如基于移动通信局域网、公共移动电话网、专用的移动通信网或无线接入网。我们提出的遥测服务系统是基于目前应用广泛的 GSM 网络，采用短消息及点对点的方式传输数据。

### （七）咨询洽谈

移动商务可以使企业借助实时的电子邮件（E-mail）、新闻组（News Group）和讨论组（Chat Group）来了解市场和商务信息、洽谈交易事务，如有进一步的需求，还可以引用移动网上的白板会议（Whiteboard Conference）、电子公告板（BBS）来交流即时的信息。在移动网上的咨询和洽谈能超越人们面对面的商务洽谈限制，能提供多种方便的异地即时交谈形式。

### （八）移动库存管理（MIM）

移动库存管理主要应用于对商品、服务和人员的跟踪，以便供应商能够确定送货时间，由此改善用户服务，并增强商家的竞争力。例如，就滚动盘存而言，多辆送货车满载大量货物，当商店需要某些物品时，它能通过货车内微波装置（芯片）发出的无线电信号，调控附近装有这些物品的运货车辆，实现实时供货，从而降低供货商和销售商的库存量和成本，并大大缩短商品的送达时间。移动盘存管理的成功取决于成本、无线设施的可靠性和用户使用新技术的能力。这是一种典型的 B2B 移动商务应用，潜在的用户包括航运公司、配件厂商、其他大宗物资运输公司等。

### （九）移动商务重构

很多公司的客服人员在走访客户的时候遵循的是以下流程：访问客户并记录下客户的要求，返回公司调阅客户档案查看并输入客户的要求，调整服务或报价方案，再次走访用户。如果方案还没有得到客户认可，就需要重复上述过程。这既耽误客户的宝贵时间，也可能会由于运作效率低下而失去客户。移动商务重构应用的过程类似于 BPR，可以通过对移动终端的应用，提供高效率的服务，提升企业的价值。在上述流程中，客服人员可以在走访客户时使用移动终端，连接企业服务器调阅客户的详细资料和以往的购买记录，将客户的要求实时发回公司并调整方案，这将大大提高客服人员的工作效率，提升企业的竞争力。当然，为了保证企业的商业机密，使用安全链接技术是十分必要的。

### （十）超前服务管理

这一管理功能是通过各种应用程序收集用户的需求信息，然后通知商家提供服务。例如，某种应用程序可以收集汽车部件老化的信息，即汽车上的智能传感器连续跟踪部件的磨损和破裂信息，并通过无线电、微波或卫星系统把该信息传送给供应商，从而使供应商为用户提供即时服务。同时，汽车制造商还可以利用这些信息改进汽车设计和制造技术，从而提供超前服务管理，当部件需要更换时能够及时提示车主。甚至在未来，警察部门也可以使用这种服务管理功能，保证执行执法任务时的交通安全。

### （十一）交易管理

移动商务的交易管理系统可以借助移动互联网快速、准确地收集大量数据信息，利用计算机系统强大的信息处理能力，针对与移动互联网上交易活动相关的人、物、财、客户及本企业内部事务等各方面进行及时、科学、合理的协调和管理。

# 第三节　移动商务安全的概念与现状

随着无线通信技术的发展，移动电子商务已经成为电子商务研究热点。移动电子商务是将现代信息科学技术和传统商务活动相结合，随时随地为用户提供各种个性化的、定制的在线动态商务服务。但在无线世界里，人们对于进行商务活动安全性的考虑比在有线环境中要多。只有当所有的用户确信通过无线方式所进行的交易不会发生欺诈或篡改以及进行的交易受到法律的承认和隐私信息被适当地保护时，移动电子商务才有可能蓬勃开展。

## 一、移动商务安全的概念与内容

当前，移动商务发展如火如荼，移动商务的安全问题日渐显露，人们也更加关注移动商务的安全。然而，由于移动商务市场并未成熟和完善，对于移动商务安全的定义，还没有国际标准和国家标准。在本书中，我们认为，移动商务安全是商务活动在移动设备、无线通信网络、移动设备软件等辅助设施中进行时，享受技术上和管理流程上的安全保障，从而保证商务活动正常、有序地进行。

移动商务安全的上述定义，决定了移动商务的安全主要从两个方面考虑：一是保障移动商务安全的技术、协议、标准；二是为保证移动商务安全，人们应根据自己的需要而设置商务交易流程、贸易规范和使用原则。

保障移动商务安全的协议标准是开展移动商务的技术基础，是商务活动流程、规范原则的支撑基础；移动商务安全技术是保障商务活动按既定的流程规范顺利进行，防范着商务活动内在和外在的干扰和威胁；商务交易流程、贸易规范和使用原则是移动商务安全技术、协议、标准创建的外在环境，二者是相辅相成的。

移动商务安全，从技术角度来说，就是移动网络和移动设备的安全性问题；从商务角度来说，主要集中在与人们利益最相关的移动支付上。

16

## 二、移动商务与传统电子商务安全问题比较

电子商务作为一种全新的商务和服务方式，给全球用户带来低成本和高便利的同时，也带来了大量的安全问题。电子商务的安全主要涉及信息的安全、信用的安全、法律保障等方面。从技术上看，主要有以下几个方面：①窃取信息。非法用户通过源IP地址欺骗攻击，获得商业信息和资源。②篡改数据。攻击者未经允许进入电子商务系统，删除、修改某些重要信息，破坏数据的完整性，造成电子商务交易中的信息风险。③信息传递。信息在网络上传递要经过多个环节和渠道，计算机病毒、线路窃听、"黑客"非法入侵等很容易使重要数据在传递过程中泄露，威胁电子商务交易的安全。另外，各种外部环境的干扰，如通信线路质量较差、地理位置复杂、自然灾害等，都可能影响数据的真实性和完整性。

不论移动商务还是传统电子商务最后都要通过路由器传送到互联网，因此二者面临许多共同的安全问题。相对于商业化的互联网，无线行业的历史要久远得多。要在移动领域采取某种安全策略，可能要跟许多技术上和非技术上的因素抗争。另外，因为移动手持设备资源的局限性，建立在移动平台的安全问

题解决方案更难实现。

与传统电子商务相比，移动商务的安全问题主要体现在以下几个方面：①安全性。安全性是影响移动电子商务发展的关键问题，如如何保护用户的合法信息（账户、密码等）不受侵犯、如何解决好电子支付系统的安全问题等。可以采取的方法是吸收传统电子商务的安全防范措施，并根据移动电子商务的特点，开发轻便、高效的安全协议，如面向应用层的加密（如电子签名）和简化的 IPSEC 协议等。②无线信道资源受限导致质量较差。移动电子商务高度依赖于无线通信技术，因此会存在通信的盲点，超出覆盖区域时，服务则拒绝接入。所以服务提供商应优化网络带宽的使用，同时增加网络容量，以提供方便可靠的服务。③支付问题。支付是移动电子商务领域最核心的问题，也是目前移动电子商务发展中的一个要点或者"瓶颈"。现在还很难找到一个很好的电子移动支付方式让企业成本降低，让用户体验也非常好。④提供给用户的业务需改善。目前移动电子商务主要集中在小额的，特别是无形的，包括卡类的，如充值卡或者游戏卡类的，不需要配送的业务。若缺乏更具吸引力的应用，这无疑将制约其发展。

移动网络和有线网络安全问题之所以区别很大，主要原因在于移动网络设备具有的局限性。相对于桌面计算机，移动设备具有受限的计算环境，包括较小功率的 CPU、较小的内存和显示屏、功能较弱的输入设备及电源的限制；相对于有线网络，无线网络具有受限的通信环境，包括较低的带宽、较长的延时、较不稳定的连接和较大的不可预测性。另外，由于移动网络最终要接入有线互联网内，在连接缝隙处及连接两端的协议之间存在特殊的安全问题，如 PDA 与计算机的连接处、WAP 缝隙处及 WTLS 与 TLS 连接处是移动网络更易受到攻击的地方。

### 三、移动商务安全的现状

移动电子商务由于利用了很多新兴的设备和技术，因此带来了很多新的安全问题。在传统电子商务中，很多顾客和企业由于担心因安全问题蒙受损失而一直对这种高效便捷的商务方式持观望态度。而移动电子商务除包含大部分传统电子商务所面临的各种安全问题外，由于自身的移动性所带来的一些相关特性又产生了大量全新的安全问题。总的来说，移动电子商务的安全面临着技术、管理和法律等方面的挑战，与传统电子商务相比，其安全问题更加复杂，解决起来难度更大。

从参与移动商务的主体与内容来看，移动商务的安全威胁主要来源于无线网络、移动终端以及移动交易方面。为了消除这些安全隐患，促进移动商务健康有序地发展，通常采用引入安全技术、制定协议与标准以及法律法规等手段。下面从无线网络安全、移动设备安全以及移动交易安全三方面，介绍它们存在的安全威胁以及采用的安全措施，以说明移动商务的安全现状。

**（一）无线网络安全现状**

1. 无线网络的安全威胁

有线网络的安全问题多数集中在数据盗窃和病毒上，而无线网络的安全问题因为无线技术的性质而提出一系列新的问题。因为无线技术可以实现任何时间、地点的传输，所以人们将发明更多的网络传输途径，特别是与银行、游戏、商务和与健康有关的更敏感数据的传输途径。这就使得解决无线安全问题成为更重要的事情。

无线通信网络不像有线网络那样受地理环境和通信电缆的限制，任何团体和个人都不需要申请就可以实现开放性的通信。无线信道是一个开放性的信道，它给无线用户带来通信自由和灵活性的同时，也带来了诸多不安全因素，如通信内容容易被窃听、通信双方的身份容易被假冒、通信内容容易被篡改等。这对于无线用户的信息安全、个人安全和个人隐私都构成了潜在的威胁。

另外，无线网路中的攻击者不需要寻找攻击目标，攻击目标会漫游到攻击者所在的小区。在终端用户不知情的情况下，信息可能被窃取和篡改，服务也可能被经意或不经意地拒绝，交易会中途打断而没有重新认证的机制。由刷新引起连接的重新建立会给系统引入风险，没有再认证机制的交易和连接的重新建立是危险的。

2. 无线网络安全措施现状

无线技术在不断取得进步，无线网络的安全隐患主要通过制定协议与标准、采用先进技术来消除。目前无线网络主流的安全标准是 IEEE802.11 系列标准，在该标准中，无线局域网的安全机制采用的是 WEP 协议（有线对等安全协议）。随着对带宽、传输速率等需求的变化，该系列标准也在不断完善中。除此之外，一些近距离无线通信技术协议，如蓝牙协议、Wi-Fi 技术标准应用也较为广泛。移动商务通过无线网络进行商务活动，涉及身份认证、数据加密及证书管理等安全内容，WAP（无线应用协议）以及 WPKI（无线公钥基础设施）技术在这些方面发挥了重要的作用。还有一些新兴的标准，如三网融合标准、物联网标准等，为促进无线网络安全的监管与整合提供了契机。另外，先进的技术是保障无线网络安全的重要手段之一，如身份认证技术、数字证书技术、密码技术、病毒防护技术、移动防火墙、入侵检测技术、网络接入控制技术等。上述主要的协议、标准及技术将在后续的章节详细介绍。

移动电子商务随着移动互联网技术的成熟发展迅速，其独特的应用领域使得其安全问题备受关注。从技术角度看，一方面，无线通信的安全处在不断地发展和完善之中，其应用到移动电子商务中时要与其他的安全机制相结合才能满足实际应用的需要；另一方面，有线电子商务的安全技术不能解决移动电子商务的安全问题。因此，将这两方面进行改进并进行有机整合，才能营造一个安全的移动商务网络环境。

### （二）移动设备安全现状

在第一节中我们介绍了移动设备的发展与应用，作为实施移动商务的重要参与实体，移动设备的安全同样关系着移动商务的安全。移动设备特有的威胁就是容易丢失和被窃。因为没有建筑、门锁和看管保证的物理边界安全，加之其小的体积，无线设备很容易丢失和被盗窃。对个人来说，移动设备的丢失意味着别人将会获得设备上的数字证书，以及其他一些重要数据。不法分子就会利用存储的数据访问企业内部网络，包括 E-mail 服务器和文件系统，造成企业商务信息的泄露以及商业利益的损失，或者不法分子利用移动设备直接进行交易，造成个人隐私信息的泄露以及个人利益的损失。目前手持移动设备最大的问题就是缺少对特定用户的实体认证机制。另外，移动设备在计算能力、存储能力以及电池能量等方面的缺陷，也阻碍了移动商务的发展。

目前，动态口令技术、生物特征识别技术、基于移动设备的数字签名技术等的应用，都旨在减小因设备丢失造成的损失，以及为提高移动身份认证的安全有效性做出努力。还有一些新技术，如移动云计算技术等，一些综合运用技术的解决方案，如基于 J2ME 的移动商务安全保障方案，以减轻移动设备的计算与存储压力。

### （三）移动交易安全现状

移动交易安全，主要是指移动支付的安全。移动支付作为移动商务的关键内容，其安全性直接关系到移动商务的推广。尽管移动支付产业发展迅速，但紧随而来的安全问题也直接导致了移动商务难以深入推广，用户因害怕被商家欺诈而造成自身利益的损失。目前移动支付存在的主要问题是移动支付标准不统一、移动支付产业缺乏监管、移动支付系统不完善等。

移动支付涉及身份认证、数据加密、证书管理等内容，因此，认证技术、加密技术、NFC 技术、WPKI 技术、RFID 技术被广泛应用于移动支付。除此之外，移动支付方案因具有很多实现的方式，如基于 SMS、WAP 和 STK 卡等方式，还涉及相关的技术。

移动支付作为新兴的领域，还需要在不断地摸索与实践中完善，需要协议、标准以及相关技术的综合应用才能很好地满足移动支付的安全需求。总之，移动支付的安全不仅需要技术的改革与创新，还需要相关配套法规政策来完善。

除了上述介绍的无线网络安全、移动设备安全和移动交易安全，移动商务安全还包括管理、法律等方面的安全内容，我们会在后续的章节中详细介绍移动商务在不同方面存在的隐患与解决措施。移动商务是一个由信息技术、管理、法律等众多学科高度交叉而形成的全新的科学领域，其安全内容也在不断的变化，并在理论与实践的过程中不断成长。我们不仅要认识移动商务存在的安全问题，也要掌握保障移动商务安全的措施，并且要学会结合实际应用来分析这些措施的利与弊。

# 第四节　移动商务的安全原则和措施

在移动电子商务应用过程中要提升移动商务的技术防范能力，是提高移动商务安全性的关键和核心环节。因为移动安全技术在移动商务中守护着商家和客户的重要机密，维护着商务系统的信誉和财产，同时为服务方和被服务方提供极大的方便。因此，只有采取了必要和恰当的原则和措施才能充分提高移动商务的可用性和可推广性。

## 一、移动电子商务的安全原则

结合传统电子商务与移动电子商务自身的特点，为了保证移动商务的正常运作，移动电子商务系统必须遵循以下的安全原则。

### （一）身份识别（Identification）

对于每一个用户，应该都授予一个唯一的用户 ID、识别名称等对其身份进行标识的要素以保证用户身份的可识别性。

### （二）身份认证（Authentication）

系统应该能够通过密码、标识或数字认证等来对用户的身份标识进行认证，来确保这一身份标识的确是代表了合法的用户。

### （三）接入控制（Access Control）

通过授权等安全机制来保证有合适权限的用户才能访问相应的数据、应用和系统，使用相应的功能。

### （四）数据完整性（Integrity）

利用信息分类和校验等手段保证数据在整个校验过程中没有被修改，所收

到的数据正是对方发出的数据。

### （五）不可否认性（Non–Repudiation）

通过数字签名等手段来保证交易各参与方对整个交易过程中的指令和活动不得抵赖。

### （六）数据保密性（Confidentiality）

通过一些加密手段来保证数据在交易过程中不得被未经授权的人员所正确读取。

## 二、移动商务的安全保障

为了保障移动商务的安全，需要方方面面的参与和努力。移动商务的安全要从三个大的方面来综合考虑，即技术措施、管理措施和法律措施。

### （一）技术上的安全保障

移动商务中涉及的安全技术很多，其中有一些已经获得了广泛的应用和认可。对于维护企业内部网安全的技术包括用户密码和权限管理技术、防火墙技术、虚拟私人网（VPN）技术、网络杀毒技术等；维护交易数据在 Internet 上安全传输的技术包括数据加密、数字签名等，其中为了识别用户在现实世界中的真实身份还要涉及 CA 认证中心；另外为了维护电子交易中最为关键的资金流动特别是信用卡支付的安全，还要涉及两个应用广泛的协议——SSL 和 SET 协议。除此之外，针对移动商务的特殊性，还需要采用无线应用协议（WAP）和移动 IP 技术来提供额外的保障，无线应用协议 WAP 是无线通信和互联网技术发展的产物，它不仅为无线设备提供了丰富的互联网资源，也提供了开发各种无线网路应用的途径。移动 IP 技术，是指移动用户可在跨网络随意移动和漫游中，使用基于 TCP/IP 协议的网络时，不用修改计算机原来的 IP 地址，同时，也不必中断正在进行的通信。除此之外，随着移动网络科技日新月异的发展，安全技术也不断涌现，"信誉和信任模型"、"入侵检测和攻击分析"、"基于策略的接入控制"、"移动云计算"、"欺诈管理"、"安全的支付业务：SeMoPS"、"移动联合键方式的数字签名"等都为移动商务提供了有力的技术保障。

### （二）管理上的安全措施

在管理方面，首先，高层管理者要对移动商务安全足够重视，促成管理人员同相关的技术人员一起制定企业内部、外部网络安全规划和标准，在规划中应该指出企业信息安全在近期和未来一段时间内要达到什么级别和标准，预备投入的资源等。

其次，在规划和标准的指导下要制定详细的安全行为规范，包括各种硬软件设备使用和维护权限的管理办法，网络系统登录和使用的安全保障管理办法，数据维护和备份的管理规定等。

最后，要特别注意安全条例的执行保障，即有了规定就一定要按照规定去执行。只有在管理上具备明确的目标和标准，技术人员才能更好地为其提供安全上的技术支持。

### （三）法律上的安全保障

在法律上，移动商务不同于传统商务在纸面上完成交易，电子交易如何认证，电子欺诈如何避免和惩治不仅是技术问题，同时也涉及法律领域。移动商务就像在现实世界之外又建立了一个虚拟世界，在这个虚拟世界里，更需要完善的法律体系来维持秩序。目前多个国家和地区已经开始行动制定移动商务法律法规。

安全的移动商务仅靠单一的技术手段来保证是不会奏效的，必须依靠法律手段、行政手段和技术手段的完美结合来最终保护参与移动商务各方的利益。这就需要在企业和企业之间、政府和企业之间、企业和消费者之间、政府和政府之间明确各自需要遵守的法律义务和责任。其主要涉及的法律要素有：

**1. 有关移动商务交易各方合法身份认证的法律**

电子身份认证中心是电子商务中的核心角色，它担负着保证移动商务公正、安全进行的任务。因而必须由国家法律来规定 CA 中心的设立程序和资格以及必须承担的法律义务和责任，同时要由法律来规定对 CA 中心进行监管的部门、监管方法以及违规后的处罚措施。

**2. 有关保护交易者个人及交易数据的法律**

本着最小限度收集个人数据、最大限度保护个人隐私的原则来制定法律，以消除人们对泄露个人隐私以及重要个人信息的担忧，从而吸引更多的人参与移动商务。

**3. 有关电子商务中电子合同合法性及如何进行认证的法律**

需要制定有关法律对电子合同的法律效力、数字签名、电子商务凭证的合法性予以确认；需要对电子商务凭证电子支付数据的伪造、变更、涂销做出相应的法律规定。

**4. 有关网络知识产权保护的法律**

网络对知识产权的保护提出了新的挑战，因此在研究技术保护措施时，还必须建立适当的法律框架，以便侦测仿冒或欺诈行为，并在上述行为发生时提供有效的法律援助。

## "京东模式"：移动商务从互联网到物联网的"换代"

家住北京市西城区的王先生在京东商城选中了一套松下迷你音响作为送给老婆的生日礼物。上午10：00，王先生上网点击了"提交订单"。

同一时刻，位于通州五环外2万多平方米的京东商城的北京3C仓库里，两台高速打印机正在不间断地打印着新到的订单。王先生的订单很快出现在其中。

在这间巨大的库房里，十余万种商品并没有按常规做法依类别摆放。据介绍，京东商城自主研发的信息系统，将整个仓库"切割"成了几十万个虚拟方格子，每个格子有自己的编号，而所有商品都由这套系统根据销量等数据摆放进这些格子里面，最畅销的货品通常都摆放在靠近通道的货架上。

"我们这叫看似无序，实则有序。"10：10，拣货员左力进入库房，他需要一次性拣出约40份订单的货品，其中就有王先生的订单。而电脑已经为这些订单设计好了一条最短路线，并通过拣货员手中的PDA告知。

"我其实更像机器人，因为PDA会一一告诉我下一步怎么做。"左力举例说，PDA上首先显示订单中距离他最近的一份商品所处货架，在取出这一商品后，PDA又会根据他所处的新位置定位出另一份最近商品的货架。

10分钟后，王先生的订单已经完成了整个库房内的流程，被分配到了相应的配送站点，和上万单商品一起等待配送车辆前来。从订单打印，到发货员将其处理完毕送到发货区，只花了大约35分钟。

属于京东自己的配送车辆"211限时送"前来取走了这批货，与此同时，王先生收到了京东商城的电子邮件，告知："您的商品已经出库。"

17：00，配送员小李来到位于北京市西城区西直门附近的配送点，提走了他所负责辖区的所有货品，王先生订购的迷你音响就在其中。每隔半分钟，小李身上的GPS设备就会将他当前的位置发回到总部的GIS（包裹实时跟踪）系统中，王先生可以在网页上实时看到迷你音响一步一步接近他家。

从商品入库到用户下订单、拣货打包，从商品出库再到用户手中，整个物流过程都在京东商城自主研发的信息系统控制之下完成，移动商务实现了由互联网到物联网的升级换代。

由于受到第三方物流能力的限制，目前只有部分京东商品实现了可视化配送。在春节高峰时期，一些商品也难免出现配送延迟。

就在几个月前，京东商城完成了第三轮15亿美元的融资，这是中国互联网市场迄今为止单笔金额最大的融资。北京市电子商务协会秘书长林亚表示，这说明投资者对京东商业模式的认可，对于正在发展的京东商城乃至中国移动商务行业具有非常积极的意义。

在巨大消费市场的驱动下，中国的电子商务领域从技术到应用已最接近国外发达国家水平，北京则已成为第一集团军。

资料来源：毛伟豪，张淼淼. "京东模式"：移动商务从互联网到物联网的"换代"［N］. 新华日报，2011-08-22.

**问题讨论：**

1. 物联网模式的应用对于促进移动商务的发展起到了怎样的作用？
2. 在物联网模式的移动商务下，应当注意哪些安全问题？

# 本章小结

随着计算机通信网络技术的快速革新和电子商务活动的日益丰富，固定的电子商务形式再也不能满足人们的需求，越来越多的企业或个人因商务和职业的需要，希望能随时随地地进行商务活动。随着移动通信技术和移动手持设备的迅速成熟和普及，人们越来越多地利用手机或膝上电脑收发电子邮件、查阅新闻或股市行情、订购各种急需商品；商家进行移动中的咨询洽谈、遥测位置、广告宣传、提供移动娱乐服务、移动教育平台；等等。这些活动就是本书要讨论的移动商务。

随着无线通信技术的发展，移动电子商务已经成为电子商务研究热点。移动电子商务是将现代信息科学技术和传统商务活动相结合，随时随地为用户提供各种个性化的、定制的在线动态商务服务。但在无线网络里，人们对于进行商务活动安全性的考虑比在有线网络中要多。只有当所有的用户确信，通过无线方式所进行的交易不会发生欺诈或篡改，进行的交易受到法律的承认和隐私信息被适当地保护时，移动电子商务才有可能蓬勃开展。

在移动电子商务应用过程中要提升移动商务的技术防范能力，这是提高移动商务安全性的关键和核心环节。因为移动安全技术在移动商务中守护着商家和客户的重要机密，维护着商务系统的信誉和财产，同时为服务方和被服务方提供极大的方便。因此，只有采取了必要和恰当的原则和措施才能充分提高移动商务的可用性和可推广性。

## 移动商务安全

# 本章复习题

1. 简要移动商务的发展背景。
2. 简述电子商务与移动商务的区别。
3. 移动商务的特点有哪些?
4. 简述移动商务安全的概念与内容。
5. 在移动商务交易中存在哪些安全威胁? 举一个现实生活中的例子, 并分析它受到哪些安全威胁, 以及是如何应对的。
6. 比较说明有线网络和无线网络的安全性的区别。
7. 移动商务的安全原则有哪些?
8. 移动商务的安全保障措施可以从哪些方面着手, 包含哪些内容?

第一章 移动商务安全概述

# 第二章

## 移动商务的安全基础

### 学习目的

知识要求 通过本章的学习，掌握：

- ● 移动商务的体系结构与支撑环境
- ● 移动商务安全威胁的产生渠道
- ● 移动商务支付
- ● 移动商务的主流安全技术

技能要求 通过本章的学习，能够：

- ● 了解移动商务的体系结构与支撑环境
- ● 理解移动商务安全威胁的来源
- ● 理解移动商务的支付内容
- ● 掌握移动商务的安全技术

27

### 学习指导

1. 本章内容包括：移动商务的体系结构与支撑环境、移动商务安全威胁的产生、移动商务支付、主流移动商务安全技术概述。

2. 学习方法：抓住重点，结合实际理解移动商务的体系结构与支撑环境；注意了解移动商务安全威胁产生的渠道，重点关注移动商务支付相关内容，了解一些主流的移动商务安全技术。

3. 建议学时：4 学时。

 引导案例

## 中移动已申请第三方支付牌照

近日，央行公示中移电子商务有限公司已提交《支付业务许可证》申请，该公司唯一股东为湖南移动。经过审核后，预计将在 2011 年 9 月 1 日之前获得牌照。

据了解，早在 6 月 30 日，中国移动为符合监管要求专门设立的中移电子商务有限公司已领取了营业执照。中移电子商务有限公司由湖南移动全额出资成立，注册地为湖南长沙，注册资本为 5 亿元，由原中国移动九大基地之一的电子商务基地运营，公司主要负责运营中国移动手机支付业务。中移电子商务有限公司申请了全国范围内的银行卡收单、预付卡、移动电话支付、互联网支付和货币汇兑五项业务。

中国移动自有的手机支付业务早在 2009 年就已推出，截至 2011 年 6 月，手机支付业务注册用户已达 3400 多万人，1~6 月交易金额累计达数十亿元，已初具规模。主要包括网上购物、公用事业缴费等远程支付；手机钱包则主要包括现场消费。

据了解，中国联通和中国电信的支付公司此前已经成立。2011 年 3 月，中国电信支付公司正式成立，名为"天翼电子商务有限公司"。2011 年 4 月，中国联通宣布组建了联通沃易付网络技术有限公司，并于 4 月 18 日领取了营业执照，注册资本 2.5 亿元。截至 2011 年 8 月 1 日，央行已公示支付企业 102 家，上述两家通信运营商旗下支付公司尚未在列。

所谓第三方支付，就是一些和产品所在国家以及国外各大银行签约、并具备一定实力和信誉保障的第三方独立机构提供的交易支持平台。根据央行的规定，自 9 月 1 日起，未获得第三方支付牌照的企业将不得从事第三方支付业务。

资料来源：佚名. 中移动已申请第三方支付牌照 [OL]. http:// news.ks.soufun.com，2011-08-05.

**问题：**

1. 作为第三方支付平台，需要采用哪些移动商务安全技术？

2. 第三方支付平台在安全性方面有哪些特点和优势？

# 第一节　移动商务的体系结构与支撑环境

移动商务系统是以一个服务器为中心的总线结构，它使各组件之间能以一个公共的接口相互连接，并可使各组件即插即用、无缝集成，从而为商务交易提供了一个灵活、统一完整的应用服务平台。下面就对移动商务系统的网络平台、系统构成、子系统及系统的主要功能做一介绍。

## 一、移动商务系统的网络平台

Internet 与移动通信技术的完美结合创造了移动商务。随着移动通信技术的发展，目前已有几种相对成熟的移动网络解决方案，并且还在持续改进和发展中。下面是几种目前主流的移动网络平台。

### （一）GSM 移动通信技术

GSM 是全球移动通信系统（Global System For Mobile Communications）的简称。由欧洲电信标准组织 ETSI 制定的一个数字移动通信标准。它的空中接口采用时分多址技术。自 20 世纪 90 年代中期投入商用以来，全球超过 200 个国家和地区超过 10 亿人正在使用 GSM 电话。所有用户可以在签署了"漫游协定"的移动电话运营商之间自由漫游。GSM 较之它以前的标准最大的不同是它的信令和语音信道都是数字式的，因此 GSM 被看作是第二代（2G）移动电话系统。 这说明数字通信从很早就已经构建到系统中。

### （二）GPRS 通用分组无线业务平台

继 GSM 第二代移动通信技术（2G）后，GPRS 被称为 2.5 代移动通信系统（2.5G）。传统的 GSM 网中，用户除通话以外最高只能以 9.6kb/s 的传输速率进行数据通信，如 Fax、E-mail、FTP 等，这种速率只能用于传送文本和静态图像，但无法满足传送活动视像的需求。GPRS 突破了 GSM 网只能提供电路交换的思维定式，将分组交换模式引入 GSM 网络中。它通过仅仅增加相应的功能实体和对现有的基站系统进行部分改造来实现分组交换，从而提高资源的利用率。GPRS 能快速建立连接，适用于频繁传送小数据量业务或非频繁传送大数据量业务。由于 GPRS 是基于分组交换的，用户可以保持永远在线。

### （三）第三代（3G）移动通信系统平台

经过 2.5G 发展到 3G 之后，无线通信产品将为人们提供速率高达 2Mb/s 的宽带多媒体业务，支持高质量的语音、分组数据、多媒体业务和多用户速率通信，这将彻底改变人们的通信和生活方式。3G 作为宽带移动通信，将手机变为集语音、图像、数据传输等诸多应用于一体的未来通信终端。这将进一步促进全方位的移动商务得以实现和广泛地开展，如实时视频播放。

3G 技术的共同特点：频谱利用率高、覆盖范围广、稳定性能好、可以适应现代全球无缝覆盖的通信要求；实现优越的无线通话质量；提供多媒体通信功能；结合全球卫星定位系统定位；高速移动状态下的高数据传输率，满足移动状态下的上网要求；等等。

第三代移动通信系统最吸引人的地方并不在于语音质量与通信稳定性的提高，而是数据传输速率的大幅提升，这将大大促进移动多媒体业务的发展。高速无线网络介入，不仅可以随时随地地通信，更可以直接用手机进行交易、支付、遥控、信息浏览和娱乐。

### （四）第四代（4G）移动通信系统平台

就在 3G 通信技术正处于酝酿之中时，更高的技术应用已经在实验室进行研发。因此在人们期待第三代移动通信系统所带来的优质服务的同时，第四代移动通信系统的最新技术也在实验室悄然进行当中。那么到底什么是 4G 通信呢？

到 2009 年为止人们还无法对 4G 通信进行精确的定义，有人说 4G 通信的概念来自其他无线服务的技术，从无线应用协定、全球袖珍型无线服务到 3G；有人说 4G 通信是一个超越 2010 年以外的研究主题，4G 通信是系统中的系统，可利用各种不同的无线技术；但不管人们对 4G 通信怎样进行定义，有一点人们能够肯定的是 4G 通信可能是一个比 3G 通信更完美的新无线世界，它可以创造出许多消费者难以想象的应用。4G 最大的数据传输速率超过 100Mb/s，这个速率是移动电话数据传输速率的 1 万倍，也是 3G 移动电话速率的 50 倍。4G 手机可以提供高性能的汇流媒体内容，并通过 ID 应用程序成为个人身份鉴定设备。它也可以接受高分辨率的电影和电视节目，从而成为合并广播和通信的新基础设施中的一个纽带。此外，4G 的无线即时连接等某些服务费用会比 3G 便宜。还有，4G 有望集成不同模式的无线通信——从无线局域网和蓝牙等室内网络、蜂窝信号、广播电视到卫星通信，移动用户可以自由地从一个标准漫游到另一个标准。

4G 通信技术是继第三代以后的又一次无线通信技术演进，其开发更加具有明确的目标性：提高移动装置无线访问互联网的速度——据 3G 市场分三个阶段走发展计划，3G 的多媒体服务在 10 年后进入第三个发展阶段，此时覆盖全球的 3G 网络已经基本建成，全球 25%以上人口使用第三代移动通信系统。

在发达国家，3G 服务的普及率更超过 60%，这时就需要有更新一代的系统来进一步提升服务质量。

## 二、移动商务系统的构成

移动商务系统通常采用三层应用框架：客户层、移动商务应用服务器层和商务信息数据服务器层。一个典型的移动商务总体系统结构如图 2-1 所示。

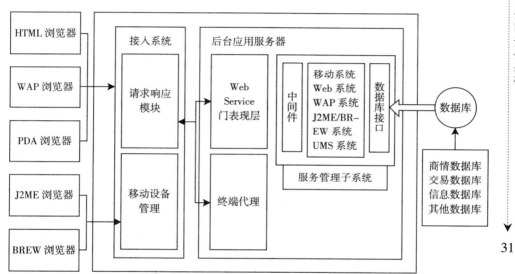

**图 2-1　移动商务系统**

31

支持基本的移动商务服务正常工作的构造模块有软件组件、设备的组织过程、网络、公司服务器等。

### （一）客户端软件

大多数类型 PDA 都可从网上下载浏览器软件。移动浏览器由诺基亚、Openwave、爱立信等公司开发。这些移动浏览器软件具有不同的图形用户界面，可满足个性化的要求。除了上述移动浏览器之外，掌上型移动浏览器、PocketPC 用的 PocketIE、RIM 用的 AvantGo 等也都非常流行，这些浏览器大多数仅运行简单的位图（WBMP）。

### （二）客户端服务设置

目前，消费者接受移动商务需要一个较长的时间过程，其中一个主要原因就是设置新 WAP 电话非常麻烦、耗时。要连接 WAP 网关，用户需要设置太多的参数。另外，在用户好不容易建立无线连接之后，还需要按照一定的方式输入许多其他参数，如手机与服务器的握手等后，才能真正建立连接。因此，为了吸引用户，而用无线分组业务应该尽量简化用户每次上网时的操作，同时，可以空中接口支援服务器（Over-the-air-provisioning Server）帮助用户配置他们的手机，以便尽快访问特定的网站。但是现在的一些网络，如 Palm、Net、PocketPC 等与 CDPD（Cellular Digital Pocket Data 蜂窝数字分组数据）进行了集成，这些网络将使手机与网络的连接程序大大简化，目前正在寻求在公司或企业市场上的应用。

**（三）网络**

在移动的网络上，移动商务数据从内容服务器传送到 GSM、GPRS、3G 等网络，然后网络负责把移动商务数据传送给移动设备。只要网络是连通的，服务提供商就无须担心无线网络的问题。有些时候，如果数据通过短信息业务（SMS）传送，服务提供商就需要通过 SMS 网关进行网络访问。这个过程中，涉及的部件通常有基站（BS）、归属位置寄存器（HLR）、移动交换中心（MSC）、访问位置寄存器（VLR）以及计费和收费系统。其中，MSC 是公共交换电话网络（PSTN）的一个访问点；VLR 用于临时存放用户信息，以便管理漫游用户的请求。在欧洲，GSM 非常庞大，但是，在美国，CDPD、Mobitex、CDMA、DataTAC 等网络更常见一些。

**（四）服务器软件组件**

移动软件服务通常都是基于一定版本的 HTML 或者 XML。HTML 仅仅处理数据的显示问题，而不处理数据本身的内容，也就是说 HTML 只是在图形环境下，分配文本、图像和按钮的排布方式。XML 功能较强且更加流行，它不仅能够显示、解释信息，还允许信息提供商定义信息的外观及其功能属性。例如，如果将信息传送到一个无线屏幕上，那么，通过 XML 就可以删除信息中的所有图像。

## 三、移动商务系统的子系统

整个移动商务的服务系统根据业务功能划分为若干个子系统，分别为 Web 商情服务子系统、WAP 商情子系统、J2ME&BREW 交易子系统、UMS 统一消息服务子系统、移动门户子系统以及服务系统管理子系统等。下面对其中的主要子系统做简单介绍：

**（一）Web 商情服务子系统**

Web 商情服务子系统是移动商务服务平台的一个主要部分，实现了移动终端调用远程 Web Service 提供的商情服务的功能。Web 商情服务子系统主要由移动终端、Web 服务平台和商情服务器组成，移动终端通过 HTTP 协议与 Web

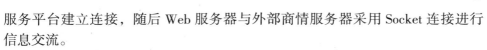

服务平台建立连接，随后 Web 服务器与外部商情服务器采用 Socket 连接进行信息交流。

### （二）J2ME&BREW 交易子系统

J2ME&BREW 交易子系统主要实现了在 J2ME 手机和 BREW 手机上浏览查询商务信息以及委托下单进行交易的功能。J2ME&BREW 交易子系统采用了 C/S 结构，功能模块主要由 K–Java/BREW 移动终端应用和商务信息查询及交易服务两部分组成。

### （三）WAP 商情子系统

WAP 商情子系统是移动商务信息服务平台的一部分，实现了 WAP 手机浏览网页的功能，该部分使用 Java 语言编写，用 ECS（Element Construction Set）开发编写 WAP 页面。WAP 商情子系统由 WAP 手机、服务平台和商情服务器组成。

### （四）服务管理子系统

移动商务服务平台中系统的功能以应用服务器的服务形式提供，因此，如何动态地部署（Deploy）和反部署（Undeploy）应用，是系统需要解决的问题。在移动商务系统中，采用 Tomcat 的动态加载和管理部件方法，实现系统的配置和管理。

## 四、移动商务系统的主要功能

33

移动商务系统的主要功能如下：

### （一）无线信息查询功能

有线网络时代，E–mail 和短信服务可以说已经变成日常生活的必要组成部分。短信息服务在移动商务领域是一种最受欢迎的功能服务。很多商务人员在行程中用笔记本上网就是为了查看 E–mail。移动设备之间的信息传递在欧洲（GSM 电话使用 SMS 服务）和美国（用能够无线上网的移动通信终端）已经很普及了。移动商务系统都会以文本的方式将信息传到 E–mail 接收者的手机上，用户的移动邮箱也可以使用其他的 POP 账号接收 E–mail，PDA 用户可通过无线调制解调器发送或接收 E–mail、运行 IM。移动商务系统提供的 SMS 提供各种各样信息查询功能，包括气象预报、交通信息、娱乐信息（如电影院、戏剧院和音乐会）、金融信息（如股票报价、汇率、银行业务、代理服务）、导向服务等。

### （二）无线网络接入功能

目前，各大公司已逐渐参与了无线网络的竞争，其中，大多数公司属于无线应用服务提供商或 WASP，这些公司的职能与有线网络中的 ISP 有点儿类似。

例如，GoAmerica 就是这样的一家服务提供商。对于 PDA 用户，无线网络接入功能可以帮助用户做到 PDA 与桌面计算机的信息同步，从而使两台设备上的信息能够同时更新。这样，在用户离开办公室之前，就能够自动地把最新、最喜欢的网站内容、工作文件、合同及日程安排传送到用户的 PDA 上。对于公司来说，无线网络接入功能可以直接从用户指定的数据库，而不仅仅是目标网站获取数据，并实现数据同步。

### （三）语音提示服务功能

移动商务做得好与坏，关键的一条是它对人的一些自然行为处理得怎么样。为了把语音控制功能带入网络，使网络具有语音导航功能，并使网络界面具有语音识别功能，AT&T、Lucent、Motorola、IBM 等公司制定了 VoiceXML 标准。具有语音功能的导航的网络直接面向大众市场，移动电话或 PDA 用户可直接访问这种网络。Retrieve 就是一家可向用户提供语音接入的电子商务公司。该公司每月向用户提供一次服务，公司用户可拨号登录到公司的网站，利用手机便可读取它们的 E-mail。Mapquest.com 提供的有语音驱动的导向服务更加直观。

### （四）系统设置与管理功能

Web 应用与服务器管理功能，提供系统的开启、停止和重启等功能，还可以查询当前已有的 Web 服务的列表和服务状态信息。

Web 服务注册管理功能，提供注册服务、查询服务和删除服务等。

移动终端信息管理功能，根据 HTTP 中的 User-Agent 得到相关的硬件信息，如屏幕长、宽，支持颜色、浏览器、型号支持的图片格式等各种信息。

# 第二节　移动商务安全威胁的产生

人们在享受着利用手机等无线设备进行移动商务的便利，同时也对它的安全性也表示了十分的担忧。现在很多消费者不愿意或惧怕移动支付，究其原因，安全性一直是人们担心和关注的问题，它已经成为制约移动商务全面发展的主要因素。安全性始终是移动商务的生命线。所以，我们在寻求解决移动商务安全问题的措施前，需认识移动商务存在的安全威胁，这样有助于我们理解这些安全基础的产生场景及作用原理。移动商务的安全威胁主要来源渠道有无线网络本身的安全威胁、用户隐私安全威胁、物理安全威胁、软件病毒安全威胁、商家欺诈行为引起的安全威胁。

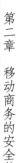

## 一、无线网络本身的安全威胁

### （一）通信内容易被窃听

无线通信网络是一种开放性的通信网络，无线网络用户不像有线网络那样受地理环境和通信电缆的限制，任何团体和个人都不需要申请就可以免费使用该频段进行通信，任何拥有一定频率接收设备的人均可以获取无线信道上传输的内容。在无线通信过程中，所有通信内容（如通话信息、身份信息、数据信息等）都是通过无线信道开放传送的。它给无线用户带来通信自由和灵活性的同时，也带来了诸多不安全因素。

对于无线局域网和个人网用户而言，无线网络频率倾向于选择固定的无线网络通信供应商，而且局域网内用户的终端设备选择的使用频率相似，因此，其通信内容更容易被窃听。无线窃听可以导致通信信息和数据的泄露，而移动用户身份和位置信息的泄露可以导致移动用户被无线追踪。这对无线用户的信息安全、个人安全和个人隐私都构成了潜在的威胁。

### （二）通信双方的身份容易被假冒

因为 TCP/IP 的设计原因，几乎无法防止 MAC/IP 地址欺骗。只有通过静态定义 MAC 地址表才能防止这种类型的攻击。但是，因为巨大的管理负担，这种方案很少被采用。当试图连接到网络上的时候，简单地通过让另外一个节点重新向 AP 提交身份验证请求就可以很容易地欺骗无线网身份验证。入侵者可能模仿合法用户使用网络服务，也可能假冒某一用户获取所需信息，还存在服务网滥用其权限以获取对非授权服务访问的可能性。当入侵者截获某个合法用户或网络足够多的信息时，就可以假冒他们进行欺骗以达到非法目的。入侵者还可能将其获取的信息重新发送到目的地以获取接收方的信任。

### （三）网络接管与篡改

同样因为 TCP/IP 的设计原因，某些技术可供攻击者接管为无线 AP 上其他资源建立的网络连接。如果攻击者接管了某个 AP，那么所有来自无线网的通信量都会传到攻击者的机器上，包括其他用户试图访问合法网络主机时需要使用的密码和其他信息。欺诈 AP 可以让攻击者从有线网或无线网进行远程访问，而且这种攻击通常不会引起用户的重视，用户通常是在毫无防范的情况下输入自己的身份验证信息，甚至在接到许多 SSL 错误或其他密钥错误的通知之后，仍像是看待自己机器上的错误一样看待它们，这让攻击者可以继续接管连接，而不必担心被别人发现。

### （四）拒绝服务

无线信号传输的特性及其专门使用扩频技术，使得无线网络特别容易受到拒绝服务 DoS （Denial of Service） 攻击的威胁。拒绝服务是指攻击者恶意占用主机或网络几乎所有的资源，使得合法用户无法获得这些资源。造成这类的攻击，第一种手段，最简单的办法是通过让不同的设备使用相同的频率，从而造成无线频谱内出现冲突。第二种手段，发送大量非法（或合法）的身份验证请求。第三种手段，如果攻击者接管无线接入点 AP （Access Point），并且不把通信量传递到恰当的目的地，那么所有的网络用户都将无法使用网络。

### （五）网路漫游的威胁

无线网路中的攻击者不需要寻找攻击目标，因为有的攻击目标会漫游到攻击者所在的小区。在终端用户不知情的情况下，信息可能被窃取和篡改。服务也可被经意或不经意地拒绝。交易会中途打断而没有重新认证的机制。由刷新引起连接的重新建立会给系统引入风险，没有再认证机制的交易和连接的重新建立是危险的。连接一旦建立，使用 SSL 和 WTLS 的多数站点不需要进行重新认证和重新检查证书。攻击者可以利用该漏洞来获利。

## 二、用户隐私安全威胁

### （一）垃圾短信息

在移动通信给人们带来便利和效率的同时，也带来了很多烦恼，遍地而来的垃圾短信广告打扰了人们的生活。在移动用户进行商业交易时，会把手机号码留给对方。通过街头的社会调查时，也往往需要被调查者填入手机号码。甚至有的用户把手机号码公布在网上。这些都是公司获取手机号码的渠道。垃圾短信使得人们对移动电子商务充满恐惧，而不敢在网络上使用自己的移动设备从事商务活动。目前，还没有相关的法律法规来规范短信广告，运营商还只是在技术层面来限制垃圾短信的群发。目前，信息产业部正在起草手机短信的规章制度，相信不久的将来会还手机短信一片绿色的空间。

### （二）定位新业务的隐私威胁

无线通信的主要优势是能够提供基于地理位置的服务，定位技术能使无线运营商为紧急救援人员和其他团体提供精确的用户位置，使出现紧急情况的个人能得到救助和保护。定位技术包括：全球定位系统 GPS （Global Positioning System），该种技术利用 3 颗以上 GPS 卫星来精确（误差在几米之内）定位地面上的人和车辆；基于手机的定位技术 TOA，该技术根据从 GPS 返回响应信号的时间信息定位手机所处的位置，利用这种技术，执法部门和政府可以监听信道上的数据，并能够跟踪一个人的物理位置。如果定位技术被恐怖分子利用，他们通过定位通信用户的位置，可以对其抢劫和绑架而实施犯罪活动。定位在受到欢迎的同时，也暴露了其不利的一面——隐私问题。我们会有这样的经历，当到达一个新城市或旅游景点，我们会收到一些诸如"××市欢迎您！"等。虽然这些信息在一定程度上会对我们有所帮助。同时，也引起我们的一丝忧虑，如果这些技术被非法利用，那我们的隐私安全受到威胁。

### 三、物理安全威胁

#### （一）移动设备丢失问题

由于移动设备的移动性、体积小和便于携带等特性，受到广大消费者的喜爱。但是移动设备面临的威胁就是容易丢失和被窃。对个人来说，移动设备的丢失意味着个人信息，甚至朋友信息的泄露，以及其他一些重要数据，会对个人隐私和移动电子商务交易安全造成极大的威胁。对于企业而言，丢失的移动设备可能会存储企业内部网络登录数据，拿到无线设备的人就可以访问企业内部网络。如果对用户施行实体认证机制可以很好地解决移动设备丢失问题带来的安全威胁。

#### （二）SIM 卡被复制

任何未取得经营许可的单位和个人，擅自制作、销售手机 SIM 卡都是违反《电信条例》的。但是，市面上、零售市场上还是有 SIM 卡出售的。只要有了 SIM 卡复制器，单独买卡就可以将想要复制的 SIM 卡信息全部复制。如果 SIM 卡复制器被不法分子利用，就可以盗取他人话费、盗取他人信息材料。因此，复制 SIM 卡使得移动电子商务存在个人隐私和财产方面的安全隐患。

### 四、软件病毒安全威胁

从 2004 年全球出现首种手机病毒以来，手机病毒层出不穷，被感染的手机要么是使用功能被破坏了，要么是被恶意扣费，或者被窃取了用户隐私，或者狂发短信、狂发彩信，消耗了大量资费，移动终端的安全问题面临严峻的威胁。目前，智能机用户越来越多，并且手机病毒呈加速增长的趋势，2010 年统计手机病毒的种类达 2400 种之多，这就更加重了移动终端的安全隐患。

手机病毒主要通过以下四种方式进行传播：利用短信或电话攻击手机本身，影响手机的正常使用；利用蓝牙传播手机病毒；MMS 多媒体信息服务；手机 BUG。

手机病毒的攻击途径主要有以下三种：

（1）攻击手机本身系统，主要是以"病毒短信"的方式发起攻击。例如"僵尸"病毒，手机一旦感染"僵尸"病毒后，在手机本人不知情的情况下给别人发送短信或者带有网址链接的短信，收到的用户一旦点击链接，手机也有可能感染病毒。

（2）通过信息传播感染其他手机，对手机主机造成破坏。

（3）攻击和控制"网关"，向手机发送垃圾信息，致使网络运行瘫痪。侵袭手机的病毒除了可能会自动启动电话录音功能、自动拨打电话、删除手机中的资料，甚至可能还会"制造"出金额庞大的电话账单。

### 五、商家欺诈行为引起的安全威胁

移动电子商务非传统中的面对面交易，由于在交易过程中存在着信息不对称，这就为商家提供虚假商品信息提供了机遇和可能，消费者可能会被虚假广告所蒙骗，无法对产品的质量情况和性能进行真实的认识。不法商户一旦被发现，可能会通过关闭或转移站点的方式来逃脱处罚。另外，移动电子商务同样面临着电子商务中关于售后的问题，有些移动电子商务商家可能以商业秘密为由，拒绝提供商家的详细信息，这样一来，一旦发生商务纠纷，消费者无法提供有效的举证。

# 第三节 移动商务支付

2011 年中国移动支付用户数达到 2.12 亿户，同比增长 44.2%，2012 年其用户数将达到 2.86 亿户，同比增长率将达到 34.9%。面对如此巨大的市场，国内移动支付行业近年来风起云涌，通信运营商、银行、手机厂商、设备商纷纷介入，但从当前产业现实来看，依托网络购物的远程支付更受青睐，而现场支付则由于前期投入过高而进展缓慢。移动支付作为移动商务的重要安全基础之一，对移动商务的推广与应用起着关键性的作用。本节将介绍移动商务的应用环境、优势、实现模式以及移动微支付的内容。在第六章将重点展开介绍移动支付安全的内容。

### 一、移动支付的应用环境日趋成熟

近年来，智能手机终端不断推出让人惊艳的产品，2007 年苹果公司推出 IPhone，2008 年谷歌公司推出全开放的 Android 操作系统，2010 年苹果公司推出 IPhone4。不断展现智能手机终端的魅力。智能手机已越来越成为手机终端的主流，甚至表现出与电脑终端融合的明显趋势。根据 Morgan Stenley 的报告，截至 2010 年上半年，智能手机出货量只占全部手机的 20%；2011 年，智能手

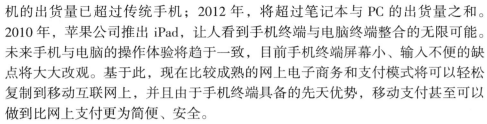

机的出货量已超过传统手机；2012 年，将超过笔记本与 PC 的出货量之和。2010 年，苹果公司推出 iPad，让人看到手机终端与电脑终端整合的无限可能。未来手机与电脑的操作体验将趋于一致，目前手机终端屏幕小、输入不便的缺点将大大改观。基于此，现在比较成熟的网上电子商务和支付模式将可以轻松复制到移动互联网上，并且由于手机终端具备的先天优势，移动支付甚至可以做到比网上支付更为简便、安全。

与此同时，3G 应用在我国虽然姗姗来迟，但却表现出非同一般的发展速度。2010 年我国 3G 用户数同比增长 94.1%，增长率居全球第一位，已呈现爆发趋势。移动数据网络传输速度的数量级提升将为移动终端的各种应用提供高速稳定的基础应用环境，其中也包括移动支付应用。

## 二、移动支付的优势

与网上支付相比，移动支付具有以下几大先天优势。

一是手机可随身携带。移动支付彻底体现了网络经济时代的 3A（Anytime、Anywhere、Anyhow）特点，可以更方便、快捷地实现随时随地交易。

二是更加庞大的客户群体。手机已经成为人们日常生活必不可少的工具之一，智能手机的迅速普及将使移动互联网的发展速度大大超过桌面互联网，且应用规模将超乎大多数人的想象。

以上两点广为人知，此外移动支付还具备在安全上的优势。移动支付不仅可以将手机号码作为身份识别工具，手机上自带的 IMSI、IMEI、MAC、设备序列号等硬件特征也可以作为安全保障。同时，还可以像网上支付一样加载证书、贴片卡、Token 等附属安全工具。此外，移动通信网络相对于桌面互联网而言要"干净"一些。因此，理论上移动支付可以做到比网上支付有更好的安全保障。

基于以上优势，再加上手机终端发展和 3G 网络应用的保障，可以预计，移动支付将在我国飞速发展，并有可能在未来的 3~5 年内与网上支付一样成为电子商务主流的支付模式。当然，这需要市场培育和老百姓使用习惯的逐渐改变，更取决于移动支付在业务模式和应用方面的突破。

## 三、移动支付的实现模式

目前，国际上的移动支付主要有两大模式：以日韩为代表的近程支付模式和以美国为代表的远程支付模式。

### （一）以日韩为代表的近程支付模式

近程支付是利用 RFID、13.56MHz、2.4GMHz 等近距离非接触通信技术手段，实现手机端与支付接收终端之间的交易通信，并以此完成与手机绑定的银行账户或虚拟钱包的支付交易。从本质上讲，近程支付并非手机上独有的应用，在地铁等公交领域，以非接触卡为代表的近程支付早已有成熟应用。只是由于手机日益成为人们日常生活必需品的特性，才使得人们考虑将非接触卡整合到手机的 SIM 卡、SD 卡或者贴片卡中，进而逐步演变为日韩"刷手机即是刷银行卡"的应用模式，并取得一定成功。在近程支付模式中，手机只是一种支付载体，并没有改变原有的近程支付流程或刷卡流程。既然应用流程没有得到简化，客户体验并没有大改观，消费者凭什么要接受一种新的支付模式？与此同时，为了保障近程支付的应用环境，必须对原有的海量 POS 机进行改造，或者单独布设能接收近程支付的海量终端。如果仅仅为了支持近程支付而投入巨大硬件成本，能否得到相应的回报就成了大问题。这或许是前期中国移动突然调整其 2.4G 近程支付策略的原因。2011 年，银监会明确了 5 年之内将全部银行卡从磁条卡替换为 IC 卡的策略，或许将为手机近程支付在国内的推广应用带来新契机。

### （二）以美国为代表的远程支付模式

与近程支付相比，以美国为代表的远程支付模式表现出更为强劲的发展势头，其支付业务量已超过日韩的近程支付。其中最主要的支付源于消费者购买苹果 iPhone 手机 App Store 中数以十万计的各种应用。App Store 提供一个商品展现平台，SP 开发的各种应用都可以在上面明码标价。其支付模式也非常简单，消费者只需将持有的信用卡与其 App Store 账号绑定，就可轻松完成支付。苹果公司充当了国内运营商的商品展现平台和代收费的角色。但国内运营商的代收费业务以话费为基础，存在收不到钱的风险，因此需要 SP 额外支付 8%左右的坏账提留，而 SP 向运营商支付的总代收费手续费比例往往高达 30% 以上。苹果 App Store 直接与信用卡绑定，其代收费手续费比例同样高达 30%。

## 四、银行如何介入移动支付领域

国内商业银行完全可以参考运营商代收费和苹果 App Store 支付模式，直接介入移动支付领域，并在其中发挥主导作用。目前，国内运营商代收费业务的收费比例过高，SP 对此颇有怨言，却又找不到合适的替代模式。国内消费者对苹果的 App Store 支付模式尚不适应，往往希望通过"越狱"的方式获得免费商品。这给商业银行带来了很好的介入机会。

国内运营商通过与手机号码相对应的话费虚拟账户实现代收费，苹果 App Store 则通过将信用卡与其账号绑定实现代收费。如果将这两种模式结合在一起，就可以形成新的支付模式，即将手机号码与银行账号绑定的模式。既然国内运营商能将手机号码与一个虚拟的话费电子钱包绑定，如果将手机号码与真实的银行账号绑定，岂不是更加方便？真实银行账号具有话费电子钱包所不具备的诸多优势：一是银行账号可以实现实时支付、实时到账；二是银行账号可以实现大额支付；三是话费电子钱包是有成本的，消费者往往需要通过购买充值卡等形式为电子钱包充值，而银行账号则是真实的货币资金；四是银行账号支付的手续费率远远低于话费电子钱包。

近期，建设银行创造性地推出了"账号支付"的网上支付新模式，其核心理念即通过"账号+手机动态口令"的形式，为客户提供便捷、高效的支付服务。客户只要拥有建设银行的储蓄账户（含借记卡、存折）或者信用卡，并在柜台将其与自己使用的手机号码绑定，在选择"账号支付"服务时，只需要在支付页面上输入银行账号，就会在手机上收到一条动态口令，再输入动态口令核实无误后，即可轻松完成支付。客户无须开通网上银行，只需要轻松的三步即可购买到心仪的商品。

随着移动电子商务的发展，将"账号支付"理念用于移动支付，支付的流程甚至可以进一步简化。在将银行账号与手机号码绑定之后，银行可以模拟运营商的代收费模式，为广大商户、SP和客户提供"无缝连接"的支付服务。消费者在手机上挑选商品下完订单后，只需要选择这种"手机账号支付"模式，银行判断支付指令确实是由该手机号码发起之后，即可直接从与该手机号码绑定的银行账号扣款并向商户反馈支付成功信息。在这种支付模式下，消费者甚至没有额外的操作流程，就可以轻松完成整个支付流程。

当然，"手机账号支付"模式还有一些细节需要进一步完善。比如，如何防范手机被别人盗用的风险；智能手机应用客户端不能自动获取手机号码怎么办。但是，移动支付可以为消费者提供最为高效、快捷的支付服务，这必成为移动商务今后的主导趋势。

## 五、移动微支付

微支付作为数字货币的一种支付形式，是目前电子支付发展的一个新方向，它能够较好地满足信息商品或服务的需求。与大额支付相比，它的每一笔交易额都非常低，在满足安全性的前提下要求系统简单高效。随着移动通信设备的迅猛发展和广泛应用，具有身份识别功能的手机能够代替信用卡而成为个人的随身电子钱包，使支付形式彻底摆脱空间上的一切束缚。移动微支付作为一种全新的支付手段，实现了钱包的电子化和移动化，它不仅快捷，而且实现方便，能够为客户创造更灵活、更亲切的消费环境。它将成为未来几年的社会热点，并形成巨大的市场空间。

移动微支付系统的主要模式是消费者通过手机无线上网，浏览服务提供商网站，生成订单信息并将其与数字证书、支付信息提交给服务提供商。服务提供商将消费者的支付信息传送给支付网关，并由支付网关将其传送给金融机构。金融机构根据消费者的账户信息，进行转账，并且将结果通过支付网关返回给服务提供商。服务提供商在收到了支付网关的确认之后，将商品或服务提供给消费者，其模式如图 2-2 所示。移动微支付一般涉及消费者、服务提供商、网络运营商和金融机构四方。

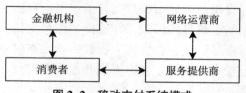

图 2-2　移动支付系统模式

移动支付系统最大的特点在于其独特的随身性和便携性，它可以为消费者提供各种贴身的服务。由于支付金额较小，因而系统结构相对简单，它可以避开目前移动领域还不成熟的、复杂的公钥安全系统。目前已开发出来的移动支付系统主要包括 Paybox、Sonera Mobile Pay、GiSMo 和移动 Set 等。

下面介绍几种主要的移动微支付系统。

## （一）Paybox

Paybox 公司成立于 1999 年，它所开发的 Paybox 系统主要是为 GSM 消费者提供服务，这是一套独立于运营商的支付系统，比较适用于物理世界的支付或 GSM 消费者的网上支付。图 2-3 给出了使用 Paybox 系统进行支付的步骤，它针对的是物理世界所进行的交易，即移动用户与一个持有 GSM 手机的网络提供商进行支付。当然，对于网上支付的情况，可以看作是一台网站服务器，此时系统将使用固定网络上的 SSL 会话与网络提供商进行连接。

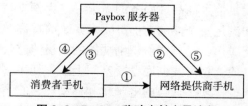

图 2-3　Paybox 移动支付交易流程

我们假定消费者和网络提供商都已在 Paybox 服务器处开立了账户，该账户包括身份标识、资金余额和手机号码等信息。此时整个交易的流程可以描述如下：

（1）交易开始时，消费者告诉网络提供商自己的手机号码。对于物理世界的支付来说，信息通过人工方式传送给网络提供商。而在网上支付过程中，消费者可以通过将该号码填入网站表格中，并通过 SSL 将其安全地传送到网络提供商的网站服务器上。

（2）网络提供商访问 Paybox 服务器，通过使用其手机与 Paybox 服务器进行联络，并使用手机的键区将消费者的手机号码和支付数额发送给 Paybox 服务器。Paybox 服务器通过使用 GSM 呼叫者身份服务功能获得网络提供商的身份标识。

（3）Paybox 服务器检查消费者和网络提供商的账户，以保证其处于良好的状态且没有任何使用限制。然后 Paybox 服务器呼叫移动消费者，通过语音信道将交易的细节叙述给消费者。

（4）当 Paybox 服务器的音频信息传送完毕后，消费者对支付信息进行确认，并将其客户识别码 PIN（通常为四位数）发送给 Paybox 服务器。

（5）Paybox 服务器收到消费者的客户识别码后，即可进行转账，从消费者账户上扣除与交易额相当的资金并将其转移至网络提供商账户上，然后发送一个支付认可消息给网络提供商。

在 Paybox 系统中，消费者和网络提供商之间进行交易，前后花费时间不会超过 60 秒。目前，Paybox 系统已经在德国和奥地利投入使用，并计划在整个欧洲进行推广和普及。消费者可以通过与账户所在的主 Paybox 服务器建立在线连接来使用 GSM 漫游功能，因而 Paybox 系统有可能实现跨国支付。此外，Paybox 模型也适用于移动消费者到移动消费者之间的转账操作。

### （二）GiSMo

在由固定 Internet 发起的购买交易中，GiSMo 使用 GSM 手机来提供认证和授权功能。GiSMo 是 Millicom International Cellular 公司开发的一套系统，该公司是一个国际性的移动网络运营商，总部设在瑞典。

为使用这个系统，消费者需要开立一个 GiSMo 账户，该账户与消费者的银行普通账户或智能卡建立连接，系统给消费者分配一个 GiSMo 账户标识符。消费者的手机号码也与其银行账户进行绑定，以便于系统对消费者进行交易授权。当进行互联网购买交易时，消费者的账户标识符是作为一个支付卡号使用的。即使攻击者获得了此标识符，由于他不知道消费者的手机号码，因而无法进行购买交易。GiSMo 交易流程共分为七步，如图 2-4 所示。在整个交易过程中，系统使用 SSL 来保护互联网会话安全。

图 2-4　GiSMo 交易流程

（1）消费者使用联网计算机浏览某个网上商店，选中商品后生成一个订单，并将其发送给网络提供商的站点服务器。

（2）网络提供商的站点服务器返回一个网站表格给消费者，该表格包含了消费者的订单信息。

（3）消费者将其 GiSMo 账户标识符加入到网站表格中，并将这个表格提交给 GiSMo 服务器。

（4）GiSMo 服务器通过使用账户标识符得到消费者的手机号码，然后随机产生一个交易代码，通过使用 GSM 系统的 SMS 短信息服务将其发送到消费者的手机上。

（5）为认可此次交易，消费者可将收到的交易代码，写入到另一个网站表格中，并将该表格发送给 GiSMo 服务器，以证明他是通过手机获得该交易代码的。

（6）如果在给定时间（目前是两分钟）内，GiSMo 服务器没有收到消费者传来的包含正确交易代码的网站表格，则该交易将被取消。因为 GiSMo 服务器收到消费者发来的交易代码不仅意味着消费者知道一个合法的账户标识符，而且证明手机消费者目前参与了交易。在收到消费者的网站表格后，GiSMo 服务器将从消费者账户上进行相应金额的扣除并将其存入网络提供商的账户上，同时返回一个使用自己私钥签名的收条给消费者的互联网计算机。

（7）GiSMo 服务器同样返回一个使用自己私钥签名的确认信息给网络提供商的站点服务器，通知其消费者已经成功地进行了支付，网络提供商可以提供商品或服务给消费者。与使用其他移动支付系统相同，在每次交易时，网络提供商需要交纳一定的佣金。

在多数情况下，消费者将继续通过现有的互联网访问设备进行在线商务，而不希望使用带有小型显示屏的手机来浏览复杂的站点和进行支付交易。因此，GiSMo 系统较好地满足了这种要求，它仅仅将手机作为一种对交易授权的手段，而不是使用它进行复杂的支付交易。目前，GiSMo 系统正在进攻欧洲市场，并被英国、瑞典和德国所采用。

**（三）Sonera Mobile Pay**

由网络运营商管理移动支付系统的优点在于支付可以直接从消费者的话费账单上扣除。使用第三方账户方案时，支付则可以通过其他的方法进行。Mobile Pay 移动支付系统不依赖于特定的网络运营商，它是芬兰 Sonera 通信公司的产品，其用途是通过移动设备（如自动贩卖机）进行支付交易。当消费者在系统注册后，支付数额可以直接从消费者的账户上扣除，或使用信用卡进行支付。

在 Mobiel Pay 移动支付系统中，每个移动消费者都有一个号码，该号码对于特定的自动贩卖机是唯一的。当消费者使用手机打电话给 Mobile Pay 服务器时，服务器使用 GSM 系统中呼叫者身份特征来进行认证。每进行一次交易，Mobile Pay 服务器就从消费者在服务器的账户上扣除一定数额的资金。当交易超过一定数额时，服务器可以通过交互的方式请求消费者发送一个客户识别码 PIN 来验证交易。根据消费者订单提供的信息，Mobile Pay 服务器发送一个确认信息给网络提供商，通知网络提供商消费者已经完成支付，网络提供商即可为消费者提供商品或服务。服务器可以通过呼叫网络提供商自动贩卖机上的移动设备或通过互联网链路的方式来完成确认信息的传送。

通过使用 SMS 短信服务，可以传送更加复杂的消息（如交易额），它可用在移动消费者预先不知道支付数额的情况下（如对饭馆账单进行支付时）。交易确认信息也可以通过 SMS 短信分别传递给网络提供商和消费者。

**（四）SVP**

小额支付（SVP）方案是基于抗篡改设备和对称加密算法的，该方案旨在提供一种比基于散列链的微支付方案更加廉价和有效的支付协议，它通过完全避免使用公开密钥算法来提高系统的执行效率。在支付过程中，交易信息都使用共享密钥进行加密，从而有效地保护了移动消费者隐私和支付信息的安全。但它要求消费者终端和网络提供商终端使用抗篡改设备，且支付过程需要执行三次交互协议来完成，因而效率不太高。

# 第四节　主流移动商务安全技术概述

应用安全技术是保障移动商务安全的一种重要手段，可以说，安全技术支撑起移动商务的主体安全架构。下面对移动商务安全中的主流技术做简要介绍，在后续章节将对一些典型的安全技术进行详细介绍。

## 一、移动通信中的数字加密技术

一般地，密码算法大多需要进行大量复杂的运算，这使得密码技术在无线通信网络中的应用受到一些挑战，这些挑战来自无线设备和无线网络两个方面。首先，无线设备的计算环境十分受限，大多数无线设备（如移动电话、PDA 等）的计算能力差、存储资源少。

相比于有线通信网络，无线通信网络的资源也十分有限，大多数无线数据通信网络的频率带宽有限，数据传输速率比较低。

上述受限的计算环境和通信环境，使得无线通信网络在选用密码技术来保护网络的安全性时必须选择能够适应无线通信网络特点的密码算法，这就对密码技术提出了一些特殊要求。

通过加密，通信明文可以被转换成密文，而这些密文对于不知道解密密钥的人来说是杂乱无章、不可理解的，只有知道解密密钥的人才能恢复原来的明文。当然，加密明文的过程也需要知道密钥。当加密密钥和解密密钥相同时，这种密码算法称为对称密钥密码算法；而加密密钥和解密密钥不相同的密码算法称为非对称密钥密码算法。

## 二、CA 认证

CA（Certificate Authority）机构，又称为证书授权中心，作为电子商务交易中受信任的第三方，承担公钥体系中公钥的合法性检验的责任。CA 中心为每个使用公开密钥的用户发放一个数字证书，数字证书的作用是证明用户合法拥有证书中列出的公开密钥。CA 机构的数字签名使得攻击者不能伪造和篡改证书。它负责产生、分配并管理所有参与网上交易的个体所需的数字证书，因此是安全电子交易的核心环节。

### （一）数字证书原理

数字证书采用公钥体制，即利用一对互相匹配的密钥进行加密、解密。每个用户自己设定一把特定的仅为本人所知的私有密钥（私钥），用它进行解密和签名；同时设定一把公共密钥（公钥）并由本人公开，为一组用户所共享，用于加密和验证签名。当发送一份保密文件时，发送方使用接收方的公钥对数据加密，而接收方则使用自己的私钥解密，这样信息就可以安全无误地到达目的地了。

用户也可以采用自己的私钥对信息加以处理，由于密钥仅为本人所有，这样就产生了别人无法生成的文件，也就形成了数字签名。采用数字签名，能够确认以下两点：

（1）保证信息是由签名者自己签名发送的，签名者不能否认或难以否认。

（2）保证信息自签发后到收到为止未曾作过任何修改，签发的文件是真实文件。

### （二）数字证书的作用

基于 Internet 的电子商务系统技术使在网上购物的顾客能够极其方便、轻松地获得商家和保证企业的信息，但同时也增加了对某些敏感或有价值的数据被滥用的风险。买方和卖方都必须保证对于在 Internet 上进行的一切金融交易运作都是真实可靠的，并且要使顾客、商家和企业等交易各方都具有绝对的信心，因而 Internet 电子商务系统必须保证具有十分可靠的安全保密技术，也就是说，必须保证网络安全的四大要素，即信息传输的保密性、数据交换的完整性、发送信息的不可否认性、交易者身份的确定性。

## 三、移动商务交易方自身安全技术

商业企业一旦把主机或内部网连接到 Internet 上，即面临很多安全威胁：由于企业内部的计算机暴露给公用网上，在保证合法用户的正常使用功能时，系统也可能遭到身份不明人物的多种攻击，例如"黑客"可借助工具软件拦截或猜测合法用户的账户和密码，伪装其进入系统进行破坏活动。为了维护电子商务交易者内部网络的安全，可以采用几种不同的技术，其中包括用来控制使用者身份和权限的密码登录技术、对进出企业内部网络的信息进行控制的防火墙技术，以及对付网络病毒的杀毒技术。

### （一）用户账号管理技术

用户账号无疑是计算机网络安全弱点之一。获取合法的账号和密码是"黑客"攻击网络系统最常使用的方法。用户账号的涉及面很广，包括网络登录账号、系统登录账号、数据库登录账号、应用登录账号、电子邮件账号、电子签名、电子身份等。因此，用户账号的安全措施不仅包括技术层面上的安全支持，还需在企业信息管理的政策方面有相应的措施。只有双管齐下，才能真正有效地保障用户账号的保密性。

为了进行有效的用户账号管理，可以采取以下几项措施：

（1）用户分级管理是很多操作系统都支持的用户管理方法。

（2）单一登录密码制度保证用户在企业计算机网络里任何地方都使用同一个用户名和密码。

（3）用户身份确认方法对用户登录方法进行限制。

### （二）网络杀毒技术

每一个计算机用户几乎都曾经面对过病毒的威胁或者已经深受其害，而

Internet 的流行更让病毒有了流通渠道：内部网的用户常常需要从 Internet 上接收邮件或者下载一些程序，如果下载的邮件和程序里隐藏着病毒，一旦打开就会使网络感染病毒，令人防不胜防。由此可见，在网络环境下，计算机病毒具有更大的威胁和破坏力，它破坏的往往不止单独的计算机和系统，而且可能会蔓延到整个网络，因此有效防止网络病毒的破坏对系统安全具有十分重要的意义。

网络病毒的来源是多方面的，通常所谈论网络病毒并不单指从 Internet 上传来的病毒，而且包括所有利用网络进行传播的病毒，因此网络病毒的来源既包括从 Internet 上下载文件带来的病毒，也包括内部用户在客户机或服务器上使用移动磁盘等产生的病毒。

来源于内部网络的病毒包括使用移动磁盘、光盘等介质在不同计算机之间传播的病毒，对这一类来源的病毒，必须首先在制度上制定严格的规定，禁止某一类危险的操作，同样也需要使用防毒、杀毒软件，对存在病毒的文件和移动磁盘等禁止读写。

## 四、SET 安全协议（Secure Electronic Transactions）

在开放的 Internet 上处理电子商务，如何保证买卖双方传输数据的安全成为电子商务能否普及的最重要的问题。为了克服 SSL 安全协议的缺点，两大信用卡组织 Visa 和 Master-Card 联合开发了 SET 电子商务交易安全协议。SET 标准是一个能保证通过开放网络（包括 Internet）进行安全资金支付的技术标准，是为了在 Internet 上进行在线交易时保证信用卡支付的安全而设立的一个开放的规范。

SET 主要由三个文件组成，分别是 SET 业务描述、SET 程序员指南和 SET 协议描述。SET1.0 版已经公布并可应用于任何银行支付服务。

安全电子交易是基于 Internet 的银行卡支付系统，是授权业务信息传输的安全标准，它采用 RSA 公开密钥体系对通信双方进行认证。利用 DES、RC4 或任何标准对称加密方法进行信息的加密传输，并用 Hash 算法来鉴别消息真伪，有无篡改。在 SET 体系中有一个关键的认证机构（CA），CA 根据 X.509 标准发布和管理证书。

### （一）SET 安全协议运行的目标

SET 协议要达到的目标主要有五个：

（1）保证信息在 Internet 上安全传输，防止数据被黑客或被内部人员窃取。

（2）保证电子商务参与者信息的相互隔离。客户的资料加密或打包后通过商家到达银行，但是商家不能看到客户的账户和密码信息。

（3）解决多方认证问题，不仅要对消费者的信用卡认证，而且要对在线商店的信誉程度认证，同时还有消费者、在线商店与银行间的认证。

（4）保证了网上交易的实时性，使所有的支付过程都是在线的。

（5）效仿 EDI 贸易的形式，规范协议和消息格式，促使不同厂家开发的软件具有兼容性和互操作功能，并且可以运行在不同的硬件和操作系统平台上。

### （二）SET 标准的应用

虽然早在 1997 年就推出了 SET1.0 版，但它的推广应用却较缓慢。主要原因在于：SET 协议比较昂贵，互操作性差，难以实施，以及 SET 协议只支持 B2C 类型的电子商务模式，而不支持 B2B 模式等。尽管 SET 协议有诸多缺陷，但是其复杂性代价换来的是风险的降低，所以 SET 协议已获得了 IETF 的认可，成为电子商务中最主要的安全支付协议，并得到了 IBM、HP、Microsoft、Netscape、VeriFone、GTE、VeriSign 等许多大公司的支持，成为 B2C 业务事实上的工业标准。

目前，国外已有不少网上支付系统采用 SET 协议标准，国内也有多家单位在建设遵循 SET 协议的网上安全交易系统，并且已经有不少系统正式开通。

## 五、SSL 安全协议 （Secure Sockets Layer）

安全套接层协议 （SSL） 最初是由网景公司研究制定的安全协议，该协议向基于 TCP/IP 的客户服务器应用程序提供了客户端和服务器的鉴别、数据完整性及信息机密性等安全措施。该协议通过在应用程序进行数据交换前交换 SSL 初始握手信息来实现有关安全特性的审查。在 SSL 握手信息中采用了 DES、MD5 等加密技术来实现机密性和数据完整性，并采用 PKIX.509 的数字证书实现鉴别。

SSL 在网络上普遍使用，能保证双方通信时数据的完整性、保密性和互操作性，在安全要求不太高时可用。它包括：①握手协议。即在传送信息之前，先发送握手信息以相互确认对方的身份。确认身份后，双方共同持有一个共享密钥。②消息加密协议。即双方握手后，用对方证书（RSA 公钥）加密一随机密钥，再用随机密钥加密双方的信息流，实现保密性。

### （一）SSL 安全协议的功能

SSL 安全协议主要提供三个方面的服务：

（1）认证用户和服务器，使得它们能够确信数据将被发送到正确的客户机和服务器上。

（2）加密数据以隐藏被传送的数据，一个加密的 SSL 连接要求所有在客户机与服务器之间发送的信息由发送方软件加密和由接受方软件解密，这就提供了高度机密性。

（3）维护数据的完整性，所有通过 SSL 连接发送的数据都被一种检测篡改的机制所保护，这种机制自动地判断传输中的数据是否已经被更改，从而保证了数据的完整性。

### （二）SSL 在移动商务中的应用

SSL 安全协议也是国际上最早应用于电子商务的一种网络安全协议，至今仍然有许多网上商店在使用。在点对点的网上银行业务中也经常使用。该协议已成为事实上的工业标准，并被广泛应用于 Internet 和 Intranet 的服务器产品和客户端产品中。如网景公司、微软公司、IBM 公司等领导 Internet/Intranet 网络产品的公司已在使用该协议。

SSL 使用加密的办法建立一个安全的通信通道，以便将客户的信用卡号传送给商家。它等价于使用一个安全电话连接，将用户的信用卡通过电话读给商家。

## 六、WPKI 移动商务安全策略

可应用于移动电子商务环境的加密体系是由有线网络的公开密钥体系 PKI（Public Key Infrastructure）发展而来的 WPKI（Wireless Public Key Infrastrcture）技术。它是一套遵循既定标准的密钥及证书管理平台体系，用此体系来管理移动网络环境中使用的公开密钥和数字证书，有效建立安全和值得信赖的无线网络环境。与 PKI 系统相似，一个完整的 WPKI 系统必须具有以下五个部分：客户端、注册机构（RA）、认证机构（CA）、证书库、应用接口等，其构建也围绕着这五大系统进行。

PKI 和 WPKI 的最主要区别在于证书的验证和加密算法。WPKI 是采用优化的 ECC 椭圆曲线加密和压缩的 PKIX.509 数字证书。对于一个 1024 位加密算法，用手机至少需要半分钟才能完成，所以传统的 PKI X.509 就不适合于移动计算。ECC 算法的数学理论非常深奥和复杂，在工程应用中比较难以实现，但它的单位安全强度相对较高。在目前已知的公钥体制中椭圆曲线密码体制是对每比特所提供的加密强度最高的一种体制。即使使用目前解椭圆曲线上的离散对数问题的最好算法，其时间复杂度也是完全指数阶的。当密钥使用 234 位时，需要 $1.6 \times 1023$ MIPS 年的时间。而常用的 RSA 算法所利用的是大整数分解的困难问题，目前对于一般情况下的因数分解的最好算法的时间复杂度是亚指数阶的，当密钥使用 234 位时，需要 $2 \times 1020$ MIPS 年的时间。也就是说当 RSA 的密钥使用 2048 位时，ECC 的密钥使用 234 位就能获得高出许多的安全强度，它们之间的密钥长度相差达 9 倍。当 ECC 的密钥更大时，它们之间差距将更大。ECC 的密钥短这一优势是非常明显的，随加密强度的提高，密钥长度的变化也不大。椭圆曲线 ECC 算法在运算能力有限、存储空间不大的移动终端中的应用前景十分广阔。我国在 2003 年颁布的无线局域网国家标准中，数字签名采用的就是椭圆曲线 ECC 算法。

## 七、手机指纹识别技术

相对于在手机中设定开机密码和 SIM 卡锁来说，手机指纹识别技术可以确保手机在进行支付时更安全，它具有传统的手机安全系统无可比拟的优势。

首先，每个人的指纹是独一无二的，世界上任何两人之间不存在着相同的手指指纹，也排除了利用别人相同的指纹来破除手机指纹密码的可能性。其次，一般来说每个人的指纹是相当固定的，不会随着人的年龄的增长或身体健康程度的变化而变化，但是人的声音等却存在较大变化的可能。因此，相比较声音加密来说，手机指纹识别具有更加稳定的优点。最后，指纹样本便于获取，易于开发识别系统，实用性强。目前指纹识别技术也已经比较成熟，识别系统中完成指纹采样功能的硬件部分也较易实现，而且现在也已有标准的指纹样本库，方便了识别系统的软件开发。另外，一个人的十指指纹纹路皆不相同，这样就可以方便地利用多个指纹构成多重口令，提高系统的安全性。

正是由于指纹识别技术在保障手机支付安全方面具有的优势，使其成为目前移动电子商务安全解决方案中的最佳选择。

### 本章案例

#### 笔记本指纹识别技术：享受更安全的移动电子商务

个人身份的确认和权限的认定是生活中的一个非常重要的环节，尤其是随着网络化时代的来临，人们对于安全性的要求越来越高。但是，越来越烦琐的密码设置也成为了摆在人们面前的一大心病，开机密码、邮箱密码、银行密码、论坛登录密码……密码管理对于高安全性的商务生活而言显得尤为重要。为了实现较高的安全性，使用更复杂和更不方便的密码是目前流行的选择，而如果我们对身边不同的设备使用一个相同的密码，那我们在得到了方便性的同时也增加了安全性的隐患。但是如果设置成不同的密码，又很容易记混。

随着笔记本安全技术的进步，令人头疼的密码问题终于得到了解决。现在，每次开启笔记本电脑时你不再需要输入密码，也不用担心忘记密码了，因

51

为你可以自动进入笔记本电脑。不仅如此，你的电脑还会比以前更安全。这些都是通过最新的指纹识别技术来实现的。IBM 近日推出了一款将指纹识别器内植于安全子系统的笔记本电脑。这种笔记本电脑能让用户只需轻按一个纤巧的水平导向传感器，就可以启动自己的系统、应用程序、网页或者数据库，从而进一步增强了移动电子商务的安全性。

## 一、简单、安全的指尖控制

相对于在笔记本中设定复杂冗长的开机密码来说，指纹识别技术更加简单、安全，它具有传统的安全系统无法比拟的优势。

首先，每个人的指纹是独一无二的，世界上任何两人之间不存在着相同的手指指纹，也排除了利用别人相同的指纹来破除笔记本电脑指纹密码的可能性，这使得指纹识别具有更高的安全性。其次，指纹识别的过程非常简单，你只需动动手指头，电脑就可自动识别，免去了输入、确认复杂密码的烦琐过程。同时，指纹样本便于获取，易于开发识别系统，实用性强。目前指纹识别技术也已经比较成熟，识别系统中完成指纹采样功能的硬件部分也较易实现，而且现在也已有标准的指纹样本库，方便了识别系统的软件开发。此外，一个人的十指指纹纹路皆不相同，这样就可以方便地利用多个指纹构成多重口令，提高系统的安全性。

正是因为指纹识别具有唯一性、稳定性和简便性等特点；为实现更安全、方便的身份认证提供了物理条件，才使得笔记本电脑厂商对于指纹识别系统特别青睐。

## 二、关键技术突破应用屏障

通过集成的指纹识别器，笔记本电脑可以使用户在系统上注册他们的指纹，然后将这种识别器用作验证设备来取代 BIOS 和 Windows 密码。除了笔记本电脑外，一些强调高安全性的手机、PAD 等设备也集成了不同类型的指纹识别器。不过，如何有效减小错误率和缩小指纹识别器的体积一直是指纹识别技术应用于笔记本电脑的两大"瓶颈"。滑动式传感器的出现使得这两大难题迎刃而解。

目前，IBM ThinkPad T42 所集成的指纹识别器就是滑动式传感器，这种传感器需要用户在进行指纹读取时将手指刷过识别器。当手指在滑觉传感器表面上滑动时，它会对手指连续进行"快照"。然后，滑觉传感器将这些快照"缝合"在一起，形成尺寸如触觉传感器所拍摄的图像一般大甚至更大的指纹图像，以便对更多数据进行分析，因此出错率非常小。此外，滑动式传感器体积非常小，非常适合笔记本电脑。

那么，指纹识别时如何工作的呢？首先，用户需要注册指纹。为了保证指纹验证的准确性，用户一般需要三次将一个手指呈现给传感器，使软件从该手指上捕获在未来进行指纹验证时足以能够识别指纹的信息。该注册过程包括保存用户的 Windows 密码，注册一个或多个指纹，以及配置预引导支持（选择在预引导环境中使用的指纹）。当然，考虑到数据共享，用户也可使用集成指纹识别器共享相同 PC。每当有新的用户注册的时候，用户能够将其最多 10 个手指的指纹信息与其 Windows 用户 ID 和密码一起存储下来。

在设置好之后，下次开机时，用户便可使用指纹识别进行登录了。当用户放置一个手指进行验证，连接在指纹识别器上的软件匹配器便对所放置的手指图像进行分析，并将其与该指纹识别器所具有的已注册指纹进行比较。如果匹配，便可通过验证。如果不匹配，便通不过验证。每个指印都是唯一的、个人化的。因此，带有指纹识别传感器的笔记本电脑是目前最先进的安全系统，它不需要你记住身份证和密码，只需将手指轻轻一触即可完成识别。

### 三、指纹识别推广还需考验

毫无疑问，有了具有指纹识别功能的笔记本电脑大大增强了银行业、保险业、医生、律师、税务人员以及安全保密部门保护数据的安全性和可靠性管理的需求。另外，指纹识别系统还可以为私人使用者提供有价值的服务，例如你可以限制家庭其他成员在未经允许时不得进入。不过，具有指纹识别功能的笔记本电脑要想被普通用户所接受，还有一段路要走。

首先是指纹识别的准确性问题。笔记本电脑厂商制造具有指纹识别功能的笔记本电脑，主要目的在于增强笔记本电脑的安全性能，保证用户的隐私，真正让笔记本电脑成为人们日常生活中的"移动伴侣"。因此，笔记本电脑指纹识别的准确性与否是决定这项技术能够被用户所接受的前提。比如说，如果用户手指严重受损，集成指纹识别器将有可能无法进行匹配。这就需要用户在注册时做好防患于未然的准备。以防笔记本电脑在进行识别时，出现无法识别的问题。作为厂商而言，也应该考虑到这一点，为用户提供更多简单、可靠的解决方案。此外，具有指纹识别技术的笔记本电脑终端的价格也是制约产品普及的重要因素。只有价格合适，它才能真正实现"叫好又叫座"。

无论如何，原来只能从科幻故事中看到指纹识别系统，现在却能真实地被所有公司采用，这的确是一件令人兴奋的事情。相信不久的将来，更多带有指纹识别技术的 IT 设备一定会越来越多的出现在我们的视野之中。

资料来源：佚名. 笔记本指纹识别技术：享受更安全的移动电子商务 [OL]. 搜狐 IT, http: //it.sohu. com, 2010–11–15.

问题讨论：

1. 目前笔记本电脑指纹识别技术具有哪些优势和不足？

2. 为了享受更安全的移动商务，你认为移动商务还应加强哪些方面的安全基础？

# 本章小结

移动商务系统是以一个服务器为中心的总线结构，它使各组件之间能以一个公共的接口相互连接，并可使各组件即插即用、无缝集成，从而为商务交易提供了一个灵活、统一完整的应用服务平台。第一节对移动商务系统的网络平台、系统构成、子系统及系统的主要功能做了介绍。

人们在享受着利用手机等无线设备进行移动商务的便利，同时也对它的安全性也表示了十分的担忧。现在很多消费者不愿意或惧怕移动支付，究其原因，安全性一直是人们担心和关注的问题，它已经成为制约移动商务全面发展的主要因素。安全性始终是移动商务的生命线。所以，我们在寻求解决移动商务安全问题的措施前，需认识移动商务存在的安全威胁，这样有助于我们理解这些安全基础的产生场景及作用原理。移动商务的安全威胁主要来源渠道有无线网络本身的安全威胁、用户隐私安全威胁、物理安全威胁、软件病毒安全威胁、商家欺诈行为引起的安全威胁。

移动支付作为移动商务的重要安全基础之一，对移动商务的推广与应用起着关键性的作用。第三节介绍了移动商务的应用环境、优势、实现模式以及移动微支付的内容。

应用安全技术是保障移动商务安全的一种重要手段，可以说，安全技术支撑起移动商务的主体安全架构。本章简要介绍了数字加密技术、CA认证、移动商务交易自身安全技术等，在后续的章节将对移动商务中典型的安全技术以及新兴的技术作详细介绍。

# 本章复习题

1. 简述移动商务网络平台系统的构成。

2. 简述移动商务网络平台子系统的构成。

3. 移动商务系统有哪些主要功能？

4. 移动商务安全威胁有哪些方面，其中无线网络存在哪些安全威胁？

5. 移动支付的优势体现在哪些方面，有哪些实现模式？

6. 结合目前移动支付的发展情况，谈谈你对移动支付安全的认识。

7. 简要概述 SET 和 SSL 协议在移动商务中的应用情况。

8. 举例说明三个安全技术在移动商务中的应用情况。

# 第三章
# 移动商务网络安全机制与应用

## 学习目的

**知识要求** 通过本章的学习，掌握：

● 移动商务网络的相关知识

● 移动商务网络安全问题与防范

● 入侵检测和攻击分析

● 移动商务安全的相关应用

**技能要求** 通过本章的学习，能够：

● 了解移动商务网络的标准和技术

● 了解移动商务网络中存在的安全问题和防范措施

● 理解入侵检测和攻击分析

● 对移动商务安全进行恰当的应用

## 学习指导

1. 本章内容包括：移动商务网络简介；移动商务网络安全问题与防范；入侵检测和攻击分析；移动商务应用安全。

2. 学习方法：抓住重点，掌握移动商务网络安全中的防范技术；与第四章、第五章的相关协议、标准、技术等基础内容联系起来，深入理解移动商务网络中的安全问题和解决方法。

3. 建议学时：4 学时。

 引导案例

## 安全再加固　中行网银全面应用手机交易码

　　小 T 作为一个资深宅人和网购达人，每天都离不开网上银行和手机银行，秒杀、团购、账单缴费、信用卡还款、给亲友转账等，小 T 通通都用网银完成。但是小 T 最近不断收到陌生号码发来的短信，说他的动态口令牌已经过期，让他马上登录短信上的网址升级动态口令牌。小 T 立刻就发现发来短信的多为 155、132 开头的号码，短信里给出的网址也和银行的官方网址不同。小 T 立即拨打了银行客服电话，证实了这是一种新型的针对网上银行的短信诈骗手段。

　　近日来，全国各地很多网上银行客户都收到了这种以银行系统升级或动态口令牌过期为由，要求客户访问指定网址进行升级的诈骗短信，更有少量客户登录了短信提供的网址，被盗取了密码和动态口令，造成了账户资金的损失。记者就这种情况，联系到了中行网上银行安全专家，了解如何有效防范针对网银的诈骗活动。

　　**记者：**现在针对网银的诈骗层出不穷，使用网上银行还是安全的吗？

　　**中行专家：**国内网上银行经过 10 多年的发展，已形成了一整套比较完善的网银安全机制。比如中行网银采取了用户名、密码和动态口令登录，关键交易动态口令二次认证，动态口令加手机交易码组合认证共计三道防线保证用户使用安全。此外，中行还采取了安全控件、预留欢迎信息、登录保护、交易限额控制、会话超时退出等一整套安全措施保障用户交易安全。据了解，目前还没有哪种诈骗手段能够攻破网上银行的安全系统，因此只要客户提高安全防范意识，了解正确的安全防范知识，就能轻松、安全地使用网上银行。

　　**记者：**那么有什么手段能够有效防范短信诈骗呢？

　　**中行专家：**针对目前频发的短信诈骗案件，中行迅速采取措施，在中行网银现有的三道安全防线和九重安全措施之外，又推出了安全防护工具——手机交易码。

　　手机交易码由中行统一客服号码 95566 发送，由 6 位数字组成。网银客户在进行转账汇款、网上支付等操作时，需要使用手机接收交易码短信，并在页面输入框中输入交易码后，才能完成交易。由于手机交易码短信中含有收款人及转账金额等关键的交易信息，客户只有在确认这些交易信息后才会输入交易验证码，相当于在动态口令牌的基础上又增加了手机这一认证工具，并且该认证工具在物理上也与电脑完全隔离，实现了双通道、双因子认证。因此，手机

交易码对于以网银升级或动态口令过期诱导客户登录假冒网站的欺诈行为有良好的防控能力。

记者：客户如何开通使用手机交易码呢？

中行专家：已在中行网银个人资料中预留手机号或开通中银 e 信的客户，系统已默认使用该手机号接收手机交易码，无须再到柜台办理。未预留手机号的个人客户可持有效身份证件和网银关联账户到中行网点开通手机交易码功能。

如果客户想了解更多关于手机交易码和网银安全防护的信息，请访问中行官方网站（www.boc.cn）电子银行安全防护专区，专区提供了安全提示、常见问题解答、防范电信欺诈攻略及识别"钓鱼"网站技巧等网银安全防护内容。

记者：您对客户在安全使用网银，防范诈骗方面还有什么建议呢？

中行专家：手机交易码功能的全面应用，使中行网银的安全性再次得到了提升。但是，面对不断翻新的诈骗手段，在正确使用银行提供的安全防护服务的同时，客户还要提高自身的安全意识和警惕性，并记住以下几点安全防范的基本原则：

（1）不对任何陌生人提供用户名、密码及动态口令。任何国家机关部门、银行都无权向公众索要账号和密码，不要轻信任何套取网上银行用户名（登录卡号）和密码的行为。

（2）登录正确的银行网址。如访问中国银行网站时请直接输入网址：www.boc.cn，登录真正的中行网银后您将看到您预留的欢迎信息。请小心识别假冒网站，若有任何怀疑，请立即致电银行客户服务热线。

（3）认准银行客服短信发送号码。银行客服短信通过银行客服固定的特殊号码发送，不可能采用普通手机号码发送服务信息，一旦收到普通手机号码发来的银行服务信息一定是欺诈短信，要立即删除并报案。

除此之外，现在越来越多的客户青睐使用便捷优惠的手机银行服务，为防范可能发生的针对手机银行的诈骗活动，建议客户分开设置网上银行和手机银行的密码；安装专用防病毒软件；手机丢失或更换手机号码后及时暂停或注销手机银行业务。

资料来源：佚名. 安全再加固 中行网银全面应用手机交易码 ［OL］. http://finance.ifeng.com/roll/20110223/3469372.shtml，凤凰财经，2011-02-23.

➡ 问题：

1. 总结案例所阐述的手机交易码在安全性方面的特点。

2. 应用手机交易码为中行网银带来了哪些效益？

# 第一节　移动商务网络简介

移动商务的产生与发展是基于计算机网络与通信等技术的。移动计算机网络通过先进的计算机网络技术和无线通信技术，组成移动通信和计算的平台，实现信息交换和资源共享。同时，网络技术和无线通信技术的发展也大大促进了移动商务的发展。因此，在本节中，将主要介绍与移动商务建立和运行有关的计算机网络通信技术和 Internet 技术，包括计算机网络、Internet 技术以及基本的网络模型和网络协议。

## 一、移动通信技术的发展

随着信息技术，尤其是无线网络技术的进步和移动通信技术的发展，Internet 的发展已经进入了无线网络时代，传统电子商务也表现出了一系列不同于以往的新特点。蜂窝移动技术的发展经历了以下五个时代。

### （一）蜂窝技术的发展演进

蜂窝移动通信技术是在 20 世纪 80 年代开始发展起来的，蜂窝移动通信网络的发展速度远远超过固定网络，已得到相当的普及，开创了个人移动通信时代。人们对移动通信的需求推动了移动通信的发展。

经过 20 世纪 80 年代的第一代模拟蜂窝移动通信（AMPS），到 90 年代发展起来、目前主导市场的第二代窄带数字蜂窝移动通信（GSM 和标准 CDMA），再到正在推广的以宽带化通信为特征的第三代移动通信（3G），一直是公共移动通信网络的主要力量。目前，世界上主要应用的是第三代移动通信技术（3G）。然而第四代移动通信技术已经开始在世界少数地区先行使用。在全球各大网络运营商都在筹划下一代网络的时候，北欧 Telia Sonera 已率先完成了 4G 网络的建设，并宣布开始在瑞典首都斯德哥尔摩、挪威首都奥斯陆提供 4G 服务，这标志着全球正式商用的第一个 4G 网络开始运营。4G 是市场上最快的移动通信技术，采用 LTE 技术的移动通信网络最快下载速度可以达到 100Mb/s，相当于当前 3G 网络的 50 倍 。

### （二）第三代移动通信技术（3rd–generation，3G）标准

国际电信联盟（ITU）在 2000 年 5 月确定 WCDMA、CDMA2000、TD–SCDMA 三大主流无线接口标准，写入 3G 技术指导性文件《2000 年国际移动通信计划》（简称《IMT–2000》）；2007 年，WiMAX 亦被接受为 3G 标准之一。

CDMA 是 Code Division Multiple Access （码分多址）的缩写，是第三代移动通信系统的技术基础。第一代移动通信系统采用频分多址（FDMA）的模拟调制方式，这种系统的主要缺点是频谱利用率低，信令干扰话音业务。第二代移动通信系统主要采用时分多址（TDMA）的数字调制方式，提高了系统容量，并采用独立信道传送信令，使系统性能大大改善，但 TDMA 的系统容量仍然有限，越区切换性能仍不完善。CDMA 系统以其频率规划简单、系统容量大、频率复用系数高、抗多径能力强、通信质量好、软容量、软切换等特点显示出巨大的发展潜力。下面分别介绍 3G 的几种标准：

1. W-CDMA

W-CDMA 也称为 WCDMA，全称为 Wideband CDMA，也称为 CDMA Direct Spread，意为宽频分码多重存取，这是基于 GSM 网发展出来的 3G 技术规范，是欧洲提出的宽带 CDMA 技术，它与日本提出的宽带 CDMA 技术基本相同，目前正在进一步融合。W-CDMA 的支持者主要是以 GSM 系统为主的欧洲厂商，日本公司也或多或少参与其中，包括欧美的爱立信、阿尔卡特、诺基亚、朗讯、北电，以及日本的 NTT、富士通、夏普等厂商。该标准提出了 GSM（2G）→GPRS→EDGE→WCDMA（3G）的演进策略。这套系统能够架设在现有的 GSM 网络上，对于系统提供商而言可以较轻易地过渡。预计在 GSM 系统相当普及的亚洲，对这套新技术的接受度会相当高。因此，W-CDMA 具有先天的市场优势。

2. CDMA2000

CDMA2000 是由窄带 CDMA（CDMA IS95）技术发展而来的宽带 CDMA 技术，也称为 CDMA Multi-Carrier，它是由美国高通北美公司为主导提出，摩托罗拉、Lucent 和后来加入的韩国三星都有参与，韩国现在成为该标准的主导者。这套系统是从窄频 CDMAOne 数字标准衍生出来的，可以从原有的 CDMAOne 结构直接升级到 3G，建设成本低廉。但目前使用 CDMA 的地区只有日、韩和北美，所以 CDMA2000 的支持者不如 W-CDMA 多。不过 CDMA2000 的研发技术却是目前各标准中进度最快的，许多 3G 手机已经率先面世。该标准提出了从 CDMA IS95（2G）→CDMA20001x→CDMA20003x（3G）的演进策略。CDMA20001x 被称为 2.5 代移动通信技术。CDMA20003x 与 CDMA20001x 的主要区别在于应用了多路载波技术，通过采用三载波使带宽提高。目前中国电信正在采用这一方案向 3G 过渡，并已建成了 CDMA IS95 网络。

3. TD-SCDMA

TD-SCDMA 全称为 Time Division-Synchronous CDMA（时分同步 CDMA），

61

该标准是由中国大陆独自制定的 3G 标准，1999 年 6 月 29 日，中国原邮电部电信科学技术研究院（大唐电信）向 ITU 提出，TD-SCDMA 具有辐射低的特点，被誉为绿色 3G。该标准将智能无线、同步 CDMA 和软件无线电等当今国际领先技术融于其中，在频谱利用率、对业务支持具有灵活性、频率灵活性及成本等方面的独特优势。另外，由于中国内地庞大的市场，该标准受到各大主要电信设备厂商的重视，全球一半以上的设备厂商都宣布可以支持 TD-SCDMA 标准。该标准提出不经过 2.5 代的中间环节，直接向 3G 过渡，非常适用于 GSM 系统向 3G 升级。军用通信网也是 TD-SCDMA 的核心任务。

4. WiMAX

WiMAX（Worldwide Interoperability for Microwave Access），即全球微波互联接入，WiMAX 的另一个名字是 IEEE 802.16。WiMAX 的技术起点较高，WiMAX 所能提供的最高接入速度是 70Mb/s，这个速度是 3G 所能提供的宽带速度的 30 倍。对无线网络来说，这的确是一个惊人的进步。WiMAX 逐步实现宽带业务的移动化，而 3G 则实现移动业务的宽带化，两种网络的融合程度会越来越高，这也是未来移动世界和固定网络的融合趋势。2007 年 10 月 19 日，国际电信联盟在日内瓦举行的无线通信全体会议上，经过多数国家投票通过，WiMAX 正式被批准成为继 WCDMA、CDMA2000 和 TD-SCDMA 之后的第四个全球 3G 标准。

WiMAX 具有以下优点：对于已知的干扰，窄的信道带宽有利于避开干扰，而且有利于节省频谱资源；灵活的带宽调整能力，有利于运营商或用户协调频谱资源；WiMAX 所能实现的 50 公里的无线信号传输距离是无线局域网所不能比拟的，网络覆盖面积是 3G 发射塔的 10 倍，只要少数基站建设就能实现全城覆盖，能够使无线网络的覆盖面积大大提升。

不过 WiMAX 网络在网络覆盖面积和网络的带宽上优势巨大，但是其移动性却有着先天的缺陷，无法满足高速（≥50km/h）下的网络的无缝链接，WiMAX 严格地说并不能算作移动通信技术，而仅仅是无线局域网的技术。但是 WiMAX 的希望在于 IEEE 802.11m 技术上，将能够有效地解决这些问题。

**（三）第四代移动通信技术（4th-generation，4G）标准**

国际电信联盟（ITU）已经将 WiMAX、HSPA+、LTE 正式纳入 4G 标准，加上之前就已经确定的 LTE-Advanced 和 WirelessMAN-Advanced 这两种标准，目前 4G 标准已经达到了 4 种。也有人认为 WiMAX 属于 4G 技术，这种说法认为 4G 技术已经有 5 种标准。4G 是集 3G 与 WLAN 于一体并能够传输高质量视频图像以及图像传输质量与高清晰度电视不相上下的技术产品。

1. LTE

LTE (Long Term Evolution，长期演进) 项目是 3G 的演进，它改进并增强了 3G 的空中接入技术，采用 OFDM 和 MIMO 作为其无线网络演进的唯一标准。主要特点是在 20MHz 频谱带宽下能够提供下行 100Mb/s 与上行 50Mb/s 的峰值速率，相对于 3G 网络，大大地提高了小区的容量，同时将网络延迟大大降低：内部单向传输时延低于 5ms，控制平面从睡眠状态到激活状态迁移时间低于 50ms，从驻留状态到激活状态的迁移时间小于 100ms。并且这一标准也是 3GPP 长期演进 (LTE) 项目，其演进的历史如下：GSM→GPRS→EDGE→WCDMA→ HSDPA/HSUPA→HSDPA+/HSUPA+→LTE 长期演进；GSM：9K→GPRS：42K→ EDGE：172K→WCDMA：364k→HSDPA/HSUPA：14.4M→HSDPA+/HSUPA+： 42M→LTE：300M。

由于目前的 WCDMA 网络的升级版 HSPA 和 HSPA+均能够演化到 LTE 这一状态，包括中国自主的 TD-SCDMA 网络也将绕过 HSPA 直接向 LTE 演进，所以这一 4G 标准获得了最大的支持，也将是未来 4G 标准的主流。该网络提供媲美固定宽带的网速和移动网络的切换速度，网络浏览速度大大提升。

2. LTE-Advanced

从字面上看，LTE-Advanced 就是 LTE 技术的升级版，那么为何两种标准都能够成为 4G 标准呢？LTE-Advanced 的正式名称为 Further Advancements for E-UTRA，它满足 ITU-R 的 IMT-Advanced 技术征集的需求，是 3GPP 形成欧洲 IMT-Advanced 技术提案的一个重要来源。LTE-Advanced 是一个后向兼容的技术，完全兼容 LTE，是演进而不是革命，相当于 HSPA 和 WCDMA 这样的关系。

严格地讲，LTE 作为 3.9G 移动互联网技术标准，那么 LTE-Advanced 作为 4G 标准更加确切一些。LTE-Advanced，包含 TDD 和 FDD 两种制式，其中 TD-SCDMA 将能够进化到 TDD 制式，而 WCDMA 网络能够进化到 FDD 制式。中国移动主导的 TD-SCDMA 网络期望能够直接绕过 HSPA+网络而直接进入到 LTE。

3. HSPA+

HSPA+高速下行链路分组接入技术 (High Speed Downlink Packet Access)，而 HSUPA 即高速上行链路分组接入技术，二者合称为 HSPA 技术，HSPA+是 HSPA 的衍生版，能够在 HSPA 网络上进行改造而升级到该网络，是一种经济而高效的 4G 网络。

HSPA+符合 LTE 的长期演化规范，将作为 4G 网络标准与其他的 4G 网络同时存在，它将很有利于目前全世界范围的 WCDMA 网络和 HSPA 网络的升级与过度，成本上的优势很明显。对比 HSPA 网络，HSPA+在室内吞吐量约提高 12.58%，室外小区吞吐量约提高 32.4%，能够适应高速网络下的数据处理，将是短期内 4G 标准的理想选择。目前中国联通已经在着手相关的规划，T-Mobile 也开通了这个 4G 网络，但是由于 4G 标准并没有被 ITU 完全确定下来，所以动作并不大。

4. WirelessMAN-Advanced

WirelessMAN-Advanced 事实上就是 WiMax 的升级版，即 IEEE 802.11m 标准，802.16 系列标准在 IEEE 正式称为 WirelessMAN，而 WirelessMAN-Advanced 即为 IEEE 802.16m。其中，IEEE802.16m 最高可以提供 1Gb/s 无线传输速率，还将兼容未来的 4G 无线网络。IEEE802.16m 可在"漫游"模式或高效率/强信号模式下提供 1Gb/s 的下行速率。该标准还支持"高移动"模式，能够提供 1Gb/s 速率。其优势有：提高网络覆盖，改建链路预算；提高频谱效率；提高数据和 VOIP 容量；低时延 QoS 增强；功耗节省；等等。

目前的 WirelessMAN-Advanced 有 5 种网络数据规格，其中极低速率为 16kb/s，低速率数据及低速多媒体为 144kb/s，中速多媒体为 2Mb/s，高速多媒体为 30Mb/s，超高速多媒体则达到了 30Mb/s~1Gb/s。但是该标准可能会率先被军方所采用，IEEE 方面表示，军方的介入将能够促使 WirelessMAN-Advanced 更快地成熟和完善，而且军方的今天就是民用的明天。不论怎样，WirelessMAN-Advanced 得到 ITU 的认可并成为 4G 标准的可能性极大。

## 二、移动商务中应用的网络技术

移动商务的产生与发展是基于计算机网络与通信等技术的。移动计算机网络通过先进的计算机网络技术和无线通信技术组成移动通信和计算的平台，实现信息交换和资源共享。同时网络技术和无线通信技术的发展也大大促进了移动商务的发展。与移动商务建立和运行有关的计算机网络通信技术和 Internet 技术，包括计算机网络 Internet 技术以及基本的网络模型和网络协议。这些技术没有突出"移动商务"的特性，但无论是"电子商务"还是我们所说的"移动商务"都是基于这些技术的基础之上才能够有效开展的。因此，了解计算机网络通信技术和 Internet 技术是移动商务技术应用的基础。

### （一）移动互联网

广义的移动互联网，就是将移动通信和互联网二者结合起来，成为一体；狭义的互联网就是基于 Mobile IP 的 Internet。这里介绍的是狭义的移动互联网，即 Mobile IP 协议。移动 IP 应用于所有基于 TCP/IP 网络环境中，它为人们提供了无限广阔的网络漫游服务。

在移动 IP 协议中，每个移动节点在"归属链路"上都有一个唯一的"归属地址"。与移动节点通信的节点称为"通信节点"，通信节点可以是移动的，也可以是静止的。与移动节点通信时，通信节点总是把数据包发送到移动节点的归属地址，而不考虑移动节点的当前位置情况。在归属链路上，每个移动节点必须有一个"归属代理"，用于维护自己的当前位置信息。这个位置由"转交地址"确定，移动节点的归属地址与当前转交地址的联合称为"移动绑定"（简称"绑定"）。每当移动节点得到新的转交地址时，必须生成新的绑定，向归属代理注册，以使归属代理及时了解移动节点的当前位置信息。一个归属代理可同时为多个移动节点提供服务。当移动节点连接在归属链路上（链路的网络前缀与移动节点位置地址的网络前缀相等）时，移动节点就和固定节点或路由器一样工作，不必运用任何其他移动 IP 功能；当移动节点连接在外埠链路上时，通常使用"代理发现"协议发现一个"外埠代理"，然后将此外埠代理的 IP 地址作为自己的转交地址，并通过注册规程通知归属代理。当有发往移动节点归属地址的数据包时，归属代理便截取该包，并根据注册的转交地址，通过隧道将数据包传送给移动节点；由移动节点发出的数据包则可直接选路到目的节点上，无须隧道技术。

在最近几年里，移动通信和互联网成为当今世界发展最快、市场潜力最大、前景最诱人的两大业务，它们的增长速度是任何预测家都未曾预料到的，所以可以预见移动互联网将会创造巨大的经济神话。

### （二）移动计算技术

移动计算是随着移动通信、互联网、数据库、分布式计算等技术的发展而兴起的新技术。移动计算技术将使计算机或其他信息智能终端设备在无线环境下实现数据传输及资源共享。它的作用是将有用、准确、及时的信息提供给任何时间、任何地点的任何客户。这将极大地改变人们的生活方式和工作方式。

移动计算是一个多学科交叉、涵盖范围广泛的新兴技术，是计算技术研究中的热点领域，并被认为是对未来具有深远影响的四大技术方向之一。

移动计算使用各种无线电射频（RF）技术或蜂窝通信技术，用户可以携带他们的移动计算机、个人数字助手（PDA）、BP 机和其他电信设备自由漫游。使用调制解调器的移动计算机用户也应该属于这一范畴，但他们侧重于无线远程用户。移动计算机用户依赖于电子信报传送服务，使他们无论走到哪里都能和办公室保持联系。一些厂商，如 Microsoft，正在制造支持移动用户的特殊接口。例如，当移动用户从一个地方到另一个地方时，将恢复桌面排列和在最后会谈中打开的文件，就像计算机从来都未关闭一样。

### （三）移动数据库

移动数据库作为分布式数据库的延伸和扩展，拥有分布式数据库的诸多优点和独特的特性，能够满足未来人们访问信息的要求，具有广泛的应用前景。

移动数据库是能够支持移动式计算环境的数据库，其数据在物理上分散而逻辑上集中。它涉及数据库技术、分布式计算技术、移动通信技术等多个学科，与传统的数据库相比，移动数据库具有移动性、位置相关性、频繁的断接性、网络通信的非对称性等特征。移动数据库基本上由三种类型的主机组成：移动主机（Mobile Hosts）、移动支持站点（Mobile Support Stations）和固定主机（Fixed Hosts）。

### （四）云计算

狭义云计算指 IT 基础设施的交付和使用模式，指通过网络以按需、易扩展的方式获得所需资源；广义云计算指服务的交付和使用模式，指通过网络以按需、易扩展的方式获得所需服务，这种服务可以是 IT 和软件、互联网相关，也可以是其他服务。云计算的核心思想，是将大量用网络连接的计算资源统一管理和调度，构成一个计算资源池向用户提供按需服务。提供资源的网络被称为"云"。"云"中的资源在使用者看来是可以无限扩展的，并且可以随时获取，按需使用，随时扩展，按使用付费。云计算的产业三级分层：云软件、云平台、云设备。

云计算（Cloud Computing）是网格计算（Grid Computing）、分布式计算（Distributed Computing）、并行计算（Parallel Computing）、效用计算（Utility Computing）、网络存储（Network Storage Technologies）、虚拟化（Virtualization）、负载均衡（Load Balance）等传统计算机和网络技术发展融合的产物。

许多云计算部署依赖于计算机集群（但与网格的组成、体系机构、目的、工作方式大相径庭），也吸收了自主计算和效用计算的特点。通过使计算分布在大量的分布式计算机上，而非本地计算机或远程服务器中，企业数据中心的运行将与互联网更相似。这使得企业能够将资源切换到需要的应用上，根据需求访问计算机和存储系统。

好比是从古老的单台发电机模式转向了电厂集中供电的模式。它意味着计算能力也可以作为一种商品进行流通，就像煤气、水电一样，取用方便，费用低廉。最大的不同在于，它是通过互联网进行传输的。由于云计算的出现，给一些已经存在的业务形式带来了新的突破，如云物联、云营销、云教育、云游戏等新形式的出现，使得原有的业务在引入云计算后，不仅安全性能提高，也拓展了业务的应用领域。

# 第二节 移动商务网络安全问题与防范

目前，利用移动网络安全漏洞犯罪的案件有很多。普华永道公司受英国贸易与工业部委托进行的一项调查显示，2010 年英国由于安全问题而导致的损失达到了 180 亿美元，比两年前增加了约 50%。越来越多的数据显示，移动网络安全问题造成的损失一直在增长。越来越多的企业、用户已经意识到移动网络安全问题的严重性。

## 一、移动网络安全

移动网络的安全是指通过采用各种技术和管理措施，使移动网络系统正常运行，从而确保移动网络数据的可用性、完整性和保密性。移动网络安全的具体含义会随着"角度"的变化而变化。比如：从用户（个人、企业等）的角度来说，他们希望涉及个人隐私或商业利益的信息在移动网络上传输时受到机密性、完整性和真实性的保护。国际标准化组织（ISO）对移动网络安全的定义是："为数据处理系统建立和采用的技术和管理的安全保护，保护移动网络硬件、软件和数据不因偶然和恶意的原因遭到破坏、更改和泄露。"

67

## 二、移动商务网络面临的安全问题

移动网络安全是移动商务安全的基础，只有处在一个安全的移动网络环境中，移动商务的安全才有可能得到最底层的保证，除此之外，在建立一个安全的移动网络的基础上，还需要一些上层的安全措施来确保整个移动商务系统的安全。

### （一）无线网络与有线网络安全性的比较

无线网络与有线网络一样，都是为了实现网络通信，因此，就网络本身和应用而言都面临许多相同的网络和信息安全问题，如网络入侵、病毒攻击等。然而，由于无线网络本身固有的一些特点，使得其在信息安全方面有着与有线网络不同的特点。

首先，与有线网络相比，无线网络的特殊性在于其具有开放性。有线网络的网络连接是相对固定的，它有确定的物理边界，网络访问需要物理上的接入设备如边缘交换机（Switch）或集线器（Hub）。通过对接入端口的管理，可以有效控制非法用户的接入。而无线网络则不同，以 WLAN 为例，其接入点的信号通过定向或全向天线发向空中，在其有效的无线覆盖范围之内，如果没有接入控制措施，具有相同接收频率的用户就可能获取接入点发送的信息，或者通过接入点访问上级网络。因此，无线网络的开放性带来了非法信息截取、未授权信息服务等一系列新的信息安全问题。

其次，与有线网络相比，无线网络的特殊性在于其具有移动性。有线网络的用户终端与接入设备之间通过线缆连接，终端是不能在大范围内移动的，对用户的管理比较容易。而无线网络终端因为摆脱了线缆的束缚，不仅可以在较大范围内移动，而且还可以跨区域漫游，所以对无线网络终端的管理要困难得多。因此，无线网络的移动性带来了新的安全管理问题。

最后，与有线网络相比，无线网络的传输信道是不稳定的、变化的。有线网络的传输环境是确定的，信号质量是稳定的，而无线网络随着用户的移动其信道特性是变化的，会受到干扰、衰落、多径、多普勒频移等多方面的影响，造成信号质量波动较大，甚至无法进行通信。因此，无线网络的传输信道的不稳定性带来了无线通信网络的鲁棒性问题。

**（二）无线网络的主要安全问题**

通过上述内容的分析可以看出，无线网络的安全问题主要表现在以下几个方面：

（1）监听攻击，即截取空中信号，进行分析，获取相关信息。

（2）插入攻击，即通过监听获取相关信息，假冒合法用户，通过无线信道接入信息系统，获取系统控制权。

（3）未授权信息服务，即用户在未经授权的情况下享用系统信息资源。

（4）网络的鲁棒性，即网络本身对局部破坏或个别设备损坏的容忍能力，或对信道干扰的抵御能力，也就是网络的生存能力。

（5）移动安全，即用户终端在某个区域内移动或跨区域漫游的情况下，管理信息和用户信息的安全问题。

（6）无线干扰，即通过发射较大功率同频信号干扰无线信道的正常工作。

（7）移动网络干扰。

**（三）移动通信网络的干扰**

移动通信网络的干扰可以粗略地分为外部干扰和内部干扰。

**1. 外部干扰**

（1）强信号干扰：这种干扰是指合法的信号占用合法的频率，由于功率过强，造成邻近频段接收设备阻塞。最常见的为 CDMA 下行频段对 GSM 上行频段的干扰。

（2）固定频率的干扰：具有固定频率的干扰源工作于移动通信频段。这种干扰频率几乎不变，或小范围抖动，上下行都可能存在。这种干扰多见于旧的专用无线电系统占用移动资源。如原有的电力微波通信系统占用移动 1800MHz 频段，由于干扰源是专用通信系统，干扰信号呈现稳定性。

（3）宽频直放站干扰：主要存在于上行频段。这种干扰的特点是频带宽，几乎占据整个上行频段。

（4）杂乱信号干扰：这种干扰信号频谱不定，此起彼伏，一般为 EMI 问题。

2. 内部干扰

内部干扰主要与通信制式的技术特性和网络本身的特点有关，主要来自硬件、施工质量和周边环境以及网络频率规划、小区覆盖和数据库设置等方面。它主要包括同频干扰、邻频干扰和互调干扰。

## 三、无线通信网络安全问题的对策

解决无线网络的安全问题的核心技术包括调制解调技术、信道编码技术、加密技术、认证（鉴权）技术、通信协议等诸多方面。针对监听攻击、插入攻击、未授权信息服务、网络的鲁棒性、移动安全和无线干扰等信息安全威胁应该从上述方面进行全面考虑，以适度安全的理念，精心设计，才能保证无线通信网络的安全。

### （一）防监听攻击

针对监听攻击，首要问题需要防止对空中信号的截取。可以采用隐蔽性好的信号调制方式，如直接序列扩频调制或跳频扩频调制方式。在此基础上，应该对重要信息进行适当强度的加密处理，保证即使空中信号被截取后，没有强大的分析工具仍不能获取有用信息，如用户的 MAC 地址、系统的 ID 等。

### （二）防插入攻击

如果通过监听获得了用户的有用信息，非法用户就可能假冒合法用户，通过无线信道接入信息系统，获取系统控制权。为了防止这种情况的发生，可以采用接入控制技术。接入控制技术的基础是身份认证，只有通过认证的用户才能接入系统。目前，与无线网络的身份认证有关的协议主要有 RADIUS 协议、IEEE 802.1x 协议、扩展认证协议（Extensible Authentication Protocol，EAP，包括 EAP-TLS、EAP-SIM、EAP-MD5、EAP-OTP）等。一个典型的接入控制系统通常包括申请者、认证者和认证服务器三个部分。图 3-1 表示出了用于 WLAN 的接入控制体系。其中申请者为用户站点（STA），认证者为接入控制器（AC）（在局部使用时，AP 也可充当认证者），以及认证服务器（Authentication Server，AS）。它们之间采用的协议如图 3-1 所示。

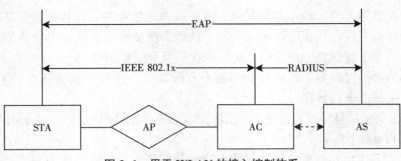

图 3-1　用于 WLAN 的接入控制体系

IEEE 802.1x 协议是一种基于端口的网络接入控制协议，用于在网络设备的物理接入级对接入设备进行认证和控制，可以提供一个可靠的用户认证和密钥分发的框架，用户只有在认证通过以后才能连接网络。但 IEEE 802.1x 协议本身并不提供认证机制，需要和上层认证协议如 EAP 配合来实现用户认证和密钥分发。EAP.TLS 是一种具有较佳认证安全度的协议，不仅能提供双向认证，而且能在认证过程中动态进行密钥交换和生成密钥，所生成的密钥只能被申请者与认证者两者读取，从而可以很好地保证认证过程的安全性，这也是 TGi 最新的草案所推荐的。

STA 与 AC 之间遵循 EAPOL（EAP over LAN），EAP 消息包含在 IEEE 802.1x 消息中，在无线局域网中称作 EAPOW（EAP over Wireless）。AC 与 AS 之间遵循 RADIUS EAP。

**（三）防止未授权信息服务**

用户在获取了信息系统的访问权限以后，并不是可以访问任意资源的，应该分权限管理。在用户向系统提交身份时，系统必须检查用户权限，这样就可以有效防止未授权信息服务。在无线通信网络中，由于信息的开放性，要防止未授权信息服务，只检查用户权限是不够的，用户的接收还必须是有条件的。由接入点发送出来的无线信号必须被加密，接收机只有拥有正确的密钥后，才能正确地接收到信息。

**（四）建立鲁棒的网络**

网络的鲁棒性主要表现在抗损坏的能力。这种损坏可能是人为故意的，也可能是自然造成的。鲁棒网络可以在网络局部遭到破坏的情况下，其他部分能够正常工作。因此，根据网络的拓扑结构，需要研究哪些节点是最重要的，哪些支路是不可缺少的，对于重要节点和支路需要进行多重备份。在无线网络中，还有特殊的情况。因为每个节点（如 Authentication Point，AP）都有一定的覆盖范围，要使得网络具有一定的鲁棒性，必须进行冗余配置。一个站点必须处在至少两个 AP 的覆盖之内，这样当某个 AP 损坏后，另外的 AP 能够在通信不间断的情况下接管工作，如图 3-2 所示。图中"∇"表示站点。在 AP 中还必须注入专门协议，保证接管工作的无间断进行。

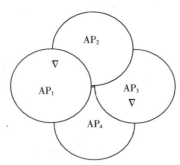

图 3-2　AP 的冗余覆盖

### （五）移动 IP 安全

移动 IP 用户可能遭受的攻击有拒绝服务（DOS）、窃听等。DOS 常见于一个破坏者试图阻止一个用户的正常工作，使其管理信息和用户信息不能在网上正常传递。通常有两种情况：一是破坏者用大量无用信息包阻塞用户主机，用户主机就无法正常处理有用信息；二是破坏者想方设法干涉用户发往节点的数据包。DOS 攻击经常发生于破坏者对特定移动节点所做的新转交地址的假注册，这会导致两个问题：正常用户的移动节点不再连接，或者破坏者可以看到所有发往原先移动节点的数据包。如图 3-3 所示。

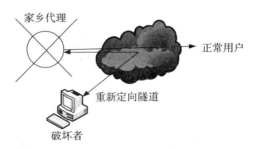

图 3-3　DOS 攻击

被动监听攻击是指破坏者监听移动节点和家乡代理之间的信息交换。攻击者可能通过物理端口接入网络。在共享以太网环境中，所有信息都暴露给窃听者。对无线网络环境来说，窃听者可能非常隐蔽，通过无线信号接收信息。这种窃听很难防止，最好的解决方案是采用端到端信息加密。

插入攻击是破坏者的主动行为，通过监听移动节点与家乡代理之间的信息交互过程，阻断移动节点的通信同时插入与家乡代理的通信过程。解决此问题的办法还是端到端信息加密，可以采用虚拟专用网 VPN 技术来实现，这样即使会话被截取，攻击者也不会获得实际的数据。如图 3-4 所示。

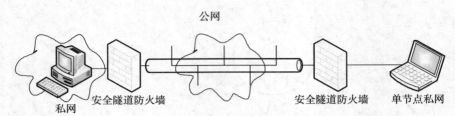

图 3-4　VPN 隧道构成

VPN 架构于两个被公网隔离的私网之间，通过 VPN 隧道，这两个私网可以等同于一个私网。在它们的物理边界设置具有鉴权和加密功能的安全隧道防火墙。移动节点可以看成是单节点私网，VPN 功能可以集成在客户端软件中。移动节点必须在不影响安全性能的前提下能够与所有在 VPN 中的主机和路由器进行通信。一种简单密钥管理协议（SKIP）被用以实现上述目标。

### （六）无线干扰

无线干扰问题是无线网络中很重要的安全问题，也是最难以解决的问题。破坏者通过发射较大功率的同频信号干扰无线信道的正常工作，这种破坏通常是蓄意的。除了通过无线电管理迅速发现干扰源、清除干扰源以克服无线干扰以外，还可以采取下列措施：

1. 采用载波检测——跳频通信方式

发射机实时检测信道载波占用情况。一旦被占用立即跳到其他频道进行通信，跳频可以按照伪随机图样进行。配合纠错编码，可以有效防止在某几个频点上的恶意干扰。

2. 采用抗突发干扰的信道编码方式

如交织码，将突发错误离散化，变为近似随机分布的错码，再通过纠错能力很强的编码，如卷积编码，纠正被干扰产生的错码。这种方法可以有效防止隐蔽的、突发的干扰源对正常无线网络通信的干扰。

3. 采用载波检测——竞争信道协议

如 CSMMCA，在信道质量较好的情况下才发送数据。通信双方通过握手信令进行联络，可以有效防止发送数据丢失，同时对于非连续干扰，仍然可以进行较低速率的通信。

# 第三节 入侵检测和攻击分析

入侵检测（Incrusion Detection）是对入侵行为的检测。它通过收集和分析网络行为、安全日志、审计数据、其他网络上可以获得的信息以及计算机系统中若干关键点的信息，检查网络或系统中是否存在违反安全策略的行为和被攻击的迹象。入侵检测作为一种积极主动的安全防护技术，提供了对内部攻击、外部攻击和误操作的实时保护，在网络系统受到危害之前拦截和响应入侵。除此之外，本节还将对可能攻击移动网络的因素进行相关的分析。

## 一、入侵检测原理和方法

### （一）入侵检测的定义

入侵检测，顾名思义，是对入侵行为的发觉。它通过在计算机网络或计算机系统中的若干关键节点收集信息并对其进行分析，判断网络或系统中是否有违反安全策略的行为和被攻击的迹象。进行入侵检测的软件与硬件的组合便是入侵检测系统（Incrusion Detection System，IDS）。图 3–5 是一个简单的 IDS 系统。

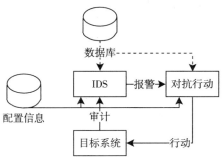

**图 3–5 简单的 IDS 系统**

入侵检测系统能够监视和跟踪系统、事件、安全记录和系统日志，以及网络中的数据包，识别出任何不希望有的活动，在入侵者对系统发生危害前，检测到入侵攻击，并利用报警与防护系统进行报警、阻断等响应。

一个 IDS 一般使用了三类信息：与 ID 技术有关的长期信息；系统当前的配置信息；被保护系统的审计信息。根据这些信息，IDS 来评价系统中的行为是入侵的可能性。本节主要从分布式无线入侵检测模型、移动防火墙、网络接入控制等方面详细介绍移动商务安全中，入侵检测和攻击分析对移动网络安全的控制和保护。

### （二）IDS 的评价标准

评价 IDS 的优劣主要有以下几个方面：

（1）准确性。准确性是指 IDS 不会标记环境中的一个合法行为为异常或入侵。

（2）性能。IDS 的性能是处理审计事件的速度。对一个实时 IDS 来说，必须要求性能良好。

（3）完整性。完整性是指 IDS 能检测出所有的攻击。

（4）故障容错（Fault Tolerance）。当被保护系统遭到攻击和毁坏时，能迅速恢复系统原有的数据和功能。

（5）自身抵抗攻击能力。这一点很重要，尤其是"拒绝服务"攻击。因为多数对目标系统的攻击都是采取首先用"拒绝服务"攻击摧毁 IDS，再实施对系统的攻击。

（6）及时性（Timeliness）。一个 IDS 必须尽可能快地执行和传送它的分析，以使安全管理员在系统造成大多数危害之前能及时做出反应，阻止攻击者破坏审计信息或 IDS 本身。

（7）IDS 运行时，额外计算机资源的开销。

（8）误警报率/漏警报率的程度。

（9）适应性和扩展性。

（10）灵活性。

（11）管理的开销。

（12）是否便于使用和配置。

## 二、分布式无线入侵检测模型

### （一）基本概念

入侵检测系统作为一种主动防御策略，在检测和防范入侵方面发挥了其他安全部件难以替代的重要作用。对入侵检测系统的研究已经成为网络与信息安全领域的一个研究热点。随着网络规模的不断扩大，入侵检测系统应用的场合也越来越大，分布式入侵检测系统就应运而生了。这种结构通过分散采集、分布处理和集中管理，满足了大规模高速网络的需求。而实现分布式入侵检测系统，一般要使用代理技术。代理和移动代理技术是近年来新提出的概念和技术，受到广泛关注和研究。

入侵检测系统的通用模型（CIDF）将一个入侵检测系统分为事件产生器、事件分析器、响应单元、事件数据库四个组件。CIDF 将入侵检测系统需要分析的数据统称为事件，是网络入侵检测系统中的数据包，也是主机的入侵检测系统从系统日志等其他途径得到的信息，同时也对各部件之间的信息传递格式、通信方法和 API 进行标准化。事件产生器的目的是从整个计算环境中获得事件，并向系统的其他部分提供此事件。事件分析器是分析得到数据，并产生分析结果。响应单元则对分析结果做出切断连接、改变文件属性等强烈反应，甚至发动对攻击者的反击，也可以只是简单的报警。事件数据库是存放各种中间和最终数据的地方，既是复杂的数据库，也是简单的文本文件。

入侵检测的首要问题就是从何处提取包含入侵信息的数据。入侵检测系统根据其监视数据来源可以分为主机的入侵检测系统和网络的入侵检测系统。主机的入侵检测系统从单个主机上提取数据，如审计记录等，而网络的入侵检测系统则从网络上提取数据。

网络和主机的入侵检测系统都有各自的优势，两者相互补充。这两种方式都能发现对方无法检测到的一些入侵行为。入侵检测系统的另一个问题是如何分析原始数据，从而得出关于入侵行为的报警。现在比较成熟的主要检测方法是异常检测和误用检测两种类型。异常检测（Anomaly Detection）是根据使用者的行为或资源使用状况的正常程度来判断是否入侵。异常检测与系统相对无关，通用性较强，甚至能检测出未知的攻击方法。其主要缺陷在于误检率较高，另外，入侵者的恶意训练是目前异常检测所面临的一大困难。误用检测（Misuse Detection）有时也被称为特征分析或基于知识的检测。根据已定义好的入侵模式，通过判断在实际的安全审计数据中是否出现这些入侵模式来完成检测功能。这种检测准确度较高，检测结果有明确的参照，为响应提供了方便。主要缺陷在于无法检测未知的攻击类型。误用检测和异常检测各有优劣，在实际系统中，考虑到两者的互补性，往往结合使用。

（二）系统结构

该系统主要由三层组成，底层是信息获取和预警层，中间是综合分析决策层，上层是控制管理层。信息获取和预警层主要由主机探头（HSensor）和网络探头（NSensor）组成，主机探头指的是安装在主机系统上的代理探测器，网络探头主要指的是安装在网络中的进行网络数据探测分析的代理探测器。综合分析决策层包含分析系统（AnalysisSvr）和数据库（DB），指的是进行预警后的进一步详细分析和最后的决策融合，从而制定响应策略和方式。控制管理层（Control & Manager）则是进行人机交互，控制管理，报警融合以及态势分析。下面仔细介绍各层的功能和特点。

信息获取和预警层主要包含 HSensor 和 NSensor，两者分析的数据来源不同。HSensor 主要是指从本机的系统（操作系统和应用系统）中获取和安全有关的信息源，包括日志、系统调用及用户行为等，进行信息过滤加工和预警分析，然后把结果上报。NSensor 则是监听该网络环境中的数据通信，把网络数据进行过滤加工并进行预警分析，然后把结果上报。无论是 HSensor 还是 NSensor 都有一定的安全策略、响应机制和智能机制，具备自身防护功能和自身异常诊断恢复功能。由于无线局域网的特点，一个 NSensor 只能收到它信号辐射区域内的数据信息，而不能完全获取整个网络的所有网络通信信息，因此，可能一个网络要根据地理情况来配置适当数目的网络探头。

综合分析决策层包含分析系统（AnalysisSvr）和数据库（DB），分析系统主要功能是把从不同的 HSensor 和 NSenor 上传的数据进行精加工，运用多种智能分析算法进行详细分析，然后由决策融合机制来进行最终决策，从而制定相应的响应决策，下达决策指令并上报给控制台。数据库则提供信息存储的功能。

控制管理层（Control & Manager）则是进行人机对话，控制管理，报警融合以及态势分析。运用控制管理层可以把多个分析系统联合分析，进一步进行态势评估，从而得出整个网络区域的安全情况以及评价。

### 三、移动防火墙

防范网络攻击最常用的方法就是防火墙。随着网络安全技术的发展，防火墙已经成为一种先进和复杂的基于应用层的网关，不仅能完成传统防火墙的过滤任务，同时也能够针对各种网络应用提供相应的安全服务。

防火墙是近期发展起来的一种保护计算机网络安全的技术性措施，它是一个用以阻止网络中的黑客访问某个机构网络的屏障，也可称为控制进/出两个方向通信的门槛。在网络边界上通过建立起来的相应网络通信监控系统来隔离内部和外部网络，以阻挡外部网络的侵入。目前的防火墙主要有以下三种类型：包过滤防火墙、代理防火墙、双穴主机防火墙。

防火墙具有很好的保护作用。入侵者必须首先穿越防火墙的安全防线，才能接触目标计算机。防火墙有多种不同的保护级别，高级别的保护可能会禁止一些服务，如视频流等，保护级别可选择。

除了安全作用，防火墙还支持具有 Internet 服务特性的企业内部网络技术体系 VPN（虚拟专用网）。

防火墙的硬件体系结构曾经历过通用 CPU 架构、ASIC 架构和网络处理器架构，它们各自的特点分别如下：

### （一）通用 CPU 架构

通用 CPU 架构最常见的是基于 Intel X86 架构的防火墙，在百兆防火墙中 Intel X86 架构的硬件以其高灵活性和扩展性一直受到防火墙厂商的青睐；由于采用了 PCI 总线接口，Intel X86 架构的硬件虽然理论上能达到 2Gb/s 的吞吐量甚至更高，但是在实际应用中，尤其是在小包情况下，远远达不到标称性能，通用 CPU 的处理能力也很有限。国内安全设备主要采用的就是基于 Inter X86 的通用 CPU 架构。

### （二）ASIC 架构

ASIC（Application Specific Integrated Circuit，专用集成电路）技术是国外高端网络设备几年前广泛采用的技术。由于采用了硬件转发模式、多总线技术、数据层面与控制层面分离等技术，ASIC 架构防火墙解决了带宽容量和性能不足的问题，稳定性也得到了很好的保证。ASIC 技术的性能优势主要体现在网络层转发上，而对于需要强大计算能力的应用层数据的处理则不占优势，而且面对频繁变异的应用安全问题，其灵活性和扩展性也难以满足要求。有较高的技术和资金门槛，主要被国内外知名厂商采用，国外主要代表厂商是 Netscreen，国内主要代表厂商为天融信、网御神州。

### （三）网络处理器架构

由于网络处理器所使用的微码编写有一定技术难度，难以实现产品的最优性能，因此网络处理器架构的防火墙产品难以占有大量的市场份额。随着国内通用处理器的发展，逐渐发展了基于中国芯的防火墙，主要架构为国产龙芯 2F+FPGA 的协议处理器，主要应用政府、军队等对国家安全敏感的行业。代表厂商有中科院计算所、博华科技等公司。

## 四、网络接入控制

网络接入控制也是保障移动商务通信安全的一种方法，对入侵检测和防止攻击有一定的促进作用。

网络接入控制是保证网络服务质量（QoS）性能、减少网络中的攻击破坏的一个重要部分。接入控制是在最大化的利用信道资源的同时，通过限制特定服务类别的业务流接入网络以保证现存的 QoS 性能不会恶化，保障网络不受非法的有害的入侵。一般来说，需要根据网络的容量、链路状态、重传次数及业务的要求来定义接入控制方案。

IEEE 802.11e 标准定义了增强分布式协调访问（EDCA）机制，通过设置不同的优先级，保障高优先级实时性业务 QoS 的需要。由于 EDCA 机制易于实现，并且是分布式的 MAC 机制，现存的网络接入控制方案基本上可以分为两种：基于测量的和基于模型的。基于测量的机制主要是通过连续不断的监测网络的状况，如吞吐量、延迟等决定流的接入控制；基于模型的机制主要是通过建立一定的模型估算网络的状态，使其达到特定的性能。

## （一）基于硬件的网络接入控制

我们首先看看基于硬件的方法是如何发挥作用的。这种形式的网络接入控制一般需要一台设备。这台设备在内部网络中运行或者在通信的带外运行。有些这类设备可以取代接入交换机，而有些这类设备在接入层和网络交换机之间工作。无论采用哪一种方法，都需要考虑部署、管理和运行变化等许多问题。

首先，基于硬件的网络接入控制解决方案有许多固有的缺陷。最主要的是它创建了这个网络上的一个单个的故障点。这种设备还会影响网络通信，对于地理上分散的或者高度分散的网络也许是不理想的。不仅需要每个地方都安装一台这种设备，而且还要进一步安装到网络上。这些方法为网络通信提供了较少的可见性。当用户在一个大型子网上看不到或者不能阻止一个入侵者的通信的时候，很难相信使用网络接入控制设备会更安全。

其次，带外的方法（如使用 IEEE 802.11 的设备）常常需要更高水平的网络和服务器设置变化以及要跟踪的端口。这不仅增加了网络管理成本，而且提高了错误的风险。

## （二）基于代理和无代理的网络接入控制

接下来讲的是受到许多批评的基于代理的方法。没人愿意安装、升级和维护另一个端点的应用程序。这是 IT 团队的一个额外负担，是引起服务台电话骤增的催化剂。

因为代理位于端点上，使用代理的缺点是它需要采用更高水平的审查。这种审查有助于改善安全。现实是，代理不是可用的颠覆性的解决方案，特别是在它进入网络通信的时候。这是因为代理是在后台悄悄运行的，仅仅向政策服务器发送定期的更新，保证全面强制执行安全政策。但是，让我们面对这个问题：没有人愿意安装另一个应用程序，不管这个安全回报是多么高。

我们再来了解无代理的网络接入控制。无代理的网络接入控制的常见方法包括在允许端点设备进入网络之前对端点设备进行安全漏洞扫描或者政策评估扫描，或者同时进行这两项扫描。不用说，这种做法会增加繁忙的网络的负担。这个扫描的结果将发送到一个政策服务器，如果有必要的话，将对任何不遵守规定的系统采取补救措施。

无代理网络接入控制的潜力是明显的：不需要安装任何代理。遗憾的是它并非那样简单，总是有一些不利的方面。无代理的方法不能提供一个一致的方法来全面评估这个端点的状态。此外，身份是通过检查网络通信来确定的，用户能够用欺骗的方法通过这个检查。

### （三）动态网络接入控制

有一些代理采用动态网络接入控制，但是，这些代理仅安装在一定比例的系统中。此外，这种方法也称作 P2P 网络接入，不需要对网络进行任何改变，也不需要在每一个系统上安装软件。这些代理有一部分是"强制执行者"，要安装在可信赖的系统中，很像是警察部队。总人口中只有很小比例的执法队伍来保证每一个人都遵守法规。采用这种方法可以得到与代理有关的高水平的安全以及网络接入控制的全部好处，没有基于硬件的网络接入设备的麻烦，也不用在每一个网络设备上安装软件。

例如，假设许多执法者安装到了一个局域网的台式电脑中，一个不可信赖的系统试图要登录这个网络。这些执法者在对这个系统进行诊断之前将限制它的网络通信。此外，如果有必要的话，这些代理要不断地与中央政策服务器进行联系。因此，一个系统能够完全隔离或者阻止访问某一个网段，或者仅允许访问互联网。

# 第四节　移动商务应用安全

移动商务安全问题主要可分为隐私问题、真实性问题、保密问题和认可问题。隐私问题主要涉及个人的行踪和活动。这要比简单地保护一个人的 E-mail 或接入地址复杂得多，因为利用移动商务网络，黑客可能对个人进行跟踪。真实性就是要确保数据传输过程中没有被修改。保密性和认可主要是要确保所进行的商务交易不被恶意的第三方看到。本节以手机银行和电子机票预订系统为例，介绍移动商务应用的安全与保障。

## 一、手机银行

手机银行是利用移动电话办理银行有关业务的简称。手机银行业务主要有以下几类：银行账户操作、支付账单、信用卡账户操作、股票买卖、联机外汇等。手机银行通过 GSM 网络将手机连接至银行，实现利用手机界面直接完成各种金融理财业务的服务系统。通过手机上网作为数据传输方式，客户只需将自己的银行账号和手机号进行关联就可以通过手机上网的方式随时随地进行包括查询、转账、汇款、缴费、支付、银行转账和外汇买卖等全部非现金类银行业务操作，免去了在银行柜台排队的烦恼。

手机银行作为一种结合银行服务电子化与移动通信的崭新银行服务，不仅能使人们在任何时间、任何地点可以办理除现金外的其他银行业务，还具有购买、支付及移动电子商务等功能，极大地满足了用户个性化的需求，而且丰富了银行服务的内涵，使银行能为客户提供便利、高效又安全的随身银行服务。

系统具有以下功能：①账务查询，进行账户余额、账户明细、消费积分等多种信息查询，获得全面的财务信息；②汇款，随时将资金转到消费者本人的其他账户上或者转给其他人，不再受网点营业时间的限制；③自助缴费，随时随地缴纳水、电、气、电话、交通等各项银行代理的缴费业务；④支付，通过手机进行购买支付，简便、快捷，尤其适合各种远程支付；⑤公积金，随时查询公积金账户信息及明细；⑥贷记卡，通过手机进行贷记卡账户的余额查询、账单查询、还款等。

**（一）手机银行独特的安全特性**

**1. 客户身份信息与手机号码的绑定**

手机不同于电脑等设备，随身携带是它的一个重要特性，现代人基本上离不开它，即使丢失也会很快发现，并且手机号码也已成为个人的身份识别标志。同其他电子银行渠道相比，手机银行安全性最具特点的是客户身份信息与手机号码建立了唯一绑定关系。客户使用手机银行服务时，必须使用其开通手机银行服务时所指定的手机号码，也就是说，只有客户本人的手机才能以该客户的身份登录手机银行，他人是无法通过其他手机登录的。

这种硬件的身份识别办法，加上登录密码的验证与控制，建立了客户身份信息、手机号码、登录密码三重保护机制，构建了手机银行业务独特的安全特性。

**2. 封闭的通信网络防黑客木马攻击**

大家熟悉的网上银行风险，很大程度上由于其处于开放性的互联网，容易受到黑客攻击，特别是黑客通过放置恶意的木马程序，非法获取客户的账户信息和密码，导致风险的存在。而手机银行处于相对封闭的移动数据网络，并且手机终端本身没有统一的操作系统等病毒所需的滋生环境，因此，手机银行业务几乎不受黑客和木马程序的影响，其安全性也大大提高。

**（二）系统层的安全**

为确保"手机银行"的安全，手机银行交易方在技术层面采用了多种先进的加密手段和方法，既要保证手机银行的安全又不失便捷性。

**1. 建立安全通道**

手机银行整个系统全程采用端对端的加密数据传送方式，交易数据在传送之前，手机端必须和手机银行服务器端建立安全通道。客户第一次登录需要提供客户账号和密码等关键信息，手机银行系统对这些数据采用 1024 位的 RSA 公钥加密，验证客户信息和 DES 密钥，如果正确，则客户和服务器端就建立起连接。

2. 数据传输全程加密

手机银行系统采用硬件方式实现 RSA 和 DES 的加密、解密算法，数据在传输过程中全程加密，此方式的实现既保证了系统运算的速度，又确保了手机银行服务的实时性、安全性和可靠性。

3. 防数据破坏，确保数据的完整性

对于所有交易数据，手机和银行加密机都会对交易数据进行摘要处理，产生交易数据的校验信息，以防止数据在传输中途被修改或丢失。若接收到数据的摘要验证不通过，即认为数据被破坏，要求交易重新进行，确保数据的完整性。

4. 安全方面的其他措施

手机银行系统在安全通道的基础上，在客户登录前将由服务器产生图形附加码传至手机上，由用户输入上传至服务器验证，在端对端加密的安全方案基础上加上附加码的验证措施，可有效地防止自动尝试密码、避免了黑客的网络攻击，从而保证了手机电子银行交易平台的安全。

另外，客户每次退出手机银行之后，手机内存中关于卡号、密码等关键信息将会被自动清除，而交易信息和账户密码等内容只保存在银行核心主机里，不会因为手机丢失而影响客户的资金安全。

### （三）应用层安全

1. 密码控制

登录手机银行系统时需要输入的登录密码。登录密码不是账户密码，是客户在开通手机银行服务时自行设定。如在银行网点签约时，通过柜台上的密码键盘，或在网站开通时，通过网页界面，或在手机上直接开通手机银行服务时，在手机界面上由客户自己输入。登录密码为 6~10 位的数字和字母混合组成。客户通过登录密码才能使用手机银行服务，并可自行更改密码。

客户号和登录密码是手机银行进行客户身份验证的一个重要环节，银行先进行用户密码的验证，若密码错误，交易终止。为防止有人恶意试探别人密码，系统设置了密码错误次数日累计限制，当达到限制时，将置该客户手机银衍服务为暂停状态。

2. 签约机制

手机银行为进一步保障客户资金安全，引入了签约机制。对于通过银行网站或在手机上直接开通手机银行服务的客户可以使用查询、缴费、小额支付等功能。如果客户持本人有效证件原件及账户凭证（卡或存折）到账户所在地的银行营业网点进行身份认证，签署相关协议，并经银行认证后，此类客户才成为手机银行的签约客户，签约客户可享受手机银行提供的全部服务，包括转账、汇款等业务。

3. 限额控制

为进一步降低业务风险，手机银行业务对诸如支付、缴费、转账、汇款、外汇买卖等业务都采用了日累计限额的控制。以后将引入个人交易限额，客户可以根据自身情况灵活地设置交易限额，既满足了个性化需求，又控制了业务风险。

**（四）客户关心的手机丢失问题**

客户可能十分担心手机丢失后会对本人账户信息和资金构成危险。其实，手机银行有密码保护，此密码存储在银行核心业务系统中，即使他人捡到遗失的手机，在不知道密码的情况下，是无法使用手机银行业务的。当然，如果客户发现手机遗失，可以立刻向移动运营商报失停机，这样这部手机就无法作联机银行交易了，即使窃贼知道客户密码也毫无用处。另外，客户也可以通过手机、互联网站、银行柜台等渠道取消手机银行服务，待手机找回或使用新的手机号码，再开通手机银行服务。

## 二、电子机票预订系统

在电子机票庞大的市场诱惑下，传统机票代理、IT企业、商旅网站等多方角色不断涌出。中国电子机票市场呈现蓬勃发展的态势。

用户通过手机上网浏览的机票信息，根据系统中的航空公司、起飞时间、折扣信息、价格等条件选择自己所需的机票信息进行在线预订，用户通过手机银行的账户进行实时支付，完成支付之后系统提示成功信息或失败信息，支付成功后用户直接凭有效身份证件在机场的航空公司登机口办理登机手续。据测算，一张常规纸质机票包括印刷、打印、配送、结算等各个环节，成本是四五十元，而电子机票的成本不过 5 元钱。如果按照中国民航系统每年 7000 万人次的旅客流量计算，整个民航系统起码将节约 21 亿元人民币。由于电子机票没有有形机票，无须送票，减少了航空公司在销售环节中销售网点建设和送票快递方面的投资。而航空公司与代理人结算以及票款回笼的问题也迎刃而解，传统订票方式票款回笼需要两周以上，每天动辄上千万元的票款得不到及时结算，占用了航空公司大量资金。而电子机票的资金结算通过网上支付会更加快捷。这种经济效益不仅给了航空公司，消费者也将享受到更优惠的价格。在理论上，电子机票不仅可以为航空公司节约以前支付给代理的 3%~10% 的奖励金，还可以将原来给代理商的票面价值折扣优惠给消费者。

除了价格优惠，方便、快捷是电子机票给旅客带来的最大好处。旅客随时可以通过登录各大机票预订网站上的页面预订机票，在确认相关信息、通过网上支付之后，得到一个电子票号，然后凭借有效证件在机场登机。登机过程中，旅客无须拿到传统的纸质机票，只要凭身份证和电子机票订单号，到机场航空公司专门的柜台，就可以直接拿到登机牌上飞机。从而避免了因机票丢失或遗忘造成的不能登机的尴尬。

电子机票预订系统集合了航空公司票务中心、移动运营商两方的资源。为银行在最短时间和最低成本内实现了成功的交易应用。移动支付和银行最终找到了完美的结合方式。

由于通过移动接入模式的限制，整个系统的安全建立在移动 GSM 网的安全基础上，手机银行无法提供端到端的安全，因此无法在技术上实现系统的抗抵赖，只能通过与移动服务商的协定，约束其必须提供真实有效的交易信息。鉴于这个原因，在系统安全控制上除与移动通过协议约束其必须提供安全可靠的接入服务外，系统还提供了大量的风险控制手段，主要有以下控制机制。

（1）基于签约系统提供产品的访问控制，限制客户访问自己定制的产品和服务，在某些产品和服务存在一定的风险或者不安全因素时，客户有权根据自己的选择不使用该项产品和服务，以保护自身的利益，同时避免交易方与客户的纠纷。

（2）记录所有移动电子机票预订平台发送的消息，供事后安全审计使用。

（3）在手机支付渠道上使用与客户账户、卡密码不同的专用渠道密码，防止客户账户、卡密码的泄露。

（4）提供高粒度的客户风险控制手段，客户在系统最大允许范围内，可以在产品和渠道一级分别自行定制其能够承受风险的周期交易的最大交易额度和交易次数。

（5）身份认证，在第一次签约时要验证用户有效身份证件，手机支付渠道签约时用户提供的手机号码发送随机确认码验证客户身份，并为手机支付渠道单独设置一个支付密码，需要通过手机支付渠道发生账务时，客户必须每次提供该密码以确认其身份。

 **本章案例**

### 4G 时代 GSM 仍担负语音重任　网络干扰加大网优难度

"2011 通信网络规划优化大会"指出："GSM 是一个非常重要的网络，即使到了 4G 时代，它仍将作为支撑语音业务的主要网络被运营商所重视。"

83

目前，在全球范围内 GSM 用户数是 3G 的 7~8 倍，在国内达到了 10 倍。而随着网络技术的不断演进，4G 时代即将到来。然而，无论是 3G 还是 4G，业务类型主要还是数据。语音业务未来仍将由 GSM 网络来承担。"很显然，无论是从用户数量、业务收入，还是语音重要性，GSM 都将是一个非常重要的网络。"汤日波说。

为了满足未来用户对语音业务的需求，运营商需要加强 GSM 网络的覆盖，并引入一些新的技术，如 VAMOS，以进一步扩大 GSM 网络的语音容量。然而，对于运营商而言，随着网络不断扩容，将来可供覆盖的小区越来越小，密度越来越大，网络质量将大打折扣，网优难度加大，尤其是网络干扰带来的影响。

众所周知，网络干扰主要包括三个方面：同频干扰、邻频干扰与网外干扰。同频干扰和邻频干扰通常来讲是网络自身，比如说网络规划和实际网络覆盖中间可能有一些不兼容所产生的。而网外干扰主要是由于其他运营商或者其他技术所造成的。

而运营商要对干扰进行测试，往往需要借助相关的测试工具，然而并非所有工具都能满足运营商测试需求。对此，汤日波表示，传统的路测仪只能显示 KPI 指标，而无法测试相关无线端的干扰或者详细数据。罗德和施瓦茨针对 GSM 干扰专门开发了一个干扰分析模块，帮助运营商快速查找与解决问题。

除了对同频干扰、邻频干扰与网外干扰进行测试之外，GSM 干扰分析模块还能够测量出未知基站的位置，这不仅适合 GSM，也适合 WCDMA 与 CDMA2000。

资料来源：佚名. 4G 时代 GSM 仍担语音重任　网络干扰加大网优难度[OL]. 通信产业网，http://www.ccidcom.com，2011-07-21.

**问题讨论：**

1. 降低网络干扰对提高移动商务安全具有什么意义？
2. GSM 对于发展移动商务起到了什么作用？

# 本章小结

移动商务的产生与发展是基于计算机网络与通信等技术的。移动计算机网络通过先进的计算机网络技术和无线通信技术，组成移动通信和计算的平台，实现信息交换和资源共享。同时网络技术和无线通信技术的发展也大大促进了移动商务的发展。第一节主要介绍了移动网络的发展、现行标准和网络技术。

　　目前，利用移动网络安全漏洞犯罪的案件有很多。越来越多的数据显示，移动网络安全问题造成的损失一直在增长。越来越多的企业、用户已经意识到移动网络安全问题的严重性。第二节给出了移动商务网络面临的安全问题及对策。

　　入侵检测（Incrusion Detection）是对入侵行为的检测。它通过收集和分析网络行为、安全日志、审计数据、其他网络上可以获得的信息以及计算机系统中若干关键点的信息，检查网络或系统中是否存在违反安全策略的行为和被攻击的迹象。入侵检测作为一种积极主动的安全防护技术，提供了对内部攻击、外部攻击和误操作的实时保护，在网络系统受到危害之前拦截和响应入侵。

　　移动商务安全问题主要可分为隐私问题、真实性问题、保密问题和认可问题。隐私问题主要涉及个人的行踪和活动。这要比简单地保护一个人的 E-mail 或接入地址复杂得多，因为利用移动商务网络，黑客可能对个人进行跟踪。真实性就是要确保数据传输过程中没有被修改。保密性和认可主要是要确保所进行的商务交易不被恶意的第三方看到。第四节以手机银行和电子机票预订系统为例，介绍了移动商务应用的安全与保障。

# 本章复习题

1. 当前移动网络的主要应用形式及应用标准有哪些？

2. 移动商务中有哪些网络方面的安全问题？

3. 移动商务安全问题的防范措施有哪些？

4. 入侵检测的基本原理是什么？

5. 简述分布式入侵检测模型的基本原理与系统结构。

6. 移动防火墙的定义和特点是什么？

7. 网络接入控制有几种形式？是如何进行移动商务网络安全保障的？

8. 手机银行的安全特性有哪些？

9. 结合实际应用，举例说明两种移动商务中的网络技术的应用情况。

# 第四章

移动商务安全协议与标准

学习目的

知识要求 通过本章的学习，掌握：

● 移动商务安全协议与标准的相关概念与需求
● 无线网络安全协议与标准
● 三种非接触式移动支付技术标准
● 物联网标准
● 三网融合标准

87

技能要求 通过本章的学习，能够：

● 理解移动商务的相关安全协议与标准
● 了解电子商务安全协议与标准的概况
● 了解移动商务协议与标准的安全需求
● 了解我国移动支付标准的发展现状

学习指导

1. 本章内容包括：协议与标准概述；无线网络安全协议与标准；现场移动支付安全标准；影响移动商务发展的相关标准。

2. 学习方法：抓住重点，结合移动商务安全协议与标准在实际中的应用，来理解移动商务的安全协议与标准的作用与主要内容；并关注新兴的有助于移动商务发展的协议与标准。

3. 建议学时：4学时。

 引导案例

## 工信部：支撑产业发展 200 项通信行业标准出台

近日，工业和信息化部印发了工科〔2010〕第 134 号公告，发布了 359 项行业标准。其中 200 项通信行业标准由中国通信标准化协会（CCSA）组织研制，涉及第三代移动通信（3G）、网络和信息安全、互联网、光通信、信息无障碍、通信电源等 10 个方面，覆盖了通信产业链的各个环节，对提高我国通信产业的整体水平具有重要促进作用。

200 项通信标准主要包括《2GHz TD-SCDMA 数字蜂窝移动通信网定位技术的技术要求》（YD/T 2066–2010）等 200 项推荐性通信行业标准。其中，36 项为修订标准，通过修订原标准技术指标、技术要求、测量方法和检验规则等内容，解决了标龄老化问题，保证了标准的先进性和适用性；164 项为新制定标准，主要根据市场需求、技术演进制定而成，满足了行业发展需要，填补了标准空白，完善了标准体系。

### 一、与国际保持同步

本批通信标准中有 80 项标准是根据 ITU、3GPP、3GPP2、OMA、IETF 等国际标准化组织的最新研究进展，按照我国国情和产业发展实际需求制定而成，保证了我国标准研制与国际保持同步。

### 二、注重网络信息安全

随着网络技术不断更新，新业务不断涌现，用户规模不断扩大，互联网、电信网成为人们生活和工作的重要组成部分的同时，网络安全问题也日益突出。本次发布的通信标准中有 16 项网络信息安全标准，均为首次制定。主要包括《WAP 网关内容过滤测试方法》（YD/T 2087–2010）、《局域网网关型互联网内容过滤产品技术要求》（YD/T 2089–2010）、《基于公用电信网的宽带客户网络安全技术要求》（YD/T 2095–2010）等，其中 YD/T 2087–2010 标准是按照打击网络淫秽色情专项行动的统一部署，针对通信运营企业 WAP 网关和宽带网络接入服务器等，提出加装有害信息发现和过滤手段的具体技术方案，对网络传输的数据信息加强安全管控，能够有效净化网络环境。这 16 项标准的制定对加强和规范互联网安全技术防范工作，保障网络信息安全，促进互联网健康、有序发展，维护国家安全、社会秩序和公共利益具有重要促进作用。

### 三、服务信息障碍人群

信息无障碍是建设和谐社会的重要组成部分，也是社会科技发展的必然要求。本批通信标准中有 3 项新制定的信息无障碍标准，包括《信息无障碍　呼

叫中心服务系统技术要求》（YD/T 2097–2010）、《信息无障碍　语音上网技术要求》（YD/T 2098–2010）、《信息无障碍　公众场所内听力障碍人群辅助系统技术要求》（YD/T 2099–2010）。3 项标准针对残疾人、老年人等信息障碍人群在紧急情况时发出求救信息、上网获取信息、聆听声音困难等实际问题，提出了具体的技术解决方案，进一步满足了信息无障碍人群需求。

资料来源：佚名. 工信部：支撑产业发展 200 项通信行业标准出台［OL］. CTI 论坛，http://www.cti-forum.com，2011–01–25.

➡ 问题：

1. 工信部为什么要出台新的通信行业标准？
2. 工信部新出台的通信行业标准对推动移动商务的发展起到了什么作用？

# 第一节　协议与标准概述

　　移动通信技术的不断更新，推动了全球移动商务应用市场的快速发展，给各种企业、消费者、企业家、投资者以及政府部门造成了巨大的影响。同时，移动商务安全问题也引起了各方广泛的关注。由于在开展移动商务的过程中，涉及网络、认证、支付以及配送等各项活动，也涉及很多的参与者，因此，为了保障相关交易在一定的规则、规定或约定指导下安全、高效地开展，协议与标准发挥了重要的作用。电子商务以及移动商务中的安全协议与标准是经过不断的实践，各方的沟通和总结而形成的成果。可以说，移动商务的安全协议与标准是保障移动商务安全有效进行的基础。

## 一、电子商务协议与标准概述

　　随着移动通信技术的发展以及混合移动终端的普及，移动商务已经成为社会发展的必然趋势，人们逐渐意识到融合移动通信技术的电子商务将具有更大的潜力。移动商务是传统基于 Internet 的电子商务在移动领域的延伸和发展。可以说，移动商务在电子商务的基础上发展而来，既继承了电子商务的一些功能和特征，也因为移动商务的特点而有所创新。

　　因此，电子商务中存在的一些安全问题，也同样存在于移动商务中，电子商务采取的安全措施在移动商务中也有所表现。我们在研究移动商务的安全协议与标准前，先来了解电子商务协议与标准的概况，这将有助于我们理解移动商务的基本安全协议，并在此基础上认识针对移动商务的安全协议。

**(一) 电子商务协议与标准简介**

电子商务利用构建在互联网上的基础设施和应用服务标准，为传统金融行业和商务交易带来了一次网络化革命，完成了采购、支付、结算、广告等在内的全部过程，实现了信息流、资金流和物流等在各参与主体之间的跨域流转，深刻影响了参与主体的各个方面。电子商务活动需要保证活动的安全、可靠，一般应建立信用认证系统、采取安全支付方式、进行严格的金融交易管理。相应地，要建立安全的协议与标准来保障这些活动安全有序地进行。

电子商务的安全协议是一种特殊的安全协议，它比一般的网络安全协议具有更多的安全属性，它除应具有认证性、原子性、正确性和保密性之外，还应具有不可否认性、可追究性、公平性、适时中止性等重要安全属性。

所谓电子商务安全协议是指应用在电子商务活动中的安全协议。电子商务安全协议包括传输协议、技术协议和交易协议等。另外，保障电子商务安全进行的还有一些加密标准 (如 DES 加密标准) 和网络安全标准 (如 IEEE 802.11 系列标准) 等。

**(二) 电子商务安全协议与标准概况**

随着 Internet 的发展，电子商务已经逐渐成为人们进行商务活动的新模式。越来越多的人通过 Internet 进行商务活动。电子商务的一个重要特征是利用 IT 技术来传输和处理商业信息。因此，电子商务安全从整体上可分为两大部分：计算机网络安全和商务交易安全。计算机网络安全方面的协议与标准包括身份认证协议、网络通信协议和加密标准等。下面我们将重点介绍电子商务交易的安全协议与标准。

除了增强的私密电子邮件 (PEM) 规范、安全多用途网际邮件扩充协议 (S/MIME)、安全超文本传输协议 (S-HTTP) 以及安全交易技术协议 (STT) 等这些基本的安全协议与标准外，安全的电子支付协议与标准是电子商务协议与标准的关键部分。电子支付是资金在 Internet 上的传输，主要方式有企业对企业 (B2B)、企业对个人 (B2C) 等方式。电子支付涉及的标准有：公共密钥体系 PKI (Public Key Infrastructure) 标准、安全套接层协议标准 SSL (Secure Sockets Layer，SSL)、安全电子交易标准 SET (Secure Electronic Transactions，SET)、账户数字签名工业标准 X5.95 (Account Authority Digital Signatures，or AADS)、电子商务证书发放标准 X.509 (ISO/IEC/ITU X.509，基于 PKI，简称 PKIX)、电子出版目录查询标准 X.500 [目录服务协议 LDAP (X.500 协议)] 等。

目前对电子支付协议的分类方法有多种。比如，有些根据支付协议所包含的内容，把协议分为 "纯" 支付协议 (比如 Modex、Digi Cash) 和综合支付协议（比如 SET）；有些根据支付时是否需要中介机构（电子银行）的参与，把支付协议划分为三方支付协议（SET）和两方支付协议（SSL）；有些根据传输方式，把支付协议划分为信用卡、借记卡、电子支票和电子现金等。常用的电子支付专用协议有 ISI 协议、Netbill 协议、First Virtual 协议、IKP 协议、SET 协议、SSL 协议。

当前 SSL 和 SET 协议在电子支付中应用较为广泛。但电子支付无论采取哪种支付协议，都应该考虑到安全因素、成本因素和使用的便捷性这三方面，由于这三者在 SET 协议和 SSL 协议里的任何一个协议里面无法全部体现，造成了现阶段 SSL 协议和 SET 协议并存使用的局面。因为电子支付的安全涉及方方面面，不只是一个完善的安全支付协议、一堵安全的防火墙或者一个电子签名就能简单解决的问题。所以，只有社会各界一起努力，才能保证电子支付的安全，从而保证电子商务的安全，保证电子商务快速而有序地发展。

## 二、移动商务协议与标准概述

### （一）移动商务协议与标准的含义与作用

移动商务协议是为了完成移动商务活动而设计的协议，而所谓移动商务协议，可以理解为两个或两个以上的移动商务参与者为完成某项特定的任务而采取的一系列特定步骤。移动商务安全技术分为三层：移动设备层，使用无线技术相互通信；物理层，包括各种用于无线通信的物理编码机制；应用程序及服务层，包含可使无线设备支持端到端数据处理的协议，移动商务协议就在这一层，协议的漏洞会对交易双方造成重大的经济损失。因此，研究移动商务协议的安全性是保证整个移动商务系统不受攻击的首要环节。

安全的移动商务协议与标准是保证移动商务活动正常开展的基础。移动商务中的用户之间必须通过安全的、可信赖的协议与标准才能建立起相互之间的信任关系。协议与标准的缺陷可能会使用户之间传送的数据遭到恶意修改而不被用户发现，从而使用户受到严重损失。因此，移动商务协议与标准的安全性是移动商务安全的重要环节。

安全的移动商务协议不但应当具备传统的安全协议所具备的全部功能，还必须具备一些特殊的性质来确保交易的有效性。例如，移动商务协议必须保证货币在交易过程中守恒；顾客和商家能够出示证据显示交易商品的内容；在交易过程中不泄露主体的身份；参与协议的主体不能否认曾经参加过会话；特殊情况下还必须注意不能轻易泄露消费者的隐私；等等。

### （二）移动商务安全协议与标准现状

由于移动商务处在特定无线网络场景，因此涉及一些无线网络协议，如目前使用较广泛的近距无线通信技术是蓝牙（Bluetooth），无线局域网 IEEE 802.11（Wi-Fi）和红外数据传输（IrDA）。同时还有一些具有发展潜力的近距无线技术标准，它们分别是 ZigBee、超宽频（Ultra Wide Band）、短距通信（NFC）、WiMedia、GPS、DECT、无线 1394 和专用无线系统等，以及 WiMax 等。它们都有其立足的特点，或基于传输速度、距离、耗电量的特殊要求；或着眼于功能的扩充性；或符合某些单一应用的特别要求；或建立竞争技术的差异化；等等。

另外，移动支付的安全性作为推动移动商务发展的重要因素，其标准一直是人们关注的热点，虽然国内移动支付标准的制定工作已经持续了三年多，但标准仍未统一。银联所主导的 13.56MHz 标准和中国移动所力挺的 2.4GHz 标准是两大主流移动支付标准。目前国内使用的移动支付方案有四大类：基于 13.56MHz 的非接触技术的双界面卡方案；基于 13.56MHz 的非接触技术的 NFC 方案；基于 13.56MHz 的非接触技术的 SD 卡方案；基于 2.4GHz 的 RF-SIM 卡方案。

除此之外，应用广泛的 WAP 协议，有助于移动商务发展的物联网标准和三网融合标准等是时下研究的热点。

### （三）移动商务协议与标准的基本安全需求

一个安全的移动商务协议与标准，除了应具有认证性、完整性和私密性之外，还应具有不可否认性、可追究性、公平性等重要安全属性。为确保双方的合法权益所涉及的内容不受非法入侵者的侵害，以及保证移动商务的正常运作，移动商务的协议与标准应满足以下安全需求：

#### 1. 认证性

认证性是主体进行身份识别的过程。当入侵者修改错误消息、重发消息、故意发送错误消息、消息不全或在网络数据丢失的情况下，不能导致任意一方支付或产品的损失。认证是最重要的安全性质之一，其他安全性质的实现都依赖于认证性。认证是分布式网络系统中的主体进行身份识别的过程。发送方与接收方共享一个秘密，通过对拥有此秘密的证明，主体可建立对其的信任。

针对实现认证性的攻击：当声称者与验证者的共享密钥缺乏新鲜性时，入侵者可实现重放攻击；或是交互认证的协议中存在漏洞，入侵者冒充声称者的身份。

#### 2. 完整性

完整性可以发现信息未授权的变化，防止信息的替换。实现方法是发送者使用 Hash 或 MAC 函数将授权信息（其中包含只有发送者和接收者共享的信息）进行单向运算，接收者核对发送过来的消息与自己生成的 Hash 或 MAC 结果是否相等。

攻击方式是入侵者截获发送者发出的消息，篡改部分信息（如账户、订单信息等），或重新生成 Hash 或 MAC 消息，将结果发送给接收者。

3. 私密性

私有交易重要信息不能被其他人截获及读取，保证没有人能够通过拦截会话数据获得账户信息，同时还需满足订单和支付信息的保密性。实现方法是使用对称密钥来加密重要信息或直接进行 Hash 运算。

入侵者攻击的途径：在一次交易过程中，入侵者很难解密消息并获得重要信息（订单、账户信息），所以只能在机密信息的密钥缺乏新鲜性的情况下，从首次交易中得到密钥应用到之后的交易，从而获得重要信息。

4. 不可否认性

不可否认性是电子支付商务协议的一个重要性质。其目的在于通过通信主体提供对方参与协议交换的证据来保证其合法利益不受侵害，即协议主体必须对自己的合法行为负责，不能也无法事后否认。不可否认协议主体的目的在于收集证据，以便事后当一方否认时能够向仲裁方证明对方主体的确发送或接收了消息。证据一般是以签名消息（或多重共享密钥加密）的形式出现的，从而将消息与消息的发送方和接收方进行绑定。

5. 可追究性

可追究性是指电子商务交易发生纠纷时，可通过历史信息获取交易当时的情况，从而获得解决交易纠纷的能力。可追究性的两个基本目标是仲裁者验证接收方和发送方提供的证据，即发送方非否认证据 EOO（Evidence of Origin）和接收方非否认证据 EOR（Evidence of Receipt）。如果仲裁者能够判断出正确的消息来源，则说明协议满足可追究性。

6. 公平性

公平性是指一个合法的参与方能按照协议规范产生消息并根据某些特定的消息推导规则而处理消息。公平性包含两层含义：首先，正确地执行协议后保证发送方收到 EOR 而且接收方收到 EOO；其次，如果协议异常终止，协议应保证通信双方都处于同等地位，任何一方都不占优势，或者说，消息接收方收到 EOO 当且仅当消息发送方收到 EOR。公平性是建立在可追究性的基础上，即如果协议不满足可追究性，意味着同时也不满足公平性。

## 三、电子商务与移动商务安全协议与标准的关系

移动商务被认为是电子商务发展的新方向，它在电子商务发展的基础上，结合无线通信技术的优势，真正实现了在任何时间、任何地点进行商务交易。

由于移动商务和电子商务都包括基本的商务流程和数据处理过程，因此，在安全协议与标准方面，二者具有很多相同点。比如都需要使用加密标准对数据进行加密处理等，主要的区别是电子商务依托有线网络和固定终端开展交易，移动商务依托无线网络和移动终端进行商务活动，由此带来了针对不同网络和终端的安全协议与标准。

电子商务出现和发展得益于互联网的发展，互联网的基础是被广为接受的通信协议（TCP/IP 协议），它保证了计算机之间通过一种可靠的方式进行通信。而移动商务处在无线网络场景中，移动终端需要通过接入无线网络才能进行通信，无线接入的过程中会面临很多安全威胁，因此需要一些安全接入的协议与标准来保障。而且无线网络相比有线网络稳定性较差，因此，在设计相关无线网络安全协议与标准时会比有线网络的更为复杂。

除此之外，移动商务服务源于私有的移动通信系统，这些系统的架构在不同的无线通信技术之上，具体包括全球性（卫星通信）、地区性（如 3G）和小范围（如蓝牙、Wi-Fi）的无线通信技术。无线通信企业，尤其是蜂窝电话运营商使用的标准有时会互不兼容，这些标准包括 GSM、TDMA 和 CDMA 等。举例来讲，就是用户利用互联网可以在法律允许的范围内不受限制的访问国内外的网站，进行电子商务。但是由于移动通信系统的标准问题，本土的手机出国在不办理相关手续的情况下，大多数不能实现自动漫游，也就不能利用移动终端进行移动商务活动了。

在支付协议与标准方面，移动商务安全支付协议与标准在设计的时候还需要考虑移动终端支持的频率与 POS 机标准等问题（这部分内容会在本章第三节详细讨论）。

总而言之，移动商务的安全协议与标准在电子商务的基础上有所继承，同时有所发展。在未来，既需要保留电子商务中的有效安全措施，更需要结合实际情况，研究出更多具有针对性的协议与标准来规范移动商务活动。

# 第二节 无线网络安全协议与标准

移动商务通过手机、掌上电脑、笔记本电脑等移动通信设备与无线上网技术结合来实现移动商务，因此涉及很多无线网络的安全协议与标准，包括使用较为广泛的蓝牙协议、WAP 协议、IEEE 802 系列标准、Wi-Fi 技术标准、短距通信 NFC 技术标准、宽带接入无线技术的代表 WiMax 以及我国自主制定的

WAPI 协议等。我们将着重介绍 WAP 协议、Wi-Fi 技术标准、IEEE 802.11i 标准和 WAPI 协议。

## 一、无线应用协议 WAP

### （一）WAP 简介

WAP 于 1998 年初公布，旨在通过定义一个开放的全球无线应用框架和网络协议标准，将 Internet 和高级数据业务以智能信息传送的方式引入数字移动电话、PDA 等无线终端，并实现兼容和互操作。

WAP 协议的设计原则是基于 Internet 中广泛应用的标准（如 HTTP、TCP/IP、SSL、XML 等），提供一个空中接口和无线设备独立的无线 Internet 解决方案，同时支持未来的开放标准。其中，独立于空中接口是指 WAP 应用（如对话音、传真、EMAIL 的统一消息处理等）能够运行于各种无线网络之上，如 TDMA、CDMA、GSM、GPRS、蓝牙、CDPD（蜂窝数字分组数据网）、CSD（电路交换式数据网）、SMS（短信息服务）、3G 等，而不必考虑它们之间的差异，从而最大程度地兼容现有的及未来的移动通信系统；独立于无线设备指 WAP 应用能够运行于从手机到功能强大的 PDA 等多种无线设备之上，只要这些设备按照 WAP 标准来生产，就应有用户一致的操作方式。

### （二）WAP 的特点

WAP 协议是基于已有的互联网标准，并针对无线网络的特点进行了优化。以前，无线 Internet 接入一直受到手机设备和无线网络的限制。WAP 充分利用了诸如 XML、UDP 和 IP 等 Internet 标准，它的许多规程建立在 HTTP 和 TLS 等 Internet 标准之上，但进行了优化，克服了原无线环境下低带宽、高延迟和连接稳定性差的弊病。

WAP 采用二进制传输，以更大地压缩数据，同时它的优化功能适于更长的等待时间（Long Latency）和低带宽。WAP 的会话系统可以处理间歇覆盖（Intermittent Coverage），同时可在无线传输的各种变化条件下进行操作。

WML 和 WML Script 用于制作 WAP 内容，这样可最大限度地利用小屏幕显示。WAP 的内容可从一个最新式的智能电话或其他通信器的两行文字的屏幕上显示出来，也可以转变为一个全图像屏幕显示。

WAP 是一个开放的标准，能保证不同厂家的产品之间互相兼容，并允许不断引入新技术。

WAP 协议独立于底层的承载网络，并且轻巧的 WAP 规程栈式存储器的设计可使需要的带宽达到最小化，同时使能提供 WAP 内容的无线网络类型达到最多，可以运行于所有网络之上，包括现在的 GSM、CDMA、GPRS 等无线网络。

WAP 标准和终端设备也相对独立，适用于各种型号的手机、寻呼机和 PDA 等无线终端设备。

**（三）WAP 基本网络架构**

WAP 网络架构由三部分组成，即 WAP 网关、移动终端和 WAP 源服务器。WAP 网关起着"翻译"协议的作用，是联系 GSM 网和 Internet 的桥梁；移动终端为用户提供了上网用的微浏览器以及信息命令的输入方式；WAP 源服务器存储大量信息，以供移动终端用户访问浏览和查询。WAP 模型的基本网络架构如图 4-1 所示。

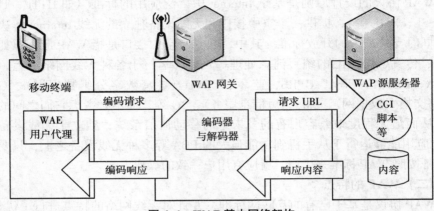

图 4-1　WAP 基本网络架构

WAP 的基本网络架构工作过程如下：终端用户键入要访问的 WAP 源服务器的 URL 后，WAE 代理根据命令产生格式化请求，进行压缩解码后发送给 WAP 网关，WAP 网关将请求解码，由 WAP 协议格式转换为 Internet 协议格式，然后发送给包含对应请求内容的 WAP 源服务器。WAP 网关将服务器返回的内容压缩、处理成二进制流，并返回到客户的移动终端。

**（四）WAP 的安全性分析**

WAP 技术是有线网络和移动通信网络的桥梁，大量的无线终端通过 WAP 可以获取互联网上的大量的信息资源。同时，WAP 的安全性也是制约 WAP 系统发展的主要因素，因此受到了人们的广泛关注。无线网络环境不同于有线网络环境，在无线网络环境中，无线终端的数据处理能力有限，存储空间较小，无线网络的带宽窄、时延长、稳定性差，这些原因导致了传统的有线网络安全解决方案不能在无线网络中得到应用。因此，WAP 技术的安全结构很有特殊性。WAP 中的所有安全问题均以 WAP 安全结构为基础。

WAP 安全结构由 WIM、WTLS、WPKI 和 WMLScript 四部分组成。每个部

分在实现无线网络应用的安全中起着不同的作用，基于 WAP 的安全结构组成如图 4-2 所示。

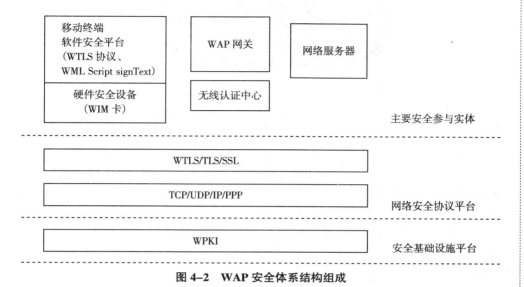

图 4-2　WAP 安全体系结构组成

其中，WPKI 作为安全基础设施平台，是安全协议能有效施行的基础，WPKI 可以与 WTLS、TCP/IP、WML 相结合，实现身份认证、私钥签名等功能。基于数字证书和私钥，WPKI 提供一个在分布式网络中高度规模化、可管理的用户验证手段。

网络安全协议平台包括 WTLS 协议以及有线环境下位于传输层上的安全协议 TLS、SSL 和 TCP/IP。安全参与实体作为安全协议的实际应用者，相互之间的关系也由底层的安全协议决定。WAP 的安全性主要由 WTLS/TLS 以及 WPKI 来保证。

## 二、Wi-Fi 技术标准

Wi-Fi（Wireless Fidelity，无线高保真）也是一种无线通信协议，正式名称是 IEEE 802.11b，与蓝牙一样，同属于短距离无线通信技术。Wi-Fi 速率最高可达 11Mb/s。虽然在数据安全性方面比蓝牙技术要差一些，但在电波的覆盖范围方面却略胜一筹，可达 100m 左右。Wi-Fi 的图标如图 4-3 所示。

Wi-Fi 是以太网的一种无线扩展，理论上只要用户位于一个接入点四周的一定区域内，就能以最高约 11Mb/s 的速度接入 Web。但实际上，如果有多个用户同时通过一个点接入，带宽被多个用户分享，速度会慢。Wi-Fi 的连接速度一般只有少量的信号不受墙壁阻隔，在建筑物内的有效传输距离小于户外。

图 4-3　Wi-Fi 图标

　　Wi-Fi 未来最具潜力的应用将主要用在 SOHO、家庭无线网络以及不便安装电缆的建筑物或场所。目前这一技术的用户主要来自机场、酒店、商场等公共热点场所。Wi-Fi 技术可将 Wi-Fi 与基于 XML 或 Java 的 Web 服务融合起来，可以大幅度减少企业的成本。例如企业选择在每一层楼或每一个部门配备 IEEE 802.11b 的接入点，而不是采用电缆线把整幢建筑物连接起来。这样一来，可以节省大量铺设电缆所需花费的资金。

　　最初的 IEEE 802.11 规范是在 1997 年提出的，称为 IEEE 802.11b，主要目的是提供 WLAN 接入，也是目前 WLAN 的主要技术标准，它的工作频率也是 2.4GHz，与无绳电话、蓝牙等许多不需频率使用许可证的无线设备共享同一频段。随着 Wi-Fi 协议新版本如 IEEE 802.11a 和 IEEE 802.11g 的先后推出，Wi-Fi 的应用将越来越广泛。速度更快的 IEEE 802.11g 使用与 IEEE 802.11b 相同的正交频分多路复用调制技术。它工作在 2.4GHz 频段，速率达 54Mb/s。根据最近国际消费电子产品的发展趋势判断，IEEE 802.11g 将有可能被大多数无线网络产品制造商选择作为产品标准。

　　微软推出的桌面操作系统 Windows XP、Windowa Vista、Windows T 和嵌入式操作系统 Windows CE，都包含了对 Wi-Fi 的支持。其中，Windows CE 同时还包含对 Wi-Fi 的竞争对手蓝牙等其他无线通信技术的支持。由于投资 802.11b 的费用降低，许多厂商介入这一领域。Intel 推出了集成 WLAN 技术的笔记本电脑芯片组，不用外接无线网卡，就可实现无线上网。

## 三、IEEE 802.11i 标准

### (一) IEEE 802.11i 标准简介

　　无线局域网（Wireless Local Area Network，WLAN）是以无线信道作传输媒介的计算机局域网络，是计算机网络与无线通信技术相结合的产物，它以无线多址信道作为传输媒介，提供传统有线局域网的功能，能够使用户真正实现随时、随地、随意的宽带网络接入。但是由于无线局域网信道开放的特点，使攻击者能够很容易地进行窃听、恶意修改等，为了保证安全通信，WLAN 中制

定了相应的安全标准，目前全球的主流标准为 IEEE 802.11 系列。IEEE 802.11 标准定义了 WEP（Wired Equivalent Privacy）安全机制，但是 WEP 机制在加密强度、用户认证、数据完整性和密钥管理方面都存在着大量的安全漏洞。

基于 WEP 协议存在的安全漏洞，众多安全专家开始致力于更高安全性能加密措施的研究，以制定新的标准来适应日益增长的安全需求。IEEE 于 2004 年 6 月 24 日发布了 IEEE 802.11i 标准，它是 IEEE 802.11 标准的补充。IEEE 802.11i 标准规定了两种网络构架：过渡安全网络 TSN（Transition Security Network）和健壮的安全网络 RSN（Robust Security Network）。

1. TSN

IEEE 802.11i 定义了过渡安全网络 TSN 的概念，规定在其网络中可以兼容现有的使用 WEP 方式工作的设备，使现有的无线局域网系统可以向 IEEE 802.11i 网络平稳过渡。市场对于提高 WLAN 安全的需求是十分紧迫的，如果不解决对于现有设备能够平滑升级问题，制定的标准就失去了推广动力。因此，TSN 的发展和制定就显得十分重要。在这种情况下，Wi-Fi 联盟制定了 WPA（Wi-Fi Protected Access）标准，作为向 IEEE 802.11i 过渡的中间标准。这一标准采用了 IEEE 802.11i 的草案，保证了与未来出现的协议的前向兼容。但 IEEE 802.11i 现在已经成为真正的国际标准，TSN 会慢慢淡出历史舞台。

2. RSN

IEEE 802.11i 定义了健壮网络安全的概念，增强了 WLAN 中数据加密和认证性能，并针对 WEP 加密机制的各种缺陷作了多方面的改进。IEEE 802.11i 规定使用 IEEE 802.1x 认证和密钥管理方式，在数据加密方面，引入了密钥管理协议 TKIP（Temporal Key Integrity Protocol）、CCMP（Counter-Mode/CBC-MAC Protocol）和 WRAP（Wireless Robust Authenticated Protocol）三种加密机制。其中 TKIP 虽然还是采用 WEP 机制里的 RC4 作为核心加密算法，但已从固定密钥改为动态密钥，且可以通过在现有的设备上升级固件和驱动程序的方法达到提高 WLAN 安全的目的。CCMP 机制基于 AES（Advanced Encryption Standard）加密算法和 CCM（Counter-Mode/CBC-MAC）认证方式，使得 WLAN 的安全程度大大提高，是实现 RSN 的强制性要求。由于 AES 对硬件要求比较高，因此 CCMP 无法通过在现有设备的基础上进行升级而实现。WRAP 机制基于 AES 加密算法和 OCB（Offset Code Book），是一种可选的加密机制。

**（二）IEEE 802.11i 标准的安全措施**

总的来说，IEEE 802.11i 主要从数据安全传输，认证和访问控制，动态密钥管理三个方面加强无线局域网的安全。

在数据安全传输方面，WEP 算法作为传统 WLAN 的标准算法已被证明存在着设计问题，而且 WEP 密钥也可以很轻易地攻破。因此，IEEE 802.11i 设计了新的算法，包括有 TKIP 和 CCMP，其中 TKIP 是为了解决目前 WEP 协议的问题，是加强 WEP 设备上的 WEP 协议而设计的密码套件，其实质是包裹在 WEP 外面的一套过渡性算法。CCMP 则完全抛弃了 WEP 的 RC4 加密算法，而改用 AES 作为其数据保密的算法。

认证和访问控制是围绕着 IEEE 802.1x 来实现的。这部分实现的主要任务是用户身份认证和访问控制。IEEE 802.1x 建立一个框架，并辅以 EAP 和 RADIUS 可以建立可扩展的无线局域网环境。EAP 的方法实现了具体的认证机制。目前通常使用的有 EAP/TLS、EAP-MD5、LEAP 和 EAP/SIM 等。

密钥在安全系统中起着很重要的作用。密钥的强度和分发方式对系统的安全和效率有很大的影响。WEP 的一个缺陷就是密钥是静态的，这不仅不利于密钥的分发，而且一旦密钥被攻破，将影响到整个系统的安全。因此，IEEE 802.11i 采用了 EAP 密钥管理框架。在 IEEE 802.1x 身份认证后，需进行四阶段握手和组密钥握手，动态派生出新的成对密钥和组密钥。

可以说，新一代安全标准 IEEE 802.11i 定义的 RSN 的概念，增强了 WLAN 中的数据加密和认证性能，并且针对 WEP 加密机制的各种缺陷做了很多方面的改进。但 IEEE 802.11i 标准的核心认证协议 IEEE 802.1x 依然存在一些弱点，仍然需要进一步完善。

## 四、WAPI 协议

### （一）WAPI 协议简介

现行的无线网络产品大多数都采用 IEEE 802.11b，即以 Wi-Fi 作为无线传输协议，这种协议的优点是传输速率能达到 11Mb/s，而且覆盖范围达 100 米。但正是其传输速度快、覆盖范围广，才使它在安全方面非常脆弱。因为数据在传输的过程中都曝露在空中，很容易被别有用心的人截取数据包，虽然，3COM、安奈特等国外厂商都针对 IEEE 802.11b 制定了一系列的安全解决方案，但总的来说并不尽如人意，而且其核心技术掌握在别国人手中，所以在安全方面成了政府和商业用户使用 WLAN 的一大隐患。另外，我国是经济蓬勃发展的发展中国家，许多产品都拥有巨大的发展空间，尤其是高科技产品。但是，在以前，我国在高科技产品方面丧失了很多的机会，由于极少有自主核心技术和自己业界标准的产品，造成了颇为被动的局面如 GPRS、CDMA1X 等的标准都掌握在外国人手里，我们需要花费很多资金去购买这些标准。

基于上述因素，出于安全和利益方面的考虑，2003 年 5 月，中国宽带无线 IP 标准工作组制定了中国自己的无线局域网国家标准 GB15629.11 标准，即

WAPI（Wireless LAN Authentication and Privacy Infrastructure，无线局域网鉴别和保密基础结构）协议。WAPI 机制已由 ISO/IEC 授权的注册权威机构（IEEE Registration Authority）审查获得认可，分配了用于 WAPI 协议的以太类型字段，这也是中国目前在该领域唯一获得批准的协议。

2009 年 6 月 1~5 日 在 ISO/IEC JTC1/SC6 日本东京会议上，WAPI 获得包括美、英、法等 10 余个与会国家成员体一致同意，将以独立文本形式推进其成为国际标准。WAPI 成为我国首个在计算机宽带无线网络通信领域自主创新并拥有知识产权的安全接入技术标准。同时，对于 WAPI 推进国际标准进程中的这一重大突破，也说明了全球范围内对无线网络安全的强烈关注和紧迫需要。

### （二）WAPI 安全机制

WAPI 包括无线局域网鉴别基础结构（WLAN Authentication Infrastructure，WAI）和无线局域网保密基础结构（WLAN Privacy Infrastructure，WPI）两部分内容。WAI 采用基于椭圆曲线算法的公钥证书体制，使无线客户端 STA 和接入点 AP 通过鉴别服务器 ASU 进行双向身份认证，提供安全策略协商、用户身份鉴别、接入控制等功能。WPI 采用了国家商用密码管理委员会办公室提供的对称密码算法对通信数据进行加解密，保证其保密性和完整性。两者共同为 WLAN 系统提供安全保护。

此外，WAPI 从应用模式上分为单点式和集中式两种，可以彻底扭转目前 WLAN 采用多种安全机制并存但互不兼容的现状，从根本上解决了安全问题和兼容性问题。所以我国强制性地要求相关商业机构执行 WAPI 标准能更有效地保护数据的安全。从 WAPI 与 IEEE 802.11 以及 IEEE 802.11i 标准的对比中，我们可以得出 WAPI 的安全优势，如表 4-1 所示。

表 4-1　WAPI 与 IEEE 802.11 以及 IEEE 802.11i 标准的对比

| | | IEEE 802.11 | IEEE 802.11i | WAPI |
|---|---|---|---|---|
| 认证 | 特征 | 对客户机硬件认证；单向认证 | 无线用户和 RAIUS 服务器的认证；无线用户身份通常为用户名和口令 | 无线用户和无线接入点的认证；双向认证；身份凭证为公钥数字证书 |
| | 性能 | 认证简单 | 认证过程复杂；RADIUS 服务器不易扩充 | 认证过程简单；客户端可以支持多种证书，方便用户多处使用，充分保证其漫游功能；认证服务器单元易于扩充，支持用户的异地接入 |
| | 算法 | 开放式系统认证；共享密钥认证 | 未确定 | 192/224/256/位的椭圆形曲线签名算法 |
| | 安全强度 | 低 | 较高 | 最高 |
| | 扩展性 | 低 | 低 | 高 |

续表

|  |  | IEEE 802.11 | IEEE 802.11i | WAPI |
|---|---|---|---|---|
| 加密 | 算法 | 64 位的 WEP 流加密 | 128 位数的 WEP 流加密；128 位的 AES 流加密 | 认证的分组加密 |
|  | 密钥管理 | 静态 | 动态（基于用户、认证、通信过程中的动态更新） | 动态（基于用户、认证、通信过程中的动态更新） |
|  | 安全强度 | 低 | 高 | 最高 |
| 中国法规 |  | 不符合 | 不符合 | 不符合 |

### （三）WAPI 的推广情况

美国是无线网络产品的最大供应商，因此 WAPI 标准的实施对于美国的利益将造成最大的影响。因此，在 WAPI 推出伊始，WAPI 遇到最大的阻力是美国方面的。但随着无线网络安全问题的关注性加强以及现有标准隐患突出的趋势，加上我国不断加强 WAPI 标准自身的安全性，在 2008 年 7 月，在包括 ISO/IEC 总部官员、中方代表、IEEE 代表等参加的 WAPI 特别会议上，IEEE 代表和美国代表改变原本坚决反对 WAPI 提案的立场，但最终达成了 WAPI 可作为独立标准推进的共识。

从 2008 年北京奥运会成功应用 WAPI，表明网络稳定；到 2009 年 4 月，中国工信部召集手机厂商开会，宣布以后国内所有 2G 和 3G 手机都可以使用 WAPI 技术；再到 2009 年 6 月 1~5 日在 ISO/IEC JTC1/SC6 日本东京会议上，WAPI 获得包括美、英、法等 10 余个与会国家成员体一致同意，将以独立文本形式推进其成为国际标准，从而获得打破 IEEE 垄断的希望。WAPI 经历了坎坷的推广历程，初见强劲势头。目前，诺基亚、摩托罗拉、索尼爱立信、苹果以及联想等手机的很多机型支持 WAPI 。

尽管 WAPI 与 Wi-Fi 的竞争很激烈，且存在与迅驰笔记本电脑支持的标准存在矛盾等问题，如果想要从根本上解决我国无线局域网的安全问题，为政府以及个人安全应用无线局域网开展电子商务等各种应用，就需要掌握自主核心技术，不断完善 WAPI 自身的安全机制，与各方做好沟通工作。总之，WAPI 无论是在国内还是在国外都需要不断摸索实践。

# 第三节　现场移动支付安全标准

近年来，移动支付成为社会广泛讨论的热点话题，技术标准更是各方关注的焦点。移动支付标准的统一关系到移动商务的发展进程。移动支付按照支付距离分为远程支付和现场支付两类，现场支付是时下热门的支付方式，下面我们将着重介绍。首先了解下三种非接触式移动支付技术标准，其次在此基础上阐述国内外移动支付标准的总体发展现状，最后得出我国移动支付标准的发展趋势。

## 一、三种非接触式移动支付技术标准

非接触移动支付是指用户使用手机和 POS 终端通过近场通信技术，采用非接触的方式来完成支付。目前，非接触式移动支付所用技术方案主要有三种，分别是 SIMpass、RF–SIM 和 NFC 技术标准。

### （一）SIMpass 技术标准

1. 实现方式

SIMpass 是一种双界面 SIM 卡技术，可通过两种方法实现：一种是定制手机方案，这种方案将天线组件内置在手机之中，手机中只要装入 SIMpass 卡片就可以实现非接触通信；另一种是低成本天线组方案，这种方案不需要对手机进行任何改造，整个系统包括 SIMpass 卡片和一个与之配合的天线组件，只需将 SIMpass 卡片和天线一起安装在手机中便可工作。

2. 特点

支持 SIMpass 技术标准的用户不需要更换手机，运营商项目启动的成本小。但采用 SIMpass 技术进行移动支付，业务将占用用于 OTA 业务的 C4/C8 接口，对运营商的网络将会造成一定的压力，而且只具备被动通信模式，不具点对点通信功能，此外产业链相对单薄。

3. 推广情况

湖南移动 2006 年下半年开始进行 SIMpass 试点工作，目前试用人数达 500 人，应用包括湖南移动办公大楼门禁、食堂消费、小卖部消费、美容美发消费及停车场缴费。厦门移动采购 2 万张双界面 SIM 卡用于公交一卡通的应用，目前已经发放 500 张卡片，使用效果良好；厦门移动与厦门 e 通卡及建行正洽谈移动支付平台的建设；广东移动已经确定搭建基于双界面 SIM 卡的移动支付平台，主要应用在广州的地铁项目；广东移动省公司及江门公司在一卡通内部应用上已经换卡 2000 张。

### （二）RF–SIM 技术标准

1. 实现方式

RF–SIM 卡是双界面智能卡（RFID 卡和 SIM 卡）技术向手机领域渗透的产品，是一种新的手机 SIM 卡。RF–SIM 卡既具有普通 SIM 卡一样的移动通信功能，又能够通过附与其上的天线与读卡器进行近距离无线通信，从而能够扩展至非典型领域，尤其是手机现场支付和身份认证功能。

RF-SIM 卡的用户能够通过空中下载的方式实时更新手机中的应用程序或者给账户充值，从而使手机真正成为随用随充的智能化电子钱包。

2. 特点

RF-SIM 更容易让运营商控制产业链，且用户使用门槛低。RF-SIM 技术采用 2.4GHz 通信频率，而对于银行机构来说，它们更青睐于基于 13.56MHz 的 SIMpass 或 NFC 标准，而对于注重产业链协同的移动支付业务来说，在初期，运营商推广的难度会较大。

3. 推广情况

该协议目前已通过欧洲电信标准协会 ETSI、中国移动等的认可，所有的 SIM 卡厂商也支持该协议。它主要应用在小额支付。如在法国巴黎地铁运营商就把公交车票、地铁车票下载到 SIM 卡上，手机在读卡器上轻轻一晃就可以坐地铁。现在，中国移动在湖南、上海、重庆、广东四省市试点手机小额支付业务也是采用 RF-SIM 标准。

（三）NFC 技术标准

1. 实现方式

NFC 技术基于非接触式识别（RFID）技术和互联技术的融合。这种超短距离通信技术的主要应用目标之一是取代智能卡，因为 NFC 收发器可以直接集成到手机中。付款时，用户只需将手机贴近读卡器或在其周围一英寸左右的地方晃动一下，款项就会自动从用户的信用卡账户上扣除。

2. 特点

NFC 具有工作稳定、支持主/被动通信模式、支持点对点通信、支持高加密、高安全性、产业链完整等特点。这种方式的最大缺陷在于用户若要使用手机支付，必须更换带有 NFC 功能的手机，实施成本较大。

3. 推广情况

欧洲某些运营商主要采用 NFC 手机推广移动支付业务。在我国，中国联通在上海发布了首个基于 3G 网络的增值业务，即基于 NFC 技术的手机支付业务。用户只要购买内置 NFC 芯片的联通 3G 手机以及购买 NFC 手机贴卡（挂坠）就可以体验手机支付。

## 二、国内外现场移动支付标准现状

美国、欧洲、日本和韩国的移动支付产业发展相对成熟，而我国制定国家移动支付标准的工作虽然已经开展 3 年多了，但尚处在沟通摸索阶段，还没有

形成统一的标准。下面做简要介绍。

**（一）国外现场移动支付标准发展现状**

美国已经在 8 万多个商户中安装了超过 40 万台 NFC 读卡器，用于用户进行移动支付。另外，Visa 和 Marster Card 两大银行卡组织统一了非接触式支付的标准：Pay Pass。

欧洲创建的单一欧元支付区很大程度上消除了手机支付存在的很多障碍。欧洲通信技术标准机构（ETSI）确定手机支付采用 NFC 和 SIM 之间的通信标准 SWP，2009 年中符合 ETSI 标准的相关芯片已推出。

日本的移动运营商 NTT-DoCoMo、KDDI 和软银分别于 2004 年 7 月、2005 年 7 月和 2005 年 11 月推出移动支付业务，都采用索尼的 FeliCa 技术。信用卡公司 JCB 也推出手机非接触支付服务——"手机钱包"。

韩国在非接触式移动支付方面仅次于日本。韩国三大运营商通过 RFID 技术改造开始对原有基于红外线的非接触式手机支付系统进行升级，通过与银行的通力合作来开展基于 RFID 的非接触式手机支付业务。

**（二）国内现场移动支付标准发展现状**

**1. 我国现场移动支付标准的现状概述**

手机支付作为移动电子商务中一个新的亮点，有着非常巨大的市场前景，很有可能引领电子商务和无线金融的发展，成为移动电子商务发展的一种趋势。随着运营商、银联以及第三方支付机构各显身手、深入布局，在手机支付领域的争夺战持续升级，手机支付标准之争一度成为焦点。国内手机支付一直处于多种标准同步发展的状况，此前使用的移动支付方案有四大类：基于 13.56MHz 的非接触技术的双界面卡方案；基于 13.56MHz 的非接触技术的 NFC 方案；基于 13.56MHz 的非接触技术的 SD 卡方案；基于 2.4GHz 的 RF-SIM 卡方案。

一直以来，银联标准和中国移动标准占据主流。中国联通和中国电信主要采用银联主推的基于 13.56MHz 的技术方案，而中国移动则主要采用基于 2.4GHz 的技术方案。据工信部通信科技委委员侯自强介绍，13.56MHz 的 NFC 技术是大部分现有 POS 终端机和城市公交一卡通等多采用的标准，但该技术对手机有要求，要推广的话，消费者需要更换手机，而且推广者还需要支付国际版权费用；2.4GHz 的 RF-SIM 技术由国内企业自主研发，用户只需更换 SIM 卡便可手机支付，但需要银联、公交部门配合改装 POS 机，协调推广成本巨大，且存在安全隐患。

由于目前没有统一的标准，电信运营商和金融机构都希望采取有利于自己的技术来主导移动支付的发展，表 4-2 说明了四大运营商目前主推的移动支付方式。

表 4-2　国内四大运营商主推的移动支付方式

| 运营商 | 主推的近距离非接触技术 | 对终端的要求 | 发卡方 | 商业模式 |
|---|---|---|---|---|
| 中国银联 | NFC SD 卡 | 加装智能 SD 卡 | 金融机构 | 金融机构主导 |
| 中国电信 | SIMpass | 更换 SIM 卡 | 电信运营商 | 运营商主导 |
| 中国联通 | NFC | 更换手机 | 电信运营商 | 运营商主导 |
| 中国移动 | RF-SIM | 更换 SIM 卡 | 电信运营商 | 运营商主导 |

2. 移动支付国家标准最新动态

我国庞大的手机用户群体，智能手机产品迅速入市的速度，以及移动电子商务迅猛地起步，统一移动支付标准的工作迫在眉睫。2010 年 9 月，人民银行出台了人民银行非金融机构支付管理办法，共有 27 家第三方机构领取了牌照。工信部、国标委、人民银行成立了移动支付国家标准工作组，提出了"凝聚共识、谋求合作、统一标准、共同发展"的 16 字原则。

目前各方在主要的内容上意见已趋于统一，已经形成国家标准的草案，是在中国人民银行的领导下产业链条上相关方共同提出的，草案集中代表了金融体系对移动支付的观点。移动支付国家标准的主要内容包含五个方面：行业层面、产业层面、用户层面、实施层面、监管层面，但还未正式发布移动支付的国家标准。

## 三、我国现场移动支付标准的发展趋势分析

通过对我国现场移动支付标准的现状分析，我们可以看到标准的不统一性等问题。结合现状以及各方观点，下面分析我国现场移动支付标准的发展趋势，并给出一些合理的建议。在此之前，我们需认清当前支付标准存在的问题。

### （一）我国现场移动支付标准存在的问题

我国移动支付标准存在着以下一些问题：移动支付的 RFID 技术标准不统一，频率不统一和技术实现方案不统一；现网存在的 POS 机具标准不一致，导致不同厂商的 POS 机和卡商存在不能互通的问题；出于用户对使用易操作性的要求，要求移动支付系统需要具备统一的技术标准，兼容不同的移动运营商、商家、终端和银行，因为技术上的不统一，会对今后此服务的推广和用户的认知产生较大阻碍。

这其中最突出的矛盾就是手机支付标准面临着互不兼容的 13.56MHz 和 2.4GHz 两大频率的选择问题，且国内产业无法跟进手机支付多种标准的需求：一方面，各自适用范围的不同，给用户带来极为不便的影响；另一方面，产业分散、各自为政的现状导致资源浪费，阻碍行业的深入发展，更不可能形成规

模和合力。

**（二）我国现场移动支付标准的发展趋势**

现场移动支付标准的确立所涉及的影响因素较多，不仅需要考虑技术先进性、推广经济性，还需要考虑支持该方案的主体实力。鉴于影响因素较为复杂，各方案之间的融合性就显得极为重要，这种融合性包括两个方面：

1. 基于 13.56MHz 传输频率的方案间相互融合

在对以上各标准的分析中，除了中国移动，其他方案都采取了 13.56MHz 的无线传输频率。而上述多种基于 13.56MHz 的方案都不需要改造已具备射频功能的 POS 机等接收终端，这表明，前端的无线传输过程已经能够实现较好的融合。而目前各个方案的后端支持平台则有所不同，一方面要在后端平台和数据传输领域实现较好的兼容，则即使现有的几种 13.56MHz 方案共存，也能够实现设备共享，达到资源的高效利用；另一方面，这还使得广大用户拥有了更多的业务选择权。

2. 中国移动 2.4GHz 与现有 13.56MHz 方案的融合

支持该技术标准的中国移动已经会同相关设备商，共同制定了兼容性解决方案，但其能否实现更重要的还是要看该方案能否获得产业链内的其他主体认同。因此获得银行系主体和其他产业链主题的支持，就成为融合获得成功的关键。

手机支付是为金融业务服务的，最好能采用金融行业的标准。作为国内唯一的全国性银行卡联合组织，银联具有先天的优势，更容易在银行间构建互联互通的支付管道。此外，中国银联在用户规模和消费信任度方面也都具有优势。央行数据显示，截至 2011 年 5 月底，我国累计发行银行卡约 24 亿张，中国银联背靠 80 多家金融机构，加上数以千万计的 POS 机终端，相比需要重新铺设终端网络的运营商推广起来更快、更有效率。

另外，作为金融服务机构，与缺少牌照的运营商和第三方支付机构相比，毫无疑问银联有更大的优势。确定采用银联主推的基于 13.56MHz 的技术方案作为国内手机支付标准，此举有望进一步推动手机支付标准的出台，进而使整个移动支付行业步入快速上升通道，利好产业链各方。同时，面对即将"井喷"的市场，手机支付标准的统一也能有效地节约资源、避免重复投资，并尽快投向市场。

# 第四节　影响移动商务安全发展的相关标准

移动商务是一个由信息技术、管理、法律等众多学科高度交叉而形成的全新科学领域，需要不断有新的标准出台，来推动移动商务的安全发展。当下一些有关整合网络和现实资源的标准，未来对移动商务在安全交易、配送以及安全监管等方面将起到重要的推动作用等问题成为热点，下面我们将着重介绍被广泛关注的物联网和三网融合标准的内容，并讨论它们与推动移动商务安全发展的关系。

## 一、物联网标准

物联网被称为继计算机、互联网之后世界信息产业发展的第三次浪潮。与其说物联网是网络，不如说物联网是业务和应用。目前移动商务发展过程中存在的安全问题，如商家提供产品信息存在欺诈、物流配送存在安全隐患以及售后服务不能得到安全保障等都可以在未来通过物联网来解决。下面我们对物联网及其标准进行阐述。

### （一）物联网概述

2005 年 11 月 27 日，在突尼斯举行的信息社会峰会上，国际电信联盟（ITU）发布了《ITU 互联网报告 2005：物联网》，正式提出了物联网（The Internet of Things，IOT）的概念。目前，很多全球主要国家都制定了开发物联网的长期发展计划。中国已经把物联网明确列入《国家中长期科学技术发展规划（2006~2020 年)》和《2050 年国家产业发展路线图》。

2009 年 9 月，在北京举办的物联网与企业环境中欧研讨会上，欧盟委员会信息和社会媒体司 RFID 部门负责人 Lorent Ferderix 博士给出了欧盟对物联网的定义：物联网是一个动态的全球网络基础设施，它具有基于标准和互操作通信协议的自组织能力，其中物理的和虚拟的"物"具有身份标识、物理属性、虚拟的特性和智能的接口，并与信息网络无缝整合。物联网将与媒体互联网、服务互联网和企业互联网一道，构成未来互联网。

虽然目前国内对物联网也还没有一个统一的标准定义，但从物联网本质上看，物联网是现代信息技术发展到一定阶段后出现的一种聚合性应用与技术提升，是将各种感知技术、现代网络技术和人工智能与自动化技术聚合与集成应用，使人与物智慧对话，创造一个智慧的世界。因为物联网技术的发展涉及了

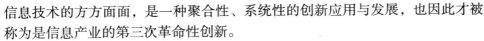

信息技术的方方面面，是一种聚合性、系统性的创新应用与发展，也因此才被称为是信息产业的第三次革命性创新。

物联网的本质概括起来主要体现在三个方面：一是互联网特征，即对需要联网的物一定要能够实现互联互通的互联网络；二是识别与通信特征，即纳入物联网的"物"一定要具备自动识别与物物通信（M2M）的功能；三是智能化特征，即网络系统应具有自动化、自我反馈与智能控制的特点。

### （二）物联网标准体系

#### 1. 物联网标准发展进程

在标准方面，与物联网相关的标准化组织较多。物联网覆盖的技术领域非常广泛，涉及总体架构、感知技术、通信网络技术、应用技术等各个方面。物联网标准组织有的从机器对机器通信（M2M）的角度进行研究，有的从泛在网角度进行研究，有的从互联网的角度进行研究，有的专注传感网的技术研究，有的关注移动网络技术研究，有的关注总体架构研究。目前介入物联网领域主要的国际标准组织有 IEEE、ISO、ETSI、ITU–T、3GPP、3GPP2 等。

各标准组织都比较重视应用方面的标准制订。在智能测量、E–Health、城市自动化、汽车应用、消费电子应用等领域均有相当数量的标准正在制订中，这与传统的计算机和通信领域的标准体系有很大不同（传统的计算机和通信领域标准体系一般不涉及具体的应用标准），这也说明了"物联网是由应用主导的"观点在国际上已成为共识。

总的来说，中国物联网标准的制订工作还处于起步阶段，但发展迅速。目前中国已有涉及物联网总体架构、无线传感网、物联网应用层面的众多标准正在制订中，并且有相当一部分的标准项目已在相关国际标准组织立项。中国研究物联网的标准组织主要有传感器网络标准工作组（WGSN）和中国通信标准化协会（CCSA）。与物联网相关的，还有 2009 年 4 月成立的 RFID 标准工作组。RFID 工作组在信息产业部科技司领导下开展工作，专门致力于中国 RFID 领域的技术研究和标准制订，目前已有一定的工作成果。

#### 2. 物联网标准体系概述

物联网标准体系是由具有一定内在联系的物联网标准组成的科学有机整体，是一幅包括已制定和计划制定的标准工作蓝图，以用来说明物联网标准的总体结构，它将随着我国物联网的深入应用和发展不断地更新和充实。

物联网标准体系由标准体系框架和标准体系表组成。物联网标准体系影响着整个物联网发展的规模、内容和形式，标准的全面性、先进性直接影响着物联网产业的发展方向和发展速度。物联网标准体系构架采用树形结构，共分三层，层与层之间是包含与被包含的关系，见图 4-4。物联网标准体系架构的第一层由管理标准、技术标准和应用标准三个部分组成。第二层是第一层的细化。第三层是对第二层中技术标准的细化。

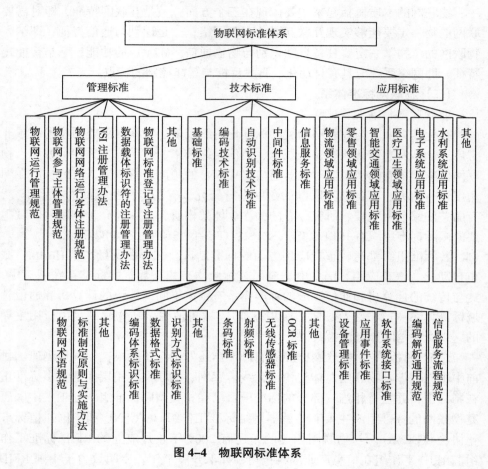

图4-4 物联网标准体系

### （三）物联网对移动商务安全发展的推动作用

物联网用途广泛，遍及智能交通、环境保护、电子商务、敌情侦察和情报搜集等多个领域。物联网在移动商务领域的应用，不仅能带来新的经济增长点，而且能彻底根治困扰移动商务的一些安全隐患，明显提升移动商务的核心竞争力。物联网对移动商务安全发展的推动作用主要体现在以下三个方面：

1. 提高移动商务售后服务水平

在移动商务过程中，顾客和商家互不见面，所有行为都是在网络上进行。按国务院颁发的《互联网信息服务管理办法》的规定，商务网站的开办无须经工商局注册登记并公告。商务网站的关停也无须经过业务清理和清算程序。因此，商家的主体资格很难把握，尤其是当发生产品质量纠纷或消费者要求售后服务时，这些个人网站一旦关闭，消费者就只能"自吞苦果"。

物联网的应用有效地解决了这一问题。在产品生产出来之后，厂商为产品贴上"身份证"——RFID 芯片。芯片上记录了产品的生产厂商、生产日期等相关信息，商家只要将 RFID 芯片上的信息传输到互联网，消费者就可以查询到相关信息。厂商无论采用什么方式销售产品，消费者都能很容易地和厂商取得联系，要求合理的售后服务。同时，厂商也可以通过读取商品上的 RFID 芯片来辨别商品是否为该厂生产，以此来决定是否要承担售后服务的责任。双方权责的明确，有利于消费者与商家之间的和谐相处，大大地提高了移动商务售后服务水平。

2. 消除商家欺诈行为的安全威胁

大多数人排斥移动商务的原因是因为这种新的商务模式存在商家欺诈行为隐患。因为和实体店相比，网店上的商品离消费者更远，消费者对商品信息的获取全凭商家的文字描述和图片展示。消费者与商家之间的极度信息不对称，存在欺诈隐患，使消费者对移动购物望而却步，严重束缚移动商务的发展。而物联网的应用能改善了这一状况，消费者只需在网上查到商品的 RFID 芯片，即可明白无误地了解到商品的相关信息。这样消除了商家与消费者之间的信息不对称，避免了消费者受虚假广告的误导，有力地推动了移动商务的发展。

3. 加强物流服务质量的安全监管

物流问题一直是制约移动商务发展的主要因素。消费者选择网上购物的原因之一就是因为网上购物方便、省时、省心，但如果物流服务质量低下，导致送货不及时、送错目的地或者货物丢失，这不但不会让消费者省时、省心，反而会给消费者带来很大不便和对网上购物的恐惧，使他们对移动商务失去信心。

物联网的应用使这一问题迎刃而解。消费者通过互联网读取包裹上的 RFID 芯片，便可以实现对商品的实时安全监控和跟踪，并能准确推算出货物到达目的地的时间。即使货物在流通过程中的某一个环节出了问题，消费者也可以及时和物流公司进行沟通，有效避免了货物丢失或送错目的地，这样大大地增强了消费者对物流服务的监管力度，提升了网上购物的满意度。

无疑，物联网在移动商务领域的应用前景是十分广阔的，但是物联网现在还处于起步阶段，相关技术还远不成熟。这要求我们一方面要着眼长远、高屋建瓴地发展物联网相关技术和制订相关标准；另一方面要立足当前，循序渐进地推动物联网在移动商务中的应用。只有这样，才能使物联网在提升移动商务交易安全、售后服务、物流安全监管等方面发挥更大的作用。

## 二、三网融合标准

2010 年 1 月 13 日，国务院常务会议提出我国三网融合的发展目标：力争在 2015 年，"全面实现三网融合发展，普及应用融合业务，基本形成适度竞争的网络产业格局，基本建立适应三网融合的体制机制和职责清晰、协调顺畅、决策科学、管理高效的新型监管体系"。这是我国首次提出推进三网融合发展的实质性目标，并将其作为振兴文化产业、适应经济结构转型、增强国家软实力的一项重要战略部署。三网融合因其涉及之广泛、推进之迅速、影响之深远，必然带来信息业的新一轮洗牌与重构，重塑传媒业的今日格局与明日图景。同时三网融合标准的制定，不仅能够创造出新的信息服务模式，而且有利于对移动商务中有关的信息服务进行安全监管，对推动移动商务安全、有序、健康的发展起到推动作用。

### （一）三网融合标准体系建设的总体需求

三网融合是指电信网、计算机网和有线电视网三大网络通过技术改造，能够提供包括语音、数据、图像等综合多媒体的通信业务。三合是一种广义的、社会化的说法，在现阶段它是指在信息传递中，把广播传输中的"点"对"面"、通信传输中的"点"对"点"、计算机中的存储时移融合在一起，更好地为人类服务，并不意味着电信网、计算机网和有线电视网三大网络的物理合一，而主要是指高层业务应用的融合。"三网融合"后，民众可用电视遥控器打电话，在手机上看电视剧，随需选择网络和终端，只要拉一条线或无线接入即可完成通信、电视、上网等。

三网融合包含技术、资源、业务、产业和监管五个层次的内涵。建立适应三网融合的国家标准体系，应该符合不同层面的融合需求。通过三网融合相关标准的制定：在技术上，应能够引导三种网络走向技术融合；在资源上，应能够促进电信网、广播电视网、互联网三大网络之间的资源共建共享和互联互通；在业务上，应能够促进新业务繁荣和信息服务业发展；在产业上，应能够实现跨行业的顺畅合作；在监管上，应能够确保信息和网络文化安全，保护用户权益，满足监管要求。

### （二）三网融合标准体系

三网融合涉及广电和电信两大部门，从技术角度来看，三网融合涉及内容层、业务层、网络层和终端层，以及互联互通、安全、服务质量和共性技术等跨越不同层面的技术领域。其中，内容层面主要涉及内容元数据、编目、索引等；业务层包括 IPTV 业务、移动多媒体广播业务和移动互联网业务等典型的融合类业务；网络层包括同步网、传输网、有线接入网和无线接入网等；终端层包括家庭网络和终端。

根据三网融合的内涵、特征，以及目前我国开展的三网融合工作实践，制定了适应我国三网融合的标准体系，如图 4-5 所示。

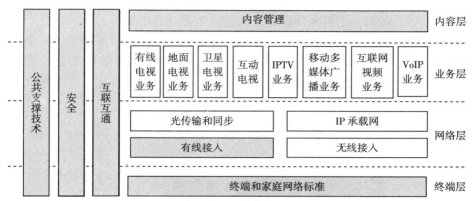

图 4-5　三网融合标准体系和重点标准领域

由于三网融合标准体系涉及的范围广，包含的内容多，因此在实际的标准化推进过程中，将本着"着眼实际、放眼长远"的基本原则，结合目前试点工作的主要内容，前期工作主要是在重点标准领域进行标准化工作的推动，重点领域包括：内容管理，互动电视，IPTV 业务，移动多媒体广播业务，有线接入，终端和家庭网络标准，互联互通，安全（见图 4-5 中深色部分）。

三网融合涉及电信和广电两个行业在业务、网络、终端等多个方面的共同工作，因此在标准化工作中，双方只有遵循"互相协商、共同合作"的原则，才能加快适应我国三网融合的标准体系的建立。同时，以双方已取得标准工作的成果为基础，结合实际、着眼长远，才能使标准在三网融合的工作中更加具有指导意义。

### （三）三网融合对发展移动商务的意义

移动运营商进军手机媒体业务并开展移动商务的步伐已经势不可当，因它与报社、电台、电视台、独立 WAP 网站之间产生了矛盾。移动运营商并不甘心只做网络和渠道，而是要凭借自己在市场、用户、渠道、信息网络等方面的诸多优势，力图整合内容提供商、网络服务商、设备系统和终端制造商以及终端用户，形成以自己为主体的产业链。由此，移动运营商与报社、广电企业和 WAP 网站之间产生了激烈的争夺。这样，不仅不利于移动商务相关资源与信息的整合，而且也不利于对移动商务相关参与实体的安全监管。

因此，三网融合的提出，不仅是将现有网络资源有效整合、互联互通，而且会形成新的服务和运营机制，并有利于信息产业结构的优化以及政策法规的相应变革。融合以后，不仅信息传播、内容和通信服务的方式会发生很大变化，企业应用、个人信息消费的具体形态也将会有质的变化。对于移动商务而言，三网融合也将是一次整合移动商务资源、提升移动商务产业监管力度的契机。

这也就意味着，手机媒体也将正式进化为移动通信媒体，原本存在于电视媒体、手机媒体、网络媒体之间的界限将进一步模糊。这对用户通过移动终端进行移动商务具有重要的推动作用，用户可以更加方便地获取丰富的网络资源，运营商等也减少了重复建设、维护设备的投资。总而言之，三网融合对于移动商务的发展将是一个扩大应用领域的重要机遇。

 本章案例

### 移动支付标准初定

工信部于 2011 年 4 月 14 日在"2011 中国移动（微博）支付产业论坛"上表示，工信部将与中国人民银行共同制定统一的移动支付标准，推动移动支付产业的发展。同时，国家金卡办、中国信息产业商会相关人士也透露，移动支付标准已经初步明确，其中近场支付采用 13.56MHz 标准，2.45GHz 方案仅用于封闭应用环境，不允许进入金融流通领域。移动支付标准的逐渐清晰，将令整个产业正式起飞。NFC 手机、POS 机、SIM 卡、RFID 芯片等相关生产企业将率先受益。

**一、移动支付标准趋向于明确化**

随着中国手机普及率的提高，市场环境日趋成熟，移动支付发展潜力巨大，但缺乏统一的移动支付标准而始终制约着产业的发展。由于各方都想主导移动支付产业链，中国移动的 2.4GHz 标准与银联的 13.56MHz 标准两者之间仍未有定论。

在 2011 年 4 月 14 日举行的"2011 中国移动支付产业论坛"上，工信部表示工信部和中国人民银行要共同制定统一的移动支付标准，推动移动支付产业的发展。"先进统一的技术标准有利于业务的推广，我们必须制定统一的标准，才能在全国大力推广。"

关于移动支付标准制定的进展，2010 年 11 月，中国人民银行、工信部、国标委的相关司局组织银联和三大电信运营商召开了移动支付工作研讨会，会上明确了近场支付采用 13.56MHz 标准，2.45GHz 方案仅用于封闭应用环境，不允许进入金融流通领域。

同时，该会议明确，移动支付标准将在中国人民银行、工信部等主管部门

领导下，联合产业相关方建立统一产业标准；运营商开展金融相关业务，需要向中国人民银行申请第三方支付牌照，将金融业务剥离成立独立实体运营，中国人民银行将对市场进行检查，对不合规业务进行整改、关闭。

此外，新增移动支付业务试点应报中国人民银行、工信部批准后实施；在中国人民银行等主管部门领导下，成立由商业银行、银联、三大运营商及部分科研机构组成的联合工作组，具体负责国标研制工作。目前移动支付还没有非常成熟的商业运营模式，如何通过合作来建立跨部门和跨行业的产业链共赢机制是移动支付快速发展的关键。

### 二、运营商加紧布局手机支付

移动支付风生水起，国内移动运营商也集体发力移动支付，纷纷筹建支付公司。继中国电信（微博）在 2011 年 3 月成立支付公司"天翼电子商务有限公司"后，中国联通（微博）支付公司也将挂牌成立。

中国联通支付公司昨日在论坛上透露，目前联通支付公司筹备组已完成名称核准、入资与验资等工作，预计最快 4 月 15 日会获得营业执照。中国联通支付公司名称已确定为"联通沃易付网络技术有限公司"。在新支付公司营业牌照发布后，将首先开始支付牌照的申请工作。第一阶段申请牌照的业务范围包括网络支付、移动支付和银行卡收单。此外，对于预付卡业务，联通表示到第二阶段视监管情况将再行申请。

而中国移动也传出正在申请第三方支付牌照，不久后将会成立支付公司。事实上，此前中国移动入股浦发银行，将手机支付从小额支付转向信用卡、转账、大额交易等业务，也正是为此做准备。

据了解，目前中国电信在内蒙古、成都等地推出"翼支付"业务作为试点，并于近日开始在广东商用；中国联通已在北京、上海、广州、重庆四个城市进行试点；中国移动则在湖南、广东、重庆、北京等 10 地试点商用手机支付业务。

分析人士指出，三大运营商纷纷涉足第三方支付，不仅是将业务扩展至手机近距支付，更是对手机支付市场前景的看好。

根据易观国际最新的预测报告，2011 年底手机近距支付用户数将突破 1 亿户，2010~2013 年将保持 102% 的高速复合增长。

### 三、交易规模两年内将超千亿元

随着移动支付大规模的应用，市场规模将加速增长。

据艾瑞咨询资料，目前我国手机用户有 8 亿名，其中已经开通移动互联网的用户有 3.03 亿名，占全国总用户的 37.8%。2010 年我国移动支付市场整体规模达到 202.5 亿元，同比增长 31.1%。

中国信息产业商会认为 2011 年移动支付市场增长更为强劲，到 2012 年移动支付的交易规模将超过 1000 亿元。

而分析人士指出，随着手机支付市场的"井喷"，相关公司业绩也将受到提振，尤其是处于产业链上游的设备供应商。

国家信息中心此前发布的研究报告指出，我国移动支付产业正处于成长期，行业发展以手机支付推广应用为主。因此，在这个阶段，无论是 13.56MHz 还是 2.45GHz 成为产业标准，产业链中最先获益的都是上游设备供应商，如 NFC 手机、POS 机、SIM 卡、RFID 芯片等相关生产企业。

资料来源：梁敏，李雁争.移动支付标准初定 [N].上海证券报，2011-04-15.

➡ **问题讨论：**

1. 我国的移动支付标准存在什么问题？
2. 移动支付标准的统一对于推动移动商务的发展具有什么意义？

# 本章小结

移动通信技术的不断更新，推动了全球移动商务应用市场的快速发展，对各种企业、消费者、企业家、投资者以及政府部门造成了巨大的影响，同时，移动商务安全问题也引起了各方广泛的关注。由于在开展移动商务的过程中，涉及网络、认证、支付以及配送等各项活动，也涉及很多的参与者，因此，为了保障相关交易在一定的规则、规定或约定指导下安全高效地开展，协议与标准发挥了重要的作用。一个安全的移动商务协议与标准，除了应具有认证性、完整性和私密性之外，还应具有不可否认性、可追究性、公平性等重要安全属性。移动商务的安全协议与标准是在电子商务的基础上发展而来的，但又有所创新。

移动商务通过手机、掌上电脑、笔记本电脑等移动通信设备和无线上网技术结合来实现移动商务，因此涉及很多无线网络的安全协议与标准，包括使用较为广泛的蓝牙协议、WAP 协议、IEEE 802 系列标准、Wi-Fi 技术标准、短距通信 NFC 技术标准、宽带接入无线技术的代表 WiMax 以及我国自主制定的 WAPI 协议等。本章着重介绍了 WAP 协议、Wi-Fi 技术标准、IEEE 802i 标准和 WAPI 协议等。

近年来，移动支付成为被社会广泛讨论的热点话题，技术标准更是各方关注的焦点。移动支付标准的统一关系到移动商务的发展进程。国内外对移动支付的标准都进行了相关的研究，我国的移动支付国家标准尚未统一，仍需不断实践和摸索。移动支付按照支付距离分为远程支付和现场支付两类，现场支付是时下热门的支付方式。目前我国存在三种主流的非接触式移动支付技术标准。

移动商务是一个由信息技术、管理、法律等众多学科高度交叉而形成的全新科学领域，需要不断有新的标准出台，来推动移动商务的安全发展。当下一些有关整合网络和现实资源的标准，未来对移动商务在安全交易、配送以及安全监管等方面将起到重要的推动作用等问题成为热点，本章着重介绍了被广泛关注的物联网和三网融合标准的内容，并讨论它们与推动移动商务安全发展的关系。

# 本章复习题

1. 简要介绍电子商务具有代表性的支付协议。

2. 移动商务协议与标准的基本安全需求有哪些？

3. 简述电子商务与移动商务安全协议与标准的关系。

4. WAP 协议具有哪些特点？它具有哪些安全措施？

5. 简述 Wi-Fi 技术标准的特点。

6. IEEE 802.11i 采取的安全措施有哪些？

7. WAPI 协议具有哪些技术特点？

8. WAPI 协议相比 IEEE 802.11 标准具有哪些优势？

9. 请简述三种非接触式移动支付技术标准的内容及特点。

10. 我国移动支付标准存在哪些问题？未来的发展趋势有哪些？

11. 物联网标准对移动商务的积极意义有哪些？

12. 三网融合指的是哪三网？三网融合的作用体现在哪些方面？

# 第五章

## 移动商务安全技术

## 学习目的
★★★★

知识要求 通过本章的学习，掌握：

● 移动商务技术体系结构
● 移动商务相关安全技术的原理与作用
● 移动商务的安全保障技术方案

技能要求 通过本章的学习，能够：

● 理解移动商务的安全技术
● 了解移动商务安全保障技术的优缺点
● 了解移动商务安全技术的总体发展趋势
● 了解新兴的移动商务安全技术

119

## 学习指导
★★★★

1. 本章内容包括：移动商务安全技术概述；移动商务中主要的安全技术介绍；移动商务安全技术综合应用模式；移动商务安全技术的发展趋势。

2. 学习方法：从移动商务安全技术的作用出发，结合移动商务安全技术在实际中的应用，理解这些技术的原理以及安全性；可通过查找最新技术发展与应用的资料，掌握移动商务安全技术的发展趋势。

3. 建议学时：4 学时。

**引导案例**

### Sign Pass：为移动式办公提供减压式安全

物联网、云计算等概念的提出，彰显了网络信息化时代日新月异的演变，同样也使得用户在购买移动设备时，会对其在存储、传播方面的快捷与便利上提出更高的要求。根据 Giga Om 报告显示，大约有 38% 的受访企业在办公过程中已经不同程度地在 IT 中应用了移动设备，财富 500 强中 65% 的企业也已经不同程度地部署了 iPad 等高端移动产品。当下的用户也已习惯了在移动办公的过程中，用黑莓收发邮件，用平板电脑为客户演示，用移动设备远程接入企业网络获取信息、在线沟通以及分享日程。

移动设备作为信息存储、使用与传递的新载体，在被应用的同时也面临着与传统笔记本、台式机等传统设备一样的安全风险，例如，用户在利用网络终端实现网上交易时容易出现数据篡改、双方信息抵赖等情形。当然，移动设备具有一些不同于传统 IT 应用的新特点，因而将会迎接更新的安全性挑战，"如何在保证交易过程安全的同时，减少移动终端的计算压力将是我们信息安全行业的下一个发展重点，所以客户需求与行业发展趋势也是我们研发数字签名服务器 Sign Pass 的动力来源。"中国国际电子商务中心国富安电子商务安全认证有限公司专家坦言。

简单来说，数字签名就是以电子形式存储在某条信息之中的数据，可以用来辨别数据签署人身份，而且也代表了签署人对该信息的认可。它的原理类似写在纸上的普通物理签名，所不同的是通过加入了公钥加密领域的技术实现。GFA Sign Pass 数字签名服务器以数字签名技术为基础，为关键业务使用者提供基于 PKI 体系架构的数字签名安全保障。

国富安专家介绍："Sign Pass 最大的价值，在于能够将数字签名手段由客户端转移到服务端进行安全认证，从而减少客户端的高强度负荷；另外，Sign Pass 在项目应用中通常会结合数字认证（CA）、安全链路网关（iPass）等其他安全产品，会根据企业客户的具体需求进行安全方案的整合，为客户做最全面、最安全的信息化部署。正是基于超过 13 年的安全运营经验，我们总结出了最适合客户的安全运营产品组合，从而能够为客户提供全方位的安全服务方案。"据悉，目前 Sign Pass 可以被应用于网上银行、财务管理、网上审批、网上招投标等电子商务或电子政务中，保证关键业务与敏感信息的机密性、完整性以及不可否认性。

Sign Pass 为移动办公减压、提供安全的价值凸显，预计未来，我们还将从

Sign Pass 之中收获更多。

资料来源：佚名. Sign Pass：为移动式办公提供减压式安全［OL］. 中关村在线，http://www.zol.com.cn，2011-09-01.

➡ **问题：**

1. 为什么要研发数字签名服务器 Sign Pass？它应用于移动商务具有什么优势？

2. 除了数字签名技术，还有哪些技术用于保障移动商务的安全进行？

# 第一节　移动商务安全技术概述

提升移动商务的技术防范能力，是提高移动商务安全性的关键和核心环节。因为移动安全技术在移动商务中守护着商家和客户的重要机密，维护着商务系统的信誉和财产，同时为服务方和被服务方提供了极大的方便。另外，随着移动商务的进一步发展，对移动商务的安全性要求也越来越高，这将成为普及移动电子商务的一大障碍。因此，只有采取了必要和恰当的技术手段才能提高移动商务的可用性和可推广性。

## 一、移动商务技术体系结构

121

无论是移动终端还是移动网络，移动商务的各个层次都存在很多安全风险，因此必须从系统的角度来考虑移动商务的安全才能获得真正的安全。目前，关于移动商务安全技术的研究和应用主要集中在局部或单一角度的安全技术探讨，缺乏整体的系统研究与分析，下面将从安全技术角度出发，从全局介绍移动商务安全体系，并介绍其中的核心技术。中国移动通信研究中心将移动商务技术体系结构分为网络服务层、加密技术层、安全认证层、安全协议层和应用系统层五个层次，如图5-1所示。

其中，下层是上层的基础，为上层提供技术支持；上层是下层的扩展与递进。各层之间相互依赖、相互关联，构成统一整体。各层通过各自的安全控制技术，实现各层的安全策略，保证移动应用系统的安全。

网络服务层：移动应用系统是依赖网络实现的移动系统，需要利用互联网基础设施和标准，所以构成移动应用安全框架的底层是网络服务层，它提供信息传送的载体和用户接入的手段，是各种移动应用系统的基础，为移动应用系统提供了基本、灵活的网络服务。该层通过互联网络层的安全机制（如入侵检

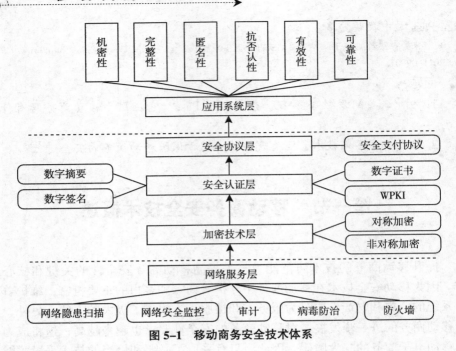

图 5-1 移动商务安全技术体系

测、安全扫描、防火墙等）保证网络层的安全。

加密技术层：为了保证商家和消费者的利益，保证数据在传输过程中的机密性和完整性，需要使用密码技术对传输的信息进行加密操作。基本加密算法包括对称加密、非对称加密以及第三方轻量级 J2ME 加密工具包等。

安全认证层：目前采用加密技术还不足以保证移动应用的交易安全，还要通过数字证书、CA 认证、数字摘要、数字签名、数字信封等技术去验证信息和交易各方的真实性和不可否认性。

安全协议层：本层是加密技术层和安全认证层的安全控制技术的综合运用和完善，包括基本加密算法、安全技术、以 CA 体系为基础的各种协议，如 SET 协议、SSL 协议、S-HTTP 协议、X.509 等，这些协议主要从各方面保证信息的安全性。

应用系统层：本层是在安全体系基础上构建了移动应用体系和各种业务应用系统。

在图 5-1 所示的安全框架体系中，加密技术层、安全认证层、安全协议层，是为电子交易数据安全而构建。其中，安全协议层是加密技术层和安全认证层的安全技术的综合运用和完善。

## 二、移动商务安全技术需求

采用安全技术是解决移动商务安全问题的重要途径之一。但移动商务的特殊性对移动商务安全技术有着更高的要求，主要体现在以下两方面：

（1）移动终端问题。移动电子商务的开展，离不开移动终端的参与和支持。移动终端与传统的计算机终端相比较，存在 CPU 功率较小、内存和显示屏较小、输入设备功能较弱及电源限制等缺陷。这些缺陷造成移动终端的数据处理能力和计算能力较差，为保证商务安全进行而引入的数字签名、加解密、入侵检测以及身份认证等措施都需要占用很大的计算资源。因此，在设计相关技术时应考虑移动终端的特点，尽量减轻移动终端的压力，保证交易的快速、安全进行。

（2）无线网络具有受限的通信环境。要想保证移动电子商务的正常运行，必须有一个性能优良的网络，即稳定、快速的网络连接；否则，必将会影响移动电子商务的推广与应用。与有线网络相比，无线网络资源短缺、质量较差，因无线频谱和功率的限制使其带宽较小，带宽成本较高，同时分组交换的发展使得信道变为共享，时延较大，连接可靠性较低，超出覆盖区域时，服务则拒绝接入。所以服务提供商应优化网络带宽的使用，同时增加网络容量，加强网络安全，以提供更加可靠的服务。这就要求无线网络采用的安全技术要充分考虑带宽、时延、网络吞吐量等因素。

同时，由于移动网络最终要接入有线互联网内，因此在连接缝隙处及连接两端的协议之间存在特殊的安全问题：如 PDA 与计算机的连接处、WAP 缝隙处及 WTLS 与 TLS 连接处是移动网络更易受到攻击的地方，所以在设计安全接入技术时需多加关注。

## 三、移动商务基本安全技术概况

移动商务是一个综合应用的系统，保障其安全进行的技术包含很多方面，下面对移动商务中主要的基本安全技术作简要说明。

### （一）移动终端查杀病毒

与电脑病毒一样，手机病毒最初都是技术炫耀型的，但随着手机上网用户的增多，恶意扣费、账号获取等利益驱动型的病毒也随之增加。移动终端病毒如手机病毒主要有三大危害：①损坏设备。手机中毒后会经常死机，电池耗电快，按键没响应。②经济损失。通过感染手机窃取话费、盗得数据，让用户遭受重大损失。③信息损失。手机上一般有很多用户的隐私信息，病毒不仅把这些信息外泄，而且还会进一步利用这些信息，有一种手机病毒能把用户的短信转发给其通讯录上的所有人。

移动终端的病毒查杀技术应具有针对移动平台病毒的特点，设计移动杀毒引擎，可以迅速准确地找出手机中的各类病毒，免除它们带来的数据丢失、硬件锁死等危害。应该具备即时扫描机制，除了传统的手动扫描机制外，还可以监控红外、蓝牙、GPRS 和电脑同步等各种数据交换途径，在数据交换时实时扫描，还可以对存储卡进行扫描，从源头上封锁各种病毒可能进入手机等移动终端的途径，并且达到和手机系统的完全整合，监控的同时完全不影响用户的正常工作。可以集成垃圾信息过滤系统，提供短信息和 WAP Push 信息的多种过滤方式，过滤规则完全由用户设置，垃圾信息过滤后放入垃圾箱中，在最大程度上避免误删除有用信息的可能。还应设置系统漏洞保护，对于有些手机平台存在漏洞的问题，在这些平台的版本中提供相应的保护，进一步完善手机的安全机制。

**（二）密码技术**

密码技术是信息安全技术中的核心技术，目前广泛应用于网络安全和电子商务安全之中。密码技术不仅能够保证机密信息的加密，而且能够完成数字签名、身份验证、系统安全等功能。根据密钥的特点，将密码体制分为对称密码体制和非对称密码体制两种。

1. 对称密码体制

对称密码体制中加密和解密采用相同的密钥。目前常用的对称加密算法有美国数据加密标准 DES、高级加密标准 AES 和欧洲数据加密标准 IDEA 等，其中 DES 是世界上使用最广泛的密码算法，但已经出现了很多 DES 在短时间内被破译的例子，需要有新的、有效的加密标准来代替。

对称密码体制的最大优势是加密解密速度快，适合于对大量数据进行加密。但是对称密码技术要求通信双方事先交换密钥，使得密钥的管理（密钥产生、分发、更换等）非常困难。

2. 非对称密码体制

针对对称密码体制的缺点，Diffie、Hellman 和 Merkle 于 1975 年提出公钥密码体制。非对称密码体制又称公钥或双密钥体制，公钥密码算法加密和解密采用不同的密钥。公钥码算法有以下重要特性：虽已知密码算法和公开密钥，但求解密钥在计算上是不可行的。非对称密码算法主要有 RSA、E1Gamal、PKCS、PGP、Rabin、McEliece 等。其中最常用的是 RSA 算法。

非对称密码体制的保密性比较好，机制灵活，消除了最终用户交换密钥的需要，解决了密钥的管理和发布的问题，是目前商业密码的核心。但是，非对称密码体制的加密和解密速度很慢、花费时间长，不适合对数据量大的文件进行加密，因此，通常采用对称密码和公钥密码的混合系统，将对称密码的高效性和公钥密码的功能方便地结合起来。由于移动终端和无线网络的特点对密码技术有了更高的要求，当前，椭圆曲线密码体制与其他公钥系统相比，其抗攻击性具有绝对优势，另外还有计算量小、处理速度快、存储空间占用小、带宽要求低等优点，其特性符合移动商务安全技术对于加密方面的相关需求，被认为是下一代密码体制发展的方向。

### （三）身份认证技术

身份验证是用户向系统出示自己身份证明的过程。身份认证是网络安全的第一道防线，也是最重要的一道防线。网络中的各种应用和计算机系统都需要通过身份认证来确认一个用户的合法性，然后确定这个用户的个人数据和特定权限。可见身份认证机制是安全系统中的基础设施，是最基本的安全服务。在安全信息系统中，身份认证服务主要可以提供以下功能：完整性、新鲜性、防抵赖、保密性。表 5-1 列举了几种流行的身份认证方式。

表 5-1　几种流行的身份认证方式

| 认证技术 | 使用要素 | 认证方式 | 举例 |
|---|---|---|---|
| 基于口令的认证 | What you know | 口令 | 用户名/密码，动态口令 |
| 基于物理设备的认证 | What you have | 物理设备 | IC 卡，加密狗等 |
| 基于生物特征的识别 | Who you are | 人体的生物特征 | 指纹，面部特征，手形，视网膜信息，虹膜信息等 |
| 基于加密技术的认证 | What you know | 密码学技术 | 共享密钥，数字签名 |
| 多因素的认证 | 多种结合 | 多种因素相结合 | 双因子认证，如 USB Key 等 |
| PKI 认证 | 公钥技术 | PKI 技术 | 数字签名，数字信封等 |
| 生物技术与智能卡相结合 | 多种结合 | 双因子 | 指纹与智能卡相结合 |
| 基于地址的认证 | Where you are | 地址认证协议 | IP 认证，端口认证 |

认证、授权与访问控制 3 个概念相结合而构成身份的概念。认证是指验证用户或设备所声称的身份是否有效的过程；授权是赋予用户、用户组特定系统访问权限的过程；访问控制指把来自系统资源的信息流限制到网络中被授权的人或系统。授权和访问大多数情况下都是在成功的认证之后进行。

目前针对移动商务身份认证的主要发展方向有：基于一次性动态口令的认证、基于生物特征的身份认证和基于数字证书的认证。除此之外，还有为了保证数据的网络安全采用的虚拟专用网络技术、避免用户隐私信息泄露的隐私保护技术、保护互联网中的信息、资源不受来自互联网中非法用户侵犯的防火墙技术无线网络接入控制技术以及针对手机病毒制定的病毒防范技术。上述只是列举了一些基本的安全技术，在下面的两节中，我们将详细介绍针对移动商务的安全技术和综合应用技术的方案。

# 第二节　移动商务中主要的安全技术介绍

除了上节介绍的几种基本移动商务安全技术外，还有一些针对移动商务特点的技术需要我们掌握，这些技术既是对原有技术的整合，也是与时俱进的创新，以使这些技术能够满足移动商务的安全需求。

## 一、无线公钥基础设施 WPKI

### （一）WPKI 简介

PKI（Public Key Infrastructure）即公开密钥体系，是利用公钥理论和技术建立的提供信息安全服务的基础设施，它是国际公认的互联网电子商务的安全认证机制，它是利用现代密码学中的公钥密码技术在开放的互联网络环境中提供数据加密以及数字签名服务的统一的技术框架。

WPKI（Wireless PKI）即"无线公开密钥基础设施"，是将互联网电子商务中 PKI 安全机制引入到无线网络环境中的一套遵循既定标准的密钥及证书管理平台体系，用它来管理在移动网络环境中使用的公开密钥和数字证书，以有效建立安全和值得信赖的无线网络环境。WPKI 并不是一个全新的 PKI 标准，它是传统的 PKI 技术应用于无线网络环境的优化扩展，它采用了优化的 ECC 椭圆曲线加密和压缩的 X.509 数字证书。在 WPKI 中同样采用证书管理公钥，通过第三方的可信任机构——认证中心（CA）验证用户的身份，从而实现信息的安全传输。

目前，WPKI 领域的主流体系有：WAP FORUM 制定的 WAP PKI；日本 NTT 的 I-Mode 的安全体系；美国 PALM 公司的安全体系；等等。这些组织的 WPKI 体系均具备自己完整的协议体系，并且已经在无线数据业务中得到实际的应用。国内的一些机构也正在着手于 WPKI 技术的研究和开发，并取得了一定程度的进展。

### （二）WPKI 安全体系总体架构

WPKI 系统的主要功能是为基于移动网络的各类移动终端用户以及移动数据服务提供商的业务系统提供基于 WPKI 体系的各种安全服务。其系统架构如图 5-2 所示。

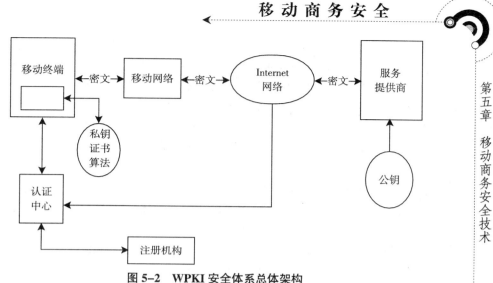

图 5-2　WPKI 安全体系总体架构

　　无线终端通过注册机构向认证中心申请数字证书，认证中心经过审核用户身份后签发数字证书给用户，用户将证书、私钥存放在 UIM 卡中，无线终端在无线网络上进行电子商务操作时利用数字证书以保证端到端的安全。服务提供商则通过验证用户证书确定用户身份，并提供给用户相应的服务，从而实现电子商务在无线网络上的安全运行。类似于 PKI 系统的建设，一个完整的 WPKI 系统必须具有权威证书签发机关、数字证书库、密钥备份及恢复系统、证书作废系统、应用接口五个基本构成部分，其构建也将围绕着这五大部分进行。

　　（1）证书签发机关。CA 即数字证书的申请及签发机关，CA 必须具备权威性。

　　（2）数字证书库。用于存储已签发的数字证书及公钥，用户可由此获得所需的其他用户的证书及公钥。

　　（3）密钥备份及恢复系统。为避免用户丢失解密数据的密钥，WPKI 提供备份与恢复密钥的机制。但密钥的备份与恢复必须由可信的机构来完成，而且密钥备份与恢复只能针对解密密钥，签名私钥为确保其唯一性而不能够作备份。

　　（4）证书作废系统。证书作废处理系统是 WPKI 的一个必备的组件。与日常生活的各种身份证件一样，证书有效期以内也可能需要作废，如密钥存储介质丢失或用户身份变更等。

　　（5）应用接口。一个完整的 WPKI 必须提供良好的应用接口系统，使各种各样的应用能够以安全、一致、可信的方式与 WPKI 交互，确保安全网络环境的完整性和易用性。

数字证书，又称"数字 ID"，是由认证中心发放并经认证中心数字签名的，包含公开密钥拥有者以及公开密钥相关信息的一种电子文件，可以用来证明数字证书持有者的真实身份。它采用公开密钥体制，即利用一对互相匹配的密钥进行加密、解密。当发送一份保密文件时，发送方使用接收方的公钥对数据加密，而接收方则使用自己的私钥解密，这样信息就可以安全无误地到达目的地了。通过使用数字证书，能够保证数据传输的真实性、机密性，数据的完整性，身份认证以及交易的不可抵赖性。

### （三）WPKI 的安全问题分析

WPKI 技术虽然有着广泛的应用前景，但在技术实现和应用方面仍然面临着一些问题：

（1）相对于有线终端，无线终端的资源有限，它处理能力低，存储能力低，需要尽量减少证书的数据长度和处理难度。

（2）无线网络和有线网络的通信模式不同，还需要考虑 WPKI 与标准 PKI 之间的互通性。

（3）无线信道资源短缺，带宽成本高，时延长，连接可靠性较低，因而技术实现上需要保证各项安全操作的速度，这是 WPKI 技术成功的关键之一。

（4）为了能够吸引更多的人利用 WPKI 技术从事移动商务等活动，必须提供方便、可靠和具备多种功能的移动设备，因此，必须改进移动终端的设计，以满足技术和应用的需要。

（5）就目前应用情况来看，WPKI 技术的应用更多地集中于获取信息、订票、炒股等个人应用，缺乏更多、更广泛、更具吸引力企业级的商务应用，这无疑会对 WPKI 技术和应用的发展起到一定的制约作用。

目前，国内外对 WPKI 技术的研究与应用正处于不断地探索之中，由于一些条件和因素的限制，WPKI 技术的进展相对缓慢，离真正的普及及应用可能还会有一段相当长的距离。

## 二、手机数字签名技术

### （一）手机签名技术简介

用户身份认证、不可重放交易、隐私保密是移动商务安全需求的重要内容，数字签名技术在这些方面中都有很好的应用。所谓"数字签名"就是通过某种密码运算生成一系列符号及代码组成电子密码进行签名，以代替书写签名或印章。数字签名是目前电子商务、电子政务中应用最普遍、技术最成熟、可操作性最强的一种电子签名方法。数字签名技术在移动设备上的应用对移动电子商务的安全起到了重要作用。

手机数字签名系统是以公钥密码及 PKI 技术为基础，能够实现身份认证、机密性、完整性保护以及不可否认性，包含信任管理、流程管理、计费管理、安全管理等组件的系统。主要包括用户注册模块、数字签名服务模块、应用接入网关、终端接入网关、终端客户端和认证中心 CA，如图 5-3 所示。

**图 5-3　手机数字签名系统**

## （二）移动设备实现数字签名的方案

### 1. 在 SIM 卡上实现签名

SIM 卡是移动通信的核心，它本身是多功能的卡，可以同时运行多个应用，其中大部分功能都可以实现数字签名。在 SIM 卡上实现数字签名首先应用于短消息服务，短消息能够让移动设备之间发送文字的或者图片的信息。这些发送的信息里包含一个"安全头部"，该头部包含了三个重要的元素：安全参数、密钥标志、数字签名。安全参数标明了所使用的加密操作种类；密钥标志标明了所使用的算法和密钥；数字签名是关于整个消息的一个签名信息。通过安全头部，实现了短消息服务的安全性。

无线身份模块 WIM 是一个重要的安全模块，它定义了如何存储和管理多种加密属性和参数，包括对称和非对称的密钥、可信第三方证书、个人身份码等。一个有 WIM 应用的 SIM 卡可以看做一个数字签名生成设备（SSCD），因为在卡中可以生成密钥对，而签名过程可以在 WIM 应用中完成。

### 2. 支持数字签名的手持设备操作系统

在手持设备上进行数字签名依赖于几种手持设备上的操作系统，例如移动 Windows 系统、Symbian 操作系统。

移动 Windows 系统是微软公司专为手持设备开发的操作系统，该操作系统主要应用于两类硬件平台：掌上电脑 PDA 和智能电话。其中的安全服务提供层，有多个加密服务提供模块，这些模块提供了加密、解密、认证等功能。应用层中的应用程序通过访问操作系统获得安全服务。操作系统访问安全服务提供层中的加密服务模块为应用程序提供签名等安全服务。

Symbian 操作系统是专为移动设备设计的操作系统，其源代码提供给多家移动设备生产商，如 Nokia、Sony Ericsson、Motorola 等。其最近的发行版本是 Symbian OS v 9.3。Symbian 操作系统的安全结构是以证书管理模块和密码模块为基础的。证书管理模块用于证书的存储和恢复、证书链的构造和合法化，密码模块则提供了公开和对称加密功能。

3. 独立的签名服务器方案

现在已经投入使用的很多移动设备本身并没有带数字签名功能的芯片或者软件，要使这些设备达到同样的安全性，可以使用签名服务器。

当应用服务器需要移动设备的签名时，会向签名服务器索要移动设备的签名。然后签名服务器向移动设备发送产生签名的请求，移动设备将能标识自身的消息认证码 MAC 发送给签名服务器，签名服务器得到 MAC 后相当于得到了授权，可以产生相应的签名发给应用服务器。

数字签名的出现使得安全的电子交易成为可能，在移动设备上进行数字签名使电子交易得以迅速发展。近年来，越来越多的实现移动签名的技术和安全基础设施被开发出来，然而该技术还没有完全成熟。首先，签名认证的过程在各个解决方案中仅仅是验证签名是否和签名者的证书相吻合，而证书的合法性没有得到确认，这个问题有待解决；其次，在基于 SIM 卡签名方案中，多种电子交易类型并未加以区分，这样就没有考虑不同安全级别。在今后的数字签名技术应用于移动设备时，应加强证书的认证工作，并合理制定交易安全级别，在加强技术开发的同时，也要注意相关管理流程的完善。

## 三、移动云计算

### （一）移动云计算简介

云计算的发展并不局限于 PC，随着移动互联网的蓬勃发展，基于手机等移动终端的云计算服务已经出现。云计算是计算机病毒查杀、移动身份认证等最强有力的计算工具。

移动云计算将应用的"计算"从终端转移到服务器端，从而弱化了对移动终端设备的处理需求。这样移动终端主要承担与用户交互的功能，复杂的运算交由云端（服务器端）处理，终端不需要强大的运算能力即可响应用户操作，并将结果展现给用户，从而实现丰富的应用。另外，移动云计算还降低了对网络的要求，比如，用户需要查看某个文件时，不需要将整个文件传送给用户，而只需根据需求发送用户需要查看的部分的内容。由于终端感知应用的具体实现，扩展应用变得更加容易，应用可以在强大的服务器端实现和部署，并以统一的方式（例如通过浏览器）在终端实现与用户的交互，因此为用户扩展更多的应用形式变得更为容易。

随着智能终端的日益普及和无线宽带的快速发展，"端"和"管"的能力与需求都在不断提高，这促使移动云计算向形式更加丰富、应用更加广泛、功能更加强大的方向演进，给移动互联网带来了巨大的发展空间。尽管由于存在种种障碍，移动云计算目前尚未成为移动互联网的主流服务，但是以上这些实例已经展现出云计算与移动互联网相结合后产生的广阔应用前景。云计算将能够更好地满足基于移动宽带的应用开发与业务定制需求，提升移动信息服务的内在价值，有助于移动运营商完成向综合信息服务提供商的转型。

（二）移动云计算应用于移动商务安全计算的优势

移动商务迅猛发展，促使各企业经营者必须及时收集大量的数据，并且将这些数据转换成有用的信息，为企业创造更多潜在的利润。利用功能强大的移动云计算技术可以有效地帮助企业分析从网上获取的大量数据，提取出有效信息，为用户提供动态的、个性化的高效率服务。从上述对云计算以及移动云计算的介绍中，我们可以很明确地得出将移动云计算应用于移动商务的优势，如大大降低移动商务网站建设中的软硬件成本、有利于实现商品和商业等信息资源的共享、减轻移动终端计算和存储压力，以及随时随地可以进行商业活动促进移动交易等。

对于移动商务的安全而言，采用移动云计算技术可以保证移动商务网站的数据安全。用户的手机等移动终端经常容易感染病毒，带来很多不便。企业的机房更是病毒的发源地，只要一台电脑感染病毒，所有的电脑都不可幸免。一旦感染上病毒，移动商务大多数的交易结果可能会丢失，重要数据甚至被毁坏。有些病毒甚至连杀毒软件都无能为力。云计算可以为企业移动商务网站提供可靠和安全的数据存储中心。云计算服务将数据储存在"云"端，由云计算服务提供商提供专业、高效和安全的数据存储。因此，移动商务网站使用云计算，有效地保证了商务网站的数据安全，网站无须再担心病毒和黑客的侵袭以及由硬件损坏所导致的数据丢失问题。

受限于体积和便携性的要求，手机的处理、运算和存储能力的提升都是有瓶颈的，这也是阻碍移动商务发展的瓶颈之一，但是云计算"轻视"终端的特性将为移动商务打开另外一扇门。利用远端"云"的高速处理能力，即使手机本身性能不高，但只要满足与远端"云"的输入、输出数据交换，便能够得到理想的结果，并且能够有效地保证数据的安全与快速更新。云计算的脚步已势不可当，它对移动商务将产生深远的影响，其在移动商务领域的特点和优势，还需要充足的时间在实践中进行验证。

## 四、基于 RFID 的非接触式移动支付技术

### （一）RFID 技术简介

RFID 技术是 20 世纪 90 年代兴起的一项自动识别技术。它通过磁场或电磁场，利用无线射频方式进行非接触双向通信，以达到识别目的并交换数据，可识别高速运动物体，并可同时识别多个目标，同时识别工作无须人工干预，可工作于各种恶劣环境。一套完整的 RFID 系统由阅读器、电子标签及应用软件系统三部分组成。其工作原理为：阅读器发射特定频率的无线电波能量给应答器，用以驱动应答器电路将内部的数据送出，此时阅读器便依序接收解读数据，送给应用程序做相应的处理。阅读器根据使用的结构和技术不同可以是读或读/写装置，是 RFID 系统的信息控制和处理中心。阅读器与应答器之间一般采用半双工通信方式进行信息交换，同时阅读器通过耦合给无源应答器提供能量和时序。RFID 的工作原理如图 5-4 所示。

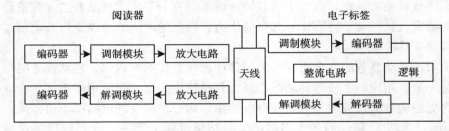

**图 5-4 RFID 工作原理**

RFID 作为一种快速、实时、准确采集及处理信息的高新技术，是非接触式移动支付应用中的关键技术，能广泛用于生产、物流、交通、运输、医疗、跟踪、设备和资产管理等需要收集和处理数据的应用领域。另外，RFID 也是物联网的核心技术，RFID 的应用正处于从闭环市场到开环市场的过程，类似互联网初期的局域网到互联网的过程。

### （二）基于 RFID 的三种非接触式移动支付技术

在非接触式移动支付技术领域，通常是 RFID 卡与其他卡或设备的物理集成。而与手机集成的 RFID 技术主要包括 NFC（近距离通信）、SIMpass 和 RF-SIM。这三种技术能与移动通信技术及移动业务有机集成，为客户提供更多的便利性，也是我国三大移动运营商试点的主要技术。因此，将 NFC、SIMpass 和 RF-SIM 三种技术作为研究重点。

1. NFC 技术

NFC 是由菲利浦公司发起，由诺基亚、索尼等著名厂商联合推广的一项

无线技术。NFC 由 RFID 及互联互通技术整合演变而来，在单一芯片上结合感应式读卡器、感应式卡片和点对点的功能，能在短距离内与兼容设备进行识别和数据交换。

NFC 有三种工作模式：

（1）卡模式：用于非接触移动支付（如商场、交通等应用），用户只需将手机靠近读卡器，然后输入密码确认交易或者直接接受交易即可，如门禁管制、车票、门票等。另外，卡片通过非接触读卡器的 RF（射频）域来供电，即便是手机没电也可以工作。

（2）点对点通信模式：实现无线数据交换，将两个具备 NFC 功能的设备链接，能实现数据点对点传输，如下载音乐、交换图片、同步设备地址簿。

（3）读卡器模式：作为非接触读卡器使用，如从海报或者展览信息电子标签上读取相关信息。

使用 NFC 手机进行移动支付有一个很大的缺点，那就是硬件更换成本高。用户要享用方便、快捷的移动支付必须拥有一部 NFC 手机，商家则必须配备相应的结算终端。

2. SIMpass 技术

SIMpass 是由国内厂商握奇开发的，SIMpass 是一张双界面的多功能应用智能卡，具有非接触和接触两个界面，通过 SIM 卡的升级并加装天线实现。接触界面上可以实现 SIM 卡应用，完成手机卡的通信功能，非接触界面可以同时支持各种非接触应用。手机开机时，SIMpass 可以很好地支持非接触应用与电信应用同时工作，即在拨打、接听电话的同时可以进行非接触交易。而在手机关机以及手机电池没电的情况下，SIMpass 就像一张普通的非接触卡一样，也可以正常工作。

SIMpass 运行于手机内，解决了非接触界面工作所需的射频天线的布置问题。握奇设计了两种方案：

（1）定制手机方案。通过改造手机电池或主板，将天线布置在电池或主板上，并在主板上设计天线与卡片上的天线触点的连接通路。该方案使非接触应用与手机融为一体，工作稳定可靠。缺点是需要设计专用的手机，用户若想使用手机支付就需要更换手机，使应用推广的成本增高，并可能阻碍手机支付系统的应用。

（2）低成本的天线组件方案。无须改造手机，将天线与 SIMpass 直接连接，为 SIMpass 提供射频信号。该方案具有天线组件成本低廉，用户不需要更换手机的优势，有利于 SIMpass 的应用推广。

SIMpass 支持一卡多用，拥有独立的安全策略及文件系统。SIMpass 使用灵活，可使用 SIM 卡提供的 OTA（空中下载）功能进行卡端应用的更新。支持 DES（数据加密算法）、RSA（公钥加密算法）等安全算法，可根据应用需要建立相应的安全体系。

SIMpass 主要有两个缺点：硬件需要更换或改造，用户必须拥有能支持 SIMpass 的手机终端，需更换手机或对手机进行改造，如增加天线；SIMpass 方案占用了 C4 和 C8 接口，这两个接口是用于高速数据下载的，肯定会对未来的高速空中下载应用造成重大影响。

3. RF-SIM 技术

RF-SIM 是直通电信公司开发的一项技术，其原理是通过在 SIM 卡中内置近距离识别芯片，并能利用 SIM 卡上的 CPU 进行运算，扩展了传统手机 SIM 卡的功能。不同于工作频率为 13.56 MHz 的 SIMpass 和 NFC，RF-SIM 的工作频率为 2.4 GHz。它的最大特点是不需更换手机，现有手机换一张智能卡后就成了类 NFC 手机。RF-SIM 的组件分工为：SIM 卡部分用于正常的手机移动通信、鉴权，仅用作与手机的物理连接；使用微型 RF 模块并通过内置的天线与外部设备通信；内置软件用于管理高安全度的 RF-ID、内置电子信用卡、EMV（智能卡金融支付应用）电子钱包。

RF-SIM 主要特性如下：使用 2.4 GHz 频段，自动选频；支持自动感应和主动出发连接两种通信方法；双向通信距离 10~500cm，可以根据应用调整；数据空中传输自动 TDES（三重数据加密标准）加密，防窃听数据，刷卡时双向认证。

RF-SIM 是单 SIM 卡的解决方案，即只要换卡，无须更换或改造手机，符合运营商思路。但也存在以下缺点：没有成熟的标准，厂家支持少；高频通信，速度快，但刷卡 POS 机需进行功率控制；对用户来讲，卡不能主动控制安全距离，安全性降低；市场不成熟，现有 POS 机改造难度大。

三种主流非接触式移动支付技术的性能比较如表 5-2 所示：

表 5-2 三种主流非接触式移动支付技术性能比较

| 技术（方案） | 支持模式 | 安全性 | 终端要求 | 频率 | 兼容性 | 成本 | 举例 |
|---|---|---|---|---|---|---|---|
| NFC | 支持三种模式 | 改造手机 | 更换手机 | 13.56 MHz | 兼容性强 | 高 | 联通、银联 |
| SIMpass | | | 改造手机 | | | 较高 | 移动曾试点 |
| RF-SIM | 仅卡模式 | 有安全隐患 | 更换 SIM 卡 | 2.4G Hz | POS 机改造难度大 | 低 | 移动主推 |

# 第三节 移动商务安全技术综合应用模式

在第二节中，我们探讨了几种目前应用广泛的移动商务安全技术，开展移动商务有多种模式，这些模式综合运用了各种技术来保障商务有效并且安全的进行。下面主要介绍四种移动商务安全技术综合应用的模式：基于 WAP 模式的移动商务安全保障方案、基于智能卡模式的移动商务安全保障方案、基于 SMS 模式的移动商务安全保障方案和基于 J2ME 模式的移动商务安全保障方案，并分析它们的安全机制和安全技术的应用情况。

## 一、基于 WAP 模式的移动商务安全保障方案

### （一）基于 WAP 模式的移动商务架构简介

WAP 是无线应用协议，该协议是用来标准化无线通信设备，可用于 Internet 访问，通过 WAP，手机可以随时随地、方便快捷地接入互联网，真正实现不受时间和地域约束的移动电子商务。在基于 WAP 的移动电子商务中，移动终端的作用仅限于充当 WAP 浏览器，而真正的内容与业务都是在服务器端实现的。这种解决方案属于典型的"瘦客户端"解决方案。正是由于业务的实现与客户端的关系并不大，使得这种结构独立于厂商与网络标准，并且相当开放。由于这种解决方案与基于 Web 的解决方案很类似，所以与基于 Web 的系统一样，它总是从服务器上下载 WML 网页。在这种方式下，用户所接受的服务总是最新版本。

至今，WAP 共有 4 个版本，WAP 1.0、WAP 1.1、WAP 1.2 和 WAP 2.0。WAP 1.X 提供 WTLS 实现传输层数据的机密性、完整性和通信双方的身份认证。但由于在 WAP 1.X 体系中，移动网络和 IP 网络之间存在用于协议转换的WAP 网关，使得数据在 WAP 网关上被解密，不能得到有效的保护，因此 WAP 1.X 体系不能完全提供端到端的安全和身份认证。

### （二）WAP 模式的安全改进措施

WAP 2.0 之前的协议版本在安全机制方面有明显的缺陷，存在只能支持连接和数据报协议（UDP）、通信往返时间过长（长达 10 秒）、密钥刷新是静态的以及带宽和存储空间较低等不足，这些在最新的 WAP 2.0 都得到了较大的改进，提出了无线传输层安全（WTLS）以加强通信的安全。WAP 2.0 全面支持 XHTML、TCP/IP、超文本传输协议（HTTP/1.1）和传输层安全（TLS），WAP

2.0 提出了 WPKI 和 WAP 数字证书，为无线应用客户的证书请求和使用提供了标准规范。在传输层引入了无线型 TCP/IP 协议，实现在 IP 网络上传输数据的能力，使得 WAP 设备可以直接在传输层之上使用 TLS 协议。这样，WAP 网关只需要进行无线型 TCP 与 TCP 之间的转换，而 TLS 层的数据则可以保持，形成 TLS 隧道，实现了比点对点更可靠的端到端的安全，结合有线网络的安全措施，使得移动商务、移动银行应用和相关服务的提供变得更加安全可靠。

WAP 2.0 使用 TLS 实现端到端的安全，而 SSL/TSL 协议原本是为有线互联网领域设计的。因此在很多情况下，这种方式会表现得不足，主要体现在三方面：作为一种点对点协议，SSL 不能很好地支持多播应用程序，而对等点组和基于订阅的多播应用程序将是智能无线应用程序的主要模型；SSL 是一种保护主机间直接连接的点对点协议，不能很好地处理端到端安全性解决方案的需求；SSL 用同一密钥强度加密所有数据，对某些应用程序而言，这是不必要甚至是不合要求的。

## 二、基于智能卡模式的移动商务安全保障方案

智能卡将是移动商务中用于验证的标准形式，它提供了一条克服不同网络技术的途径。利用智能卡内置的加密算法和数字签名等安全技术，对移动终端发送的信息进行加密和签名，从而提供商务的安全，当前具有代表性的智能卡是 STK 卡和 WIM 卡。

### （一）基于 STK 卡的移动安全方案

STK 是英文 SIM TOOL KIT 的缩写，简称"用户识别应用发展工具"，是一种以 SIM 卡（基于智能卡的用户身份识别模块）为核心的应用技术，仅用于 GSM、SMS 和 USSD 传输，它可以理解为一组开发增值业务的命令，是一种小型编程语言，应用均由 SIM 卡执行。

STK 卡是新一代的智能卡，具有很高的存储量。基于 STK 卡的企业移动商务安全解决方案基本思想：通过手机的 SIM 卡上的加解密程序和数字签名程序，对要发送的短信息加密和签名，对接收的信息解密和验证签名。实际应用中，用户使用支持 STK 的手机，通过特定的菜单选项，手机将用户输入的信息转化为一条短信息并转发给移动短信息中心，移动短信息中心将该信息转发至商家。商家经过处理后，将回应信息以相反的路径转发给手机用户。

目前在 STK 卡上可以支持对称加密算法、公钥加密算法和移动 PKI。利用 STK 技术可以为用户提供比较友好的操作界面，并且能够对要传输的数据进行加密，为移动商务中的手机银行、股票交易、外汇买卖、理财秘书等应用提供

较为可靠的安全手段。移动新业务"手机银行"、"股票查询与交易"等就是使用该项技术。

但是 STK 的移动商务安全也存在许多不足,如:

(1)基于 STK 卡的移动商务都是以短信息为传输方式的,而短信息采用的是存储转发机制,信息延时比较大,不符合移动商务的实时性的特征。

(2)基于 STK 卡的移动商务一般都是采用将密钥或证书固化在 SIM 卡上,缺乏有效的密钥管理和更新机制。虽然目前可以采用 OTA 技术实现密钥或证书的下载,但是由于短信息 140 字节的限制,实现起来还是比较困难的。

### (二)基于 WIM 卡的移动安全解决方案

WAP 身份模块(WIM)是一种增强了加密功能的智能卡,它能在无线传输层和应用层实施安全保护措施,实现对 WAP 业务受到保护的接入,是一个比较完整的移动交易解决方案。WIM 卡能与附加的安全功能结合,如电子签名和 SET(安全电子交易),为交易信息加密,并为持卡人和商家双方提供数字化证明。WAP 为不同网络标准如 GSM、TDMA、CDMA 以及 PDC 上的装置提供了独特的共用协议。

WIM 的应用主要有三种方式。首先,它可以存在于 SIM 卡中,用户的使用方法和 STK 卡相似;其次,根据不同无线服务的需要,独立成为一个 WIM 卡;最后,它可以作为一个模块附加到各种智能卡中,例如,银行的信用卡,这时需要具有双槽的移动电话才能支持。目前已经有支持第一种、第二种方式的移动交易服务,第三种方式需要网络和终端的支持,是未来发展的方向。

基于 WIM 卡的移动商务安全解决方案能为 WAP 提供端对端的安全,WIM 卡不单具有 SIM 卡的所有功能,还支持 WAP 上电子商务的公私密钥的认证加密功能。但它也存在许多不足:跟 STK 卡一样,基于 WIM 卡的移动商务一般都是采用将密钥或证书固化在 WIM 卡上,缺乏有效的密钥管理和更新机制;仍然不是端到端的技术解决方案,安全间隙仍然会存在;WIM 卡是一种新兴的技术,缺乏成功的应用案例,没有人愿意冒这样的风险来检验这个技术的好坏;虽解决了信息加密传输的问题,但是仍然没有解决恶意重复攻击的可能性。

## 三、基于 SMS 模式的移动商务安全保障方案

### (一)SMS 简介

短消息业务(Short Message Service,SMS)是在数字蜂窝终端上发送或接收长达 140 字节的字符消息。它可以在移动终端设备关机或超出覆盖范围之外时依然保证消息的传递。GSM 网络中的短消息服务中心(Short Message Service

Center，SMSC）可以保留这些消息，在终端重新可用时立即传送该消息。短消息业务支持低速的全球漫游，因此它非常适用于 E-mail、话音信件以及多用户的消息业务。

SMS 数据包是通过 7 号信令信道传送，因此具有 SMS 功能的 GSM 手机可以在任何时候发送或接收短消息的传输协议数据单元（Transport Protocol Data Unit，TPDU），无论语音或数据通信是否正在进行。每个 GSM 网络必须支持一个或多个 SMSC 来对 SMS 进行分类和路由安排。每个 SMSC 对 SMS 进行鉴别、组织并发送至运营者，将确认信息返还给 GSM 手机。

SMS 属于 GSM 第一阶段标准，但目前已经被集成到很多网络标准中。一般的移动网络（如 GSM、CDMA、TDMA、PHS、PDC 等）都支持 SMS，这更使 SMS 所向披靡，成为一项非常普及的移动数据业务。GSM 标准中定义的点到点短消息服务使短消息能够在移动台和短消息服务中心之间传递。目前，手机短信的主要应用包括交互式信息、短消息游戏、信息定制、小型办公等，适用范围涉及办公自动化、商业、服务行业中的产品推销和用户咨询服务、电信信息服务、电话银行以及居家办公等。

**（二）SMS 的优势及局限性**

短信具有以下优点：低廉的价格易被广泛接受；使用方便，界面非常友好，很容易获得这一服务；以客户为中心，以市场为导向；单向的、简单的（按条的）计费模式；消费者选择余地大，各大网站均提供此服务；与普通移动电话语音业务相比，在收费模式、收费价格上短信都有优势。绝大部分的终端，如手机、PDA、电话都支持短信服务；短信传递信息及时、快捷，随时随地沟通无限制；短信形式多样，内容丰富，包括政治、经济、文化、体育等信息。

虽然短消息服务 SMS 发展很快而且应用范围比较广泛，但还是存在一定的局限性，还有待改进。首先，消息长度有限制，SMS 消息长度不得超过 160 个字符（这是 GSM 中的 MAP 协议规范所导致的），如果发送的电子邮件或新闻等服务信息太长，则需要拆分成多个消息分段，分段的结果就会使得 SMS 较其他同类服务的成本要高。其次，数据传输速率低，等待时间长。与 GPRS 相比，SMS 提供数据传输速率低，且等待时间长，主要是因为 SMS 使用的是速度很慢的信令信道，在 GSM 网络中，信令信道还要干很多其他事情。另外，用手机发送短消息的输入过程比较浪费时间，尤其是当字数超过 10 个时感觉更明显。有些厂商在手机上实现了预测文本输入算法，还有些公司正在开发手机语音识别系统以及其他键盘，这些工作将大大减少用户的击键次数，改善短信息输入方面存在的问题。

## 四、基于 J2ME 模式的移动商务安全保障方案

### （一）J2ME 简介

J2ME 是为了支持如 PDA、手机等小型的嵌入式或移动设备而推出的一系列技术和规范的总称。J2ME 规定了 Configuration 的概念，Configuration 对不同级别的硬件在所使用的 JVM 和基础 API 集合方面做了规定。于是，对于高端设备，采用 CDC（Connected Device Configuration），所使用的 JVM 称为 CVM；对于低端设备，则采用 CLDC（Connected Limited Device Configuration），所用的 JVM 称为 KVM。在 Configuration 的基础上，又提出了 Profile 的概念。Profile 规定的内容，是针对某一类设备所制定的规范和 API，其中移动信息设备 Profile 或 MIDP 是以 CLDC 为基础并针对移动设备所定义的。J2ME 为移动商务提供了一种专用于智能应用程序的开发平台。在 MIDP 上开发的无线应用程序 MIDLet 能在移动终端上运行，为用户提供灵活完善的商务功能。

### （二）基于 J2ME 模式的移动商务安全架构

在基于 J2ME 模式的移动电子商务中，客户端运行 J2ME 程序时需要分担一定的业务功能，这与 WAP 方案比较，属于"胖客户端"。移动客户端可使用 HTTP 协议进行通信，客户端通过 Http Connection 对象将信息以 XML 格式传送给服务器，服务器处理后将结果以 XML 格式传回显示。基于 J2ME 的移动商务结构如图 5-5 所示：

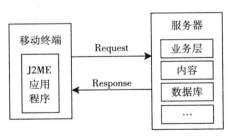

**图 5-5 基于 J2ME 的移动商务结构**

基于 J2ME 的安全解决方案的基本思想：通过运行在移动终端的 J2ME 程序对要传输的数据进行加密，并提供移动终端与服务器之间的身份认证。移动终端和服务器端之间直接通过 HTTP 协议传输加密后的敏感信息。考虑到移动终端的性能特点，方案采用对称加密机制对用户敏感数据的加密。密钥管理采用为每一个用户会话随机产生相应密钥的方式，具体过程：每当一个用户会话产生，服务器为这个会话生成一对会话密钥并存储在密钥库中，然后将会话密钥对加密后发送到移动终端，所用的 128 位加密密钥是将用户的 64 位个人口

139

令填补上 64 位用户与服务器的共享密钥后得到。

基于 J2ME 的安全解决方案是通过直接对应用层的数据加密来实现移动应用的端到端的安全，而不考虑底层的传输协议，实现了端到端的安全。J2ME 的安全解决方案具有以下优势：采用纯 JAVA 技术，兼容性好；相比 STK 技术，功能更加强大，可以支持更多、灵活的移动商务应用和更高强度的安全算法；提供了端到端的安全，不依赖于传输网络。

然而该方案也存在很多不足：方案只采用了对称加密技术而没有使用非对称加密技术，也没有结合公钥证书体系，因此，在密钥管理和身份认证方面很难实现有效的管理；对信息传输的格式使用自定义的格式，不利于不同系统的协调，违背了移动商务协调性的特点。

**（三）J2ME 与 WAP 方案的比较**

与基于 WAP 的移动商务模式比较，J2ME 模式有着明显的优势。由于中间没有 WAP 网关，J2ME 应用程序能够提供从后端到无线设备的可伸缩的端到端安全性。J2ME 应用程序能够在本地存储和处理数据，因此减少了网络流量。J2ME 应用程序有效地利用了设备处理能力。"胖客户端"可以根据内容建立全面分级的安全性策略，而不是无论是否需要都以相同的密钥强度加密所有的内容。

因为基于 WAP 的服务是随时更新的，能保证获得的服务肯定是最新的，所以它的实时性更强一些，很适合实时传送日常的生活和工作信息。类似的应用是面向浏览器的，用 B/S 模式来实现比较合适。同时 WAP 也能很好地提供 Push 服务，这也决定了其能提供比较好的移动广告及促销服务。对于基于 J2ME 的服务而言，由于其客户端的功能比较强大，更适合于业务模式计较固定的服务，如移动金融服务等；另外因其具有访问本地存储空间的能力，所以也比较适合于企业内部与企业之间的无线商务办公活动；需要智能处理的应用，比如收发 E-mail、股票信息等，就更适合用 J2ME。总的来说，这些业务是不矛盾的，是面向不同领域的解决方案，更近乎于互补。

# 第四节　移动商务安全技术的发展趋势

随着移动通信技术以及 3G 和 4G 通信技术的不断深入发展，将会允许用户有持续的网络连接能力，而不是只在有需要的时候才连接上无线互联网。这样的能力固然会给移动商务带来新的应用前景，同时也增加了在无线环境下进行移动商务的安全威胁。为了保障各种移动商务的安全进行，支持新移动商务形式的发展，对移动商务的安全技术提出了更高的要求。

## 一、典型的移动商务安全解决方案

国外对于移动电子商务安全技术的研究较我国早，目前已经有很多完整的移动商务解决方案被广泛使用。爱立信公司的 Mobile e-Pay 解决方案是具有竞争优势的移动商务解决方案之一，其中的端到端安全解决方案具有很大的借鉴意义。

### （一）Mobile e-Pay 的总体架构

作为移动电子商务标准的制定者之一，爱立信公司针对移动电子商务的未来发展开发了 Mobile e-Pay 解决方案。该方案将移动通信网络、Internet、在线支付和安全技术有机地结合起来，为移动电子商务提供了一个完整的解决方案。Mobile e-Pay 方案包括用于访问移动网络和 Internet（通过 WAP 或 SMS 通信）的功能以及与安全和支付相关的其他功能。图 5-6 为 Mobile e-Pay 的网络结构示意图。

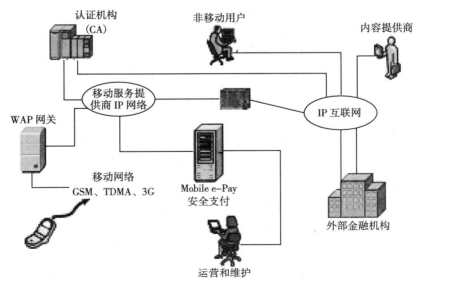

图 5-6 Mobile e-Pay 网络结构

### （二）Mobile e-Pay 的安全解决方案

Mobile e-Pay 是移动电子商务的一个整体解决方案，包括访问、支付和安全三大模块功能。Mobile e-Pay 的安全功能集成了 MAC（信息认证码）、DES

等加密算法，提供了能够满足不同安全级别要求的灵活的安全特性包。Mobile e-Pay 支持两种形式的安全：双区（Two-zone）安全和端到端安全。

　　Mobile e-Pay 系统的端到端安全是指由使用用户的个人识别号（PIN）来验证银行交易所必需的认证和数据完整性，PIN 是用来验证数字签名的产生过程的。每个认证是唯一的，并且它不依赖于中间的网络功能。端到端安全利用了 SAT（SIM 应用工具包）应用，这个 SAT 应用可以在移动电话上产生数字签名并且将其发送给内容提供商。

　　双区安全包括移动终端和 Mobile e-Pay 之间的通信安全（Zone1 安全）以及 Mobile e-Pay 和内容提供商之间的通信安全（Zone2 安全）。Mobile e-Pay 使用 PIN 来验证端用户的身份，使用电话号码和 PIN 一起来解密专用密钥并且确定执行哪一种安全算法。这样 Mobile e-Pay 就可以在代理中签名数字合同。然后再将合同和签名传输给内容提供商。双区安全要求 Mobile e-Pay 系统必须驻留在一个可信和安全的环境中（见图 5-7）。

图 5-7　双区安全与端到端安全

　　Mobile e-Pay 可以使用 SSL 与内容提供商通信，SSL 可以保证 Mobile e-Pay 和内容提供商之间的安全，这样交易的内容即使在数据包被截获时也不容易被读出来。然而，既然无线传输层安全（WTLS）终止了 WAP 网关中的端到端安全方案，移动终端和 Mobile e-Pay 之间的通信安全就依赖于移动网络本身。

　　1. PIN 安全

　　PIN 安全是最简单的认证方法。系统将合同提交给用户并且要求其输入一个秘密 PIN，然后这个 PIN 将返回给 Mobile e-Pay。Mobile e-Pay 再通过验证移动站（终端）集成化服务数字号码（MSISDN）对端用户进行认证。Mobile e-Pay 使用 SSL 来验证交易各方的身份并且对 Mobile e-Pay 节点和与之相连的 Internet 节点之间的连接进行加密。GSM 网络是使用原生网络安全来认证端用户身份的，而这个方案通过使用用户口令字（一个特定的移动电子商务 PIN）进行了改进，它使用户正确输入口令字以后能够完成交易。

　　2. PKI 安全

　　PKI 是一个应用独立的安全基础设施，它是基于可以保证数据完整性、私密性、认证和不可否认的公开密钥密码的。PKI 负责管理和分发密钥和数字认证。Mobile e-Pay 使用 PKI/RSA 数字签名来签订合同，以保证电子交易的安全。数字签名在端用户输入 PIN 进行购物后实时激发，这个特性并不需要 SIM 应用工具包（SAT）的支持。在从 WAP 1.1 终端和 SMS 中接收和签订合同时这个特性是非常有用的。

3. 端到端 3DES SAT 安全

移动端用户可以使用支持 SAT 的移动电话来进行数字合同的授权。在 WAP 1.1/SAT 电话中，这意味着可以使用信息认证码（MAC）来验证端用户是否同意进行交易。3DES 密钥存储在 SAT 应用中。任何 SAT 电话（包括非 WAP 电话）都可以用来完成由另一个终端启动的支付。

4. 端到端 WPKI SAT 安全

端用户可以使用支持 SAT 的移动电话签订数字合同。Mobile e-Pay 支持 RSA 不对称密钥。专用密钥存储在 SIM 卡中，它允许使用真正的端到端 RSA 密钥。

### （三）国外先进技术的启示

在 Mobile e-Pay 的安全解决方案中，其端到端的安全技术对我国有很大的启示作用。从图 5-7 中我们可以看到，Mobile e-Pay 的安全模块由三部分组成，即移动终端、Mobile e-Pay 支付网关和内容提供商，相应的传输过程中信息安全包括由移动终端到支付网关的无线网络安全和由支付网关到内容提供商的有线网络安全。Mobile e-Pay 的安全思想注重于信息在传输过程中的安全"不依赖于中间的网络功能"，也就是说基于数字签名的认证过程是由移动终端和内容提供商二者直接交互共同完成，而不依赖于 Mobile e-Pay 支付网关的作用。爱立信公司的端到端安全解决方案为我国乃至世界移动电子商务的安全研究提供了重要的参考价值。

## 二、移动商务安全技术总体发展趋势

在前文中，我们介绍了应用于移动商务的一些具有代表性的安全技术。随着用户需求以及商务环境的变化，移动商务的应用范围将越来越广，对于移动商务的安全需求也将越来越高。这样，移动商务安全技术就需要不断创新、发展来保障移动商务的安全进行。下面我们总结移动商务安全技术的四个发展趋势。

### （一）适用性

由于无线网络传输媒体的开放性、无线终端的移动性和网络拓扑结构的动态性以及无线终端计算能力和存储能力的局限性，使有线网络环境下的许多安全方案和技术无法直接应用于无线网络环境。另外，市场上的大部分移动终端存在许多局限性，负责处理交易的无线移动设备配备低端的处理器、小容量的内存，无法像个人电脑一样处理大量的交易信息和高复杂度的运算。因此，互联网电子商务的安全交易机制难以在移动网络环境中实现。

综上所述，减少移动终端的处理和存储负担，降低交易信息的传输量和保障交易安全是移动商务研究中急需解决的问题。也就是说，采用的移动商务安全技术要具有适用性，能够适用于无线网络环境带宽小、移动终端运算能力差及内存小等特点。因此，迫切需要适用于移动环境的安全理论和安全技术的创新与发展。

**（二）标准化**

为了更好地为移动用户提供优质的服务，提高移动商务的安全性和效率，不同厂商、不同国家和地区都相继推出了自己的产品。但出于各地习惯、战略不同等因素，有些产品应用技术支持的标准，如证书格式及接口规范等会有所不同，这对于产品的互联互通、互操作以及未来的升级改造都制造了障碍。因此，各方在研制移动商务安全解决技术及产品时，应考虑技术标准的问题。

**（三）国际化**

随着移动商务的深入发展和中国加入世界贸易组织，中国经济与世界经济的联系越来越紧密，为满足移动商务的国际化需求，必然要求国内的 CA 中心与国际性的 CA 公司进行交叉认证。特别是随着逐步和估计认证机构的接轨，目前具有浓厚政府色彩的 CA 中心将逐步从政府中剥离出来，采取商业化运作。

**（四）整合化**

移动商务尚处在初期发展阶段，很多安全方案没有统一的规范指导，如目前国内建设的多个 CA 中心，几乎都有明显的区域特征和探索性质，规模较小，而且重复，不同认证中心之间难以互认，不能满足社会化服务的要求，更不能适应国际化趋势的要求。这不仅浪费了很多资源，也不利于安全方案的开展。因此，在以后的技术发展过程中，应注重资源的整合以及规范。

总而言之，移动商务的安全技术还需要不断地摸索与实践才能很好地满足移动商务的安全需求。

 **本章案例**

### 国富安 WPKI：移动支付的安全保障撒手锏

WPKI 的概念早已被大家所熟知。2007 年 6 月，国内第一个非接触式手机钱包业务——"长江掌中行"在重庆正式商用，揭开了移动支付的新篇章。尽

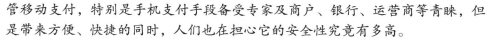

管移动支付，特别是手机支付手段备受专家及商户、银行、运营商等青睐，但是带来方便、快捷的同时，人们也在担心它的安全性究竟有多高。

国富安公司信息安全专家指出，有关资料显示，国内 40%的消费者对移动支付的安全性缺乏信任，只有低于 15%的手机用户完全信任移动支付，而 65%的手机用户拒绝通过移动网络发送自己的信用卡资料。就此，国富安信息安全专家认为，"安全问题将成为制约移动应用发展的主要因素之一"。除了担心支付安全问题，担心个人资料泄露也是很多用户的共识。

要想保证移动支付的安全性，作为移动支付的重要安全保证，数字证书的存储方式尤为重要。国富安专家介绍道，要想保证移动支付的安全性，作为移动支付的重要安全保证，数字证书的存储方式尤为重要，SIM 卡贴片将成为最安全的存储方式之一。确实，与计算机相比，手机内存小、可利用的资源少、功能简单，但这种"与生俱来的缺陷"竟成为手机天然具备的抗病毒的强大免疫力，而且手机的私人性使得不法分子获取个人账户和密码资料的可能性大大降低，如此一来，网银大盗往往难以对手机支付用户下手。在很大程度上，手机支付的安全性大于网上支付的安全性。

WPKI（Wireless PKI）是有线 PKI 的一种扩展，它将互联网电子商务中 PKI 的安全机制引入移动电子商务中。WPKI 采用公钥基础设施、证书管理策略、软件和硬件等技术，有效地建立了安全和值得信赖的无线网络通信环境。

最后，国富安专家通过一组数据解释了为什么 WPKI 技术能有效地保障移动支付的安全性：WPKI 是通过管理实体间关系、密钥和证书来增强电子商务安全的，WPKI 所采用的 ECC 密码系统的密钥长度（163b）对穷举密钥攻击几乎是绝对安全的，因为穷举 163bit 的密钥个数有 $1.156×1049$ 个，按每秒钟测试 1 亿个密钥计算，破解密钥也要 $3.6×1032$ 年！

国富安公司作为国内最早接触 WPKI 技术的厂商之一，将互联网电子商务中 PKI/CA 安全机制引入移动商务中，从而保障一个安全、可靠的移动网络环境。国富安专家提醒，移动支付带来便捷的同时，切莫遗忘"安全"前提。

资料来源：子鉄. 国富安 WPKI：移动支付的安全保障撒手锏 [OL]. 赛迪网，http://www.ccidnet.com，2011–08–25.

**问题讨论：**

1. WPKI 技术对移动商务的安全起到了什么作用？

2. 移动支付主要有哪些安全方案，它们分别具有什么优点和缺点？

## 本章小结

提升移动商务的技术防范能力，是提高移动商务安全性的关键和核心环节。因为移动安全技术在移动商务中守护着商家和客户的重要机密，维护着商务系统的信誉和财产，同时为服务方和被服务方提供极大的方便。另外，随着移动商务的进一步发展，对移动商务的安全性要求也越来越高，这将成为普及移动电子商务的一大障碍。因此，只有采取了必要和恰当的技术手段才能提高移动商务的可用性和可推广性。

本章首先介绍了移动商务技术体系结构和基本移动商务安全技术：密码和身份认证技术。除此之外，还有一些针对移动商务特点的技术需要我们掌握，这些技术既是对原有技术的整合，也在此基础上有所创新，使这些技术能够满足移动商务的安全需求。本章重点介绍了 WPKI 技术、手机数字签名技术、移动云计算技术以及基于 RFID 的移动支付技术。

开展移动商务有多种模式，这些模式综合运用各种技术来保障商务有效并且安全的进行，四种移动商务模式分别为：基于 WAP 模式的移动商务安全保障方案、基于智能卡模式的移动商务安全保障方案、基于 SMS 模式的移动商务安全保障方案和基于 J2ME 模式的移动商务安全保障方案，在学习时，要注意比较它们的适用场景以及特点。

随着移动通信技术以及 3G 和 4G 通信技术的不断深入发展，将会允许用户有持续的网络连接能力，而不是只在有需要的时候才连接上无线互联网。这样的能力固然会给移动商务带来新的应用前景，同时也增加了在无线环境下进行移动商务的安全威胁。为了保障各种移动商务的安全进行，支持新移动商务形式的发展，对移动商务的安全技术提出了更高的要求。本章在最后探讨了典型移动商务安全解决方案和移动商务安全技术的总体发展趋势。

## 本章复习题

1. 移动商务的安全技术具有哪些特点？简述移动商务安全技术体系结构。
2. WPKI 与 PKI 相比有什么特点，它都采用了什么安全措施？
3. WPKI 由哪几部分组成？其在技术实现和应用方面面临哪些问题？
4. 简述移动设备实现数字签名的方案内容。

5. 什么是云计算？移动云计算在移动商务安全计算中有什么应用？

6. 什么是 RFID 技术？该技术在移动商务中发挥着怎样的作用？

7. 请比较分析基于 RFID 技术的三种非接触式移动支付的优缺点。

8. 基于 SMS、STK 卡和 WIM 智能卡的移动安全解决方案都存在哪些缺陷？

9. 请比较基于 J2ME 和 WAP 模式的移动商务安全保障方案的特点。

10. 概述移动商务安全技术的总体发展趋势。

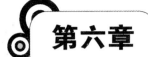

## 第六章

### 移动支付安全

## 学习目的

**知识要求** 通过本章的学习，掌握：

- ● 移动支付的相关概念和分类
- ● 移动支付的实现方式
- ● 移动支付安全业务流程
- ● 移动支付产业发展的问题

**技能要求** 通过本章的学习，能够：

149

- ● 理解移动支付中的实现技术
- ● 理解移动支付的运营模式
- ● 理解移动支付与移动商务的关系
- ● 掌握移动安全支付模型
- ● 了解移动支付的发展背景
- ● 了解移动支付的定义和分类
- ● 了解移动支付发展面临的问题

## 学习指导

1. 本章内容包括：移动支付；移动支付模式；移动支付安全机制；移动支付产业发展问题与策略。

2. 学习方法：独立思考，抓住重点；要认真思考移动支付的发展趋势和在移动支付过程存在的安全隐患；理解移动支付的安全机制及其实现技术；重点掌握移动支付的运营模式。

3. 建议学时：4 学时。

 引导案例

## 手机支付构筑移动商务"新三国"

2010 年，手机支付迎来井喷式发展。世博会上三大运营商将自己的手机支付产品集中亮相，昭示着手机支付时代的来临。手机支付也称为移动支付（Mobile Payment），简而言之，就是允许移动用户使用其移动终端（通常是手机）对所消费的商品或服务进行账务支付的一种服务方式。如今，3G 的大规模商用、物联网技术以及手机实名制推行步伐的加快，使得手机支付向着非接触、高智能、兼容性强的方向发展，成为移动商务发展强大的驱动力和最牢固的基石。

移动支付市场巨大的商机，引来无数商家争相分一杯羹。移动通信运营商、各大银行、银联、传统第三方支付平台、手机制造商都竞相行动。混战之中，由中国移动、中国银联和以支付宝为代表的传统第三方支付或自立阵地，或招兵买马，或寻求盟友，初步形成了三足鼎立的移动商务领域的"新三国"。

**一、手机支付格局已初步成型**

（一）中国移动主动出击

2010 年 3 月 10 日，中国移动宣布以 398.01 亿元人民币收购上海浦东发展银行增发的逾 22 亿股新股票。交易完成后，中国移动将通过子公司广东移动持有浦发银行 20%的股权。早在世博之前，三大运营商已经就手机支付开展了一场明争暗斗的比拼。以世博为支点，中国移动、中国电信与中国联通已经在上海签约了众多商家开展手机支付业务。与其他两家不同的是，中国移动斥巨资主动出击收购浦发银行股份，彰显了中国移动欲延续 2G 神话，继续做产业链"领头羊"的愿景。实际上，中国移动早已推出手机钱包业务，但只是停留在小额支付上，一定程度上限制了手机支付以及移动商务的发展。中国移动入股浦发银行与当年 NTT DoCoMo 入股三井住友和瑞穗银行异曲同工。战略注资浦发银行，中国移动便获得成熟的金融支付结算平台经验和大额支付牌照，更将大幅加快手机钱包的推广速度；浦发银行借助中国移动在集团客户和个人用户的强大资源，发展公司银行和个人银行业务。

（二）银联发出邀请函

中国银联近日联合商业银行、移动通信运营商、手机制造商等共同成立移动支付产业联盟。中国银联方面称，移动支付产业联盟的成立，将打通支付、

通信、芯片、智能卡、电子等不同行业间的壁垒。联盟各方将联合推广基于金融账户、采用 ISO 有关非接触通信的国际标准的智能卡手机支付业务。该产业联盟又是银行和移动通信运营商共建的基础服务平台。不难发现，运营商中独缺中国移动。此前有媒体报道称，中国移动和中国银联正围绕手机支付展开一场主导权争夺战。报道称，目前有关部门正在推动移动支付标准体系和相关标准制订，中国移动和中国银联均拥有自己的标准。可见，在入股浦发银行拿到金融牌照以后，中国移动坚定地执行类似 NTT DoCoMo 的规划之路以确认自己的主导地位。两大阵营对阵初步确立，老对手、新对手齐聚一堂，火药味十足。

（三）传统第三方支付瞄准手机支付

2010 年 1 月 14 日，关于腾讯旗下第三方支付平台财付通大举布局手机支付的消息不胫而走。消息称，手机支付肯定是财付通未来的核心战略之一，财付通即将在手机客户端、WAP 网站、SMS 短信和语音支付等方面完成全面布局。早在 2009 年末，淘宝网正式宣布，推出三款淘宝定制手机，嵌入三款手机的客户端包括移动购物、移动支付等在内的"一揽子"淘宝移动应用服务。而"淘宝手机"的背后则是移动支付宝的频频发力。未来，移动商务的潜力将大大超乎我们的想象，第三方支付正是瞄准了移动商务这一超大的产业蛋糕。"我们的强项不是做手机，而是电子商务。"淘宝网副总裁路鹏所强调的大产业链生态的理念和思路，可谓一语中的，是对所有第三方支付涉足手机支付的最好诠释。

至此，移动商务领域"新三国"初步形成了鼎立格局，移动支付下的移动商务在竞合中前行。

**二、"新三国"商业模式之优劣分析**

移动支付拥有巨大的潜在用户群、强烈的潜在需求以及逐渐成熟的技术手段。可以看出，移动通信运营商、金融机构以及第三方支付平台成为"新三国"的三大关键实体。由于三方在利益分配、移动支付产业链上所处的地位以及责任等方面互相角力，使得"新三国"形成了各自不同的商业模式格局。

（一）中国移动主导模式

优势：①以移动支付平台为核心，构建以商业应用和金融系统为支撑的用户便利服务体系。中国移动手机支付产业链彰显出中国移动主导的商业模式。中国移动处在整个产业链的核心位置，负责对移动支付及整个移动商务的发展进行规划和运行，从而提高了整个产业链的黏合度，进而提高了整个手机支付链的运作效率。②入股浦发银行，摆脱小额支付枷锁，拿到金融执照。在大额支付下，中国移动会在移动商务领域里大展拳脚。③日本 NTT DoCoMo 的成功案例对中国移动来说是很好的一面镜子。在结合我国国情的基础上取长补短，中国移动在手机支付领域为 TD 业务的发展打了一针兴奋剂。

劣势：①技术标准与其他运营商不同，影响了对现有外网用户的吸引力，而且仅仅同浦发银行合作造成金融支持平台的接口单一，无法实现跨行移动支付，这些在一定程度上影响了客户银联账户的互联互通。②浦发银行目前财力紧张，从中国移动获得的投资有多少能用到手机支付平台建设上尚无定论。③TD业务尚不成熟，如何培养用户的移动商务消费习惯进而运用移动支付还是个重要问题。

（二）银联运营商支付联盟

优势：①该产业联盟是银联和移动通信运营商共建的基础服务平台，打通了支付、通信、芯片、智能卡、电子等不同行业间的壁垒。②借助于银联强大的整合能力，能够在一定程度上实现银联内部银行之间账户的互联互通，提高银联金融管理效率，进而提高移动支付的金融支持效率。③银联运营商联手主导，联合吸引金融和通信客户群，客户认知度大大提升。

劣势：①该联盟是由银联发起，银联有欲担当"盟主"之势，中国电信（600795）、中国联通（600050）如何把握自身定位、是否甘当通信管道等问题使得联盟内部长期合作趋势仍不明朗。从长远看，产业链黏合度相对较低。②银联是近两年才进入第三方支付市场，同其他传统的第三方支付如支付宝拥有强大客户认知度相比，银联支付之路还需要时间的考验。此次进军手机支付，银联更多的是借助于各个商业银行早已拥有的移动支付接口。事实上，各大银行还不能实现完全互联互通，往往出现客户端标准不同。真正构建互联互通支付王国，搭建银联级别的支付平台尚待时日。③从我国国情来看，各大银行更多的是把手机支付作为提高客户黏性的手段，投入多少精力和资金在平台开发上仍是未知数。

（三）传统第三方支付平台主导模式

优势：①由传统第三方支付主导的手机支付平台作为传统电子商务的补充，为移动平台的搭建提供了强大的技术、商务等经验支持。②借助"一点接入，多点服务"的优势，第三方支付的移动支付平台不仅各个金融机构都可使用，移动通信运营商也可以使用，商家也可以只提供一个和移动商务平台连接的接口即可，不必考虑不同银行用不同的接口。③相比各自搭建各自的平台和系统，更能节省系统搭建费用、维护费用和搭建时间。④简化产业链，绕开移动通信运营商直接同手机制造商深度合作，将手机支付客户端直接嵌入手机中，在手机支付领域掌握主动权。

劣势：①对第三方服务商的要求很高，包括市场推广能力、技术研发能力、资金运作能力等方面都要求具有很高的行业号召力和执行力。这一点即便是国内的第三方支付巨头——支付宝在实现上也是困难重重。②平台运营商简化了其他环节之间的关系，但在无形中为自己增加了处理各种关系的负担。支付平台需要制订各方与自己交易的标准，同时也需要针对与各个金融机构、运营商间的合作提出解决方案。

### 三、手机支付下的移动商务发展策略建议

手机支付，不应拘泥于支付二字，需要围绕支付为用户提供一整套的手机消费解决方案，包括资讯、评价、选择、购买、支付、信用保持等环节。初步成型的三大支付王国如何能够提高自身的竞争力，发展移动支付产业，进而推动整个移动商务的发展是处在井喷式发展的手机支付产业亟待解决的问题。

（一）紧密协作，互利共赢

无论是中国移动奉行的主导模式、银联发起的支付联盟，还是由传统第三方支付构建的支付平台，都要考虑产业链上各个参与方的关系。一家独大的局面会扼杀其他参与协作方的兴趣，因此任何一个主导方或者合作主导方都应当考虑自身的核心竞争力，引导整个产业链各方各司其职：运营商发挥自身通信运营和服务能力，银行各方发挥自身金融管理能力以及借助金融牌照资格，各个上下游设备提供商和终端提供商积极研发投产，共同培养广大用户使用移动商务的兴趣，从而促进移动支付产业的发展，进而形成规模效应，推动移动商务走进大众，走进生活。

（二）发掘移动商务应用

移动商务在我国尚处于起步阶段，手机支付仍是新兴的支付手段，涉及的应用大部分实现在公交、门票和约定商户的"刷手机"上，而并不是与银行卡一样深入生活的各个方面。因此，主导各方尤其是移动通信运营商首先要协调产业链各方，发掘更为丰富多彩的移动商务，进而促进手机支付的大规模商用。

（三）共促支付标准统一

目前，中国移动和中国银联分别具有自己的标准，银联内部的银行之间也不能实现无缝隙转账，这样会给广大用户在使用手机支付的过程中带来不便，也给广大合作商户引进识别终端带来不便。有关部门也正在推动移动支付标准体系和相关标准制订，更为重要的是"新三国"在稳固山河后能否向对手抛出橄榄枝，能否以一种较为合理的方式实现"新三国"的战略联盟，这不仅需要标准制订部门的努力，还要靠手机支付乃至移动商务产业链各方相互协作。

（四）加强支付安全保障，为广大用户负责

手机支付在电子商务领域的应用尚处于起步阶段，其技术和商业模式具有

不成熟性，黑客可能采取欺骗的方式获得产品或服务，最后甚至可以对移动通信运营商的系统进行攻击。目前，国内外尚无任何关于手机支付的法律法规。因此，相关部门不仅要从技术上加强手机支付平台的安全建设，还要在业务层面加强对应用服务提供商的监管，更要从法律上实现对广大用户权益的维护，真正做到为广大用户负责。

手机支付在我国仍处在一个初步发展阶段。正如货币、信用卡一样，手机支付是另一种形式的支付工具，最终为广大用户提供丰富多彩、便捷、实用的移动商务才是产业链各方的终极目标。移动通信运营商针对 2G、3G 产品的通信服务展开的"三国"大战还在继续上演的同时，给广大手机用户带来的是更为廉价的手机使用费，更为丰富的通信服务项目。

资料来源：佚名.手机支付构筑移动商务"新三国"[OL].和讯网，http://www.hexun.com，2010-08-24.

➡ **问题：**

1. 通过引导案例，你对移动支付有怎样的了解？
2. 思考移动支付在国内为什么有如此迅速的发展。
3. 举例说明你了解的移动支付经常发生在哪些领域。

# 第一节　移动支付

2011 年全球移动支付使用人口较 2010 年增长 38.2%，达到 1.41 亿人，全球移动付款交易金额也增长了 70% 以上，达到 860 亿美元。尽管新兴市场发展缓慢，但 2011 年全球使用移动支付的人口达到 1.41 亿人，较 2010 年增长 38.2%，显示移动付款市场仍稳定增长。另外，根据中国电子商务研究中心统计，2010 年中国移动支付市场整体规模达到 202.5 亿元。到 2013 年，亚洲移动支付用户将占全球相应用户总量的 85%，中国市场规模将超过 1500 亿元。未来几年，中国的移动支付年均增速将超过 40%。移动支付（简称 Mobile Payment）是移动商务活动中重要环节和安全基础，伴随着移动支付的应用，不仅拓宽了用户的支付方式，也给移动商务的发展带来了重大的机遇。

## 一、移动支付定义

目前对于移动支付的定义各种国际组织和相关媒体还没有形成一个统一的标准，但是归纳起来主要有以下几种。

Krueger（2001）将移动支付视作交易双方为了某种货物或业务，以一定信用额度或一定金额的存款，通过移动设备从移动支付服务商处兑换得到代表相同金额的数据，以移动终端为媒介将该数据转移给支付对象，从而清偿消费费用进行商业交易的支付方式。

移动支付联盟（Mobile Payment Forum，2002）给出的定义：移动支付是指交易双方为了某种货物或业务，借助移动通信设备，通过移动通信网络实现的商业交易。移动支付所使用的移动终端可以是手机、PDA 或移动 PC 等。

我国 2005 年出台的《电子支付指引（第一号）》给出的定义：移动支付是指单位、个人直接或授权他人通过移动通信终端或设备，如手机、掌上电脑、笔记本电脑等，发出支付指令，实现货币支付与资金转移的行为。

中国人民银行对移动支付的定义：用户直接或授权他人通过移动通信终端或设备，如手机、掌上电脑、笔记本电脑等，发出支付指令，实现货币支付与资金转移的行为。

中国银联对移动支付的定义：移动支付是指用户使用移动手持设备，通过无线网络（包括移动通信网络和广域网）购买实体或虚拟物品以及各种服务的一种新型支付方式。移动支付不仅能够给移动运营商带来增值收益，而且可以增加银行业的中间业务收入，同时能够帮助双方有效提高其用户的黏性和忠诚度。

综合上述因素，移动支付的概念可以定义为：移动支付是现代电子支付的表现形式之一，它是使用移动终端，通过无线网络来实现商业交易的一种移动增值服务，移动支付中所涉及的移动终端可以是手机、具备无线通信功能的 PDA、移动 PC、移动 POS 机等。

155

由以上的定义可以发现，移动支付业务是一项跨行业的服务，是移动通信产业与金融业和电子商务融合产生的交叉业务，其本质就是将移动网络与金融网络系统相结合，利用移动通信网络的快捷迅速、用户数量多和分布范围广的特点来实现商品交易、缴费、银行账号管理等一系列金融服务。移动支付目前支持的业务类型包括银行账户查询、话费、公共事业费等各种费用的缴纳、彩票投注以及其他电子或数字类商品和服务（如游戏、软件和票务等）交易。

## 二、移动支付概述

移动支付可以简单定义为借助移动终端，如手机、掌上电脑、笔记本电脑等现代通信工具，通过移动支付平台移动商务主体在动态中完成的一种支付行为，或对网上支付行为进行手机确认后，实现在线支付的一种新型的支付活动。移动支付既包括无线支付行为，也包括无线和有线整合支付行为。认为移动支付仅包括无线支付一种行为、一种支付活动的观点是不正确的,是一种不完全的移动支付观。移动支付能够延伸和扩展到网络,并能整合网上在线支付而一起完成支付活动,恰恰展现了移动支付独有的特点和优势。这种整合支付行为有力地促进了网上安全支付的发展,对实现快捷、稳妥的安全交易具有重要的价值和作用。

移动支付属于移动商务的范畴。它是移动运营商和金融机构共同推进的实现远程移动支付的一项移动增值业务,是一个通信技术创新与金融机构服务延伸的产物,更是使手机由通信工具变成具有信用功能支付工具的一种功能的扩展和移动商务过程实现的一种价值体现。移动支付丰富了银行服务业务的内涵,使人们不仅可以在固定场所享受到银行的便捷服务,更可以在旅游、出差时高效、便利地处理各种金融理财业务,进行相关的商务活动。移动支付服务不仅方便了银行便民服务的范围和领域,而且有效地利用了及时通信资源,帮助企业家和个人快速进行商务决策,及时完成支付活动,加速资金的周转和利用。移动支付是通过一个允许任何商户和消费者在任何时间、地点进行交易的支付平台,在这个开放的交易支付平台上,移动支付系统为每个移动用户建立了一个与其手机号码关联的支付账户,用户不仅可以通过手机进行现金的划转和支付,而且可以对在线支付活动的支付信息进行确认和验证。因此,对加强电子商务和安全具有重要的作用。

我国移动支付产业价值链主要由移动网络运营商、金融机构、终端和设备提供商、第三方业务提供商、商家、用户等多个环节构成。产业价值链是各个产业部门之间基于一定的技术经济关联,并依据特定的逻辑关系和时空布局关系客观形成的链条式关联关系形态。移动支付过程及主要参与者如表6-1所示。

表6-1 移动支付过程及主要参与者

| 行为 | 参与者 |
| --- | --- |
| 支付过程初始化 | 用户→商家 |
| 用户与账户鉴定 | 用户→支付平台认证中心 |
| 请求支付认证 | 商家→支付平台认证中心 |
| 确认支付认证 | 支付平台认证中心→商家 |
| 发票和货物内容 | 商家→用户 |
| 支付获取 | 商家→支付平台 |

## 三、移动支付发展背景

我国移动支付从 2000 年手机支付业务的试运行开始到现在，获得了快速的发展，移动支付的发展背景可以归结为以下几点。

### （一）我国拥有全球最大的手机用户市场

我国是全球拥有手机用户最大的市场，据政府数据统计，我国即将成为世界上首个拥有 9 亿手机用户的国家。在 2011 年第一个季度，我国增加了 3000 万手机用户，手机用户总数已达 8.89 亿人。手机用户的基数之大、普及程度之高，为移动商务的发展奠定了坚实的基础，提供了充足、丰富的客户资源。因此，我国移动支付市场的潜在发展空间也是其他国家无法比拟的。

### （二）移动电子商务的发展

随着信息产业高速发展，手机已经成为人们日常生活中随身携带的首要物品。基于移动通信网络和互联网络技术，移动电子商务活动克服了现代商务在时间和空间上的局限性，与商务主体最为贴近，而且移动技术的特性赋予了它更广阔的应用空间。巨大的移动用户规模、新型的终端载体、无处不在的网络、安全个性化的服务等都是对传统电子商务的创新。支付业务是商务活动中的重要环节，通过手机、个人数字助理、掌上电脑等移动智能终端以及无线通信模块可以随时随地完成支付活动，移动电子商务在最初的应用也是以移动支付为主。

### （三）网民对移动支付关注度高

多数网民认为用手机消费具有较好的发展前景。有调查显示有 56.19% 的网民已经利用手机支付过一些费用，64.44% 的网民认为可以体会到方便快捷，54.41% 的网民用来下载音乐铃声图片。网民对"电子货币"概念认知度较高，特别是通过彩铃、彩信、VOD 点播等业务，使其对移动支付的业务流程易于理解。尽管日常生活中存在直接同银行接触的支付业务，比如账户查询、内外部账户间划款、水/电/有线电视/通信费用之类的缴费、外汇和股票交易等。但由于网民生活与网络发展息息相关，更注重消费方便性、实时性、快捷性，所以，许多网民在银行卡、邮局支付和手机支付三者中间会更加关注手机支付。

### （四）移动网络服务得到提升

银行内部专网的调整和优化能够促使新业务与合作领域的出现。通过网络互联互通，最终目的是实现和提高消费者的利益，是促进电信市场有效竞争的重要环节。随着电信垄断的破除，新兴电信企业的加入，电信市场逐渐形成多家网络服务运营商共同竞争的局面。这样，不同运营商的用户采用统一的电信业务能够互相支持，避免不必要的麻烦，为新业务的开展奠定网络基础。另

157

外，移动电子商务运行的安全性能也得到了提升，主要是采用数字签名机制、手机与卡的绑定机制，以保证客户交易和账户资料的安全。网络技术和安全性能的提升，使得移动支付受到更多用户的欢迎，并吸引了更多用户使用移动支付方式进行交易活动。

## 四、移动支付分类

移动支付的种类可以分为许多种。不同形式的移动电子支付对安全性、可操作性、实现技术等各方面都有不同的要求，适用于各类不同的场合和业务。在本书中介绍介绍两种分类方式。

### (一) 按照支付额度进行分类

按交易金额分类，移动支付可以分为微支付和宏支付，它们之间的界限额度没有统一的规定。

#### 1. 微支付

通常是指购买移动内容业务的小额支付，费用一般在 10 元以下。微支付适用于 B2C、C2C 的商品交易，特别是数字音乐、游戏等数字产品，如网站为用户提供搜索服务、下载一首音乐、下载一段视频、下载试用版软件等。

#### 2. 宏支付

主要指交易金额较大的支付行为，例如在线购物或者近距离支付（微支付方式同样也包括近距离支付，例如交停车费等）。

两者之间最大的区别就在于安全要求级别不同。对于宏支付方式来说，通过可靠的金融机构进行交易鉴权是非常必要的；而对于微支付来说，使用移动网络本身的 SIM 卡鉴权机制就足够了。微支付在满足一定安全性的前提下，要求有尽量少的信息传输，较低的管理和存储需求，即速度和效率要求比较高。

### (二) 按照支付距离进行分类

根据支付者和受付者在支付过程中是否处于同一地理位置可以分为远程支付和现场支付（或称近距离支付）两种。

#### 1. 远程支付（空中交易）

支付需要通过短信、无线接入、语音等远程控制完成支付。远程支付的典型场景是用户网上购物，移动信息服务定制，如通过手机购买彩铃。

#### 2. 现场支付或近距离支付（WAN 交易）

使用 NFC、红外线或者蓝牙技术实现移动终端在近距离交换信息。现场支付的典型场景是用户使用手机在自动售货机上买可乐。

# 第二节　移动支付模式

目前，国内许多电子商务网站都提供了多种类型的支付方式。按照支付活动运作方式的不同，可将电子商务领域中的支付方式分为三大类：第一类是依靠传统支付体系实现的传统支付方式；第二类是依靠 Internet 完成的网上支付方式；第三类是依靠通信网络完成的移动支付方式。移动商务的发展离不开完善的支付方式和支付手段。我国目前移动支付标准尚未统一，移动支付运营模式也是多种模式并存。

## 一、移动支付方式

目前，在移动支付市场上，移动支付方式有许多种。但是总体上，可以根据移动支付提供商和移动支付技术的种类进行划分。

### （一）移动支付矩阵分类方式

对于移动支付的提供商而言，主要包括自然的参与方（金融机构、移动运营商）和第三方提供商。而应用的技术概括来说，就是两种，即基于卡和基于手机。为了对现有的移动支付方案有一个整体清晰的认识，我们下面使用一个 2×2 的矩阵来对市场上的移动支付方式进行分类，如图 6-1 所示。这个矩阵将为我们进一步的分析提供帮助。

```
        基于卡        基于手机
      ┌────────┐    ┌────────┐
      │   1    │    │   2    │    自然
      └────────┘    └────────┘    参与方

      ┌────────┐    ┌────────┐
      │   3    │    │   4    │    第三方
      └────────┘    └────────┘    提供商
```

图 6-1　移动支付方式

通过这个矩阵的使用，我们将移动市场进行了合理的市场细分。主要分为四种类型支付方式，图 6-1 中的每一个单元格代表一种，下面我们分别进行介绍。

### 1. 金融机构发行的卡支付

使用金融机构发行的卡进行支付的支付方式现在已经非常普及。在国内，人们可以使用银行卡（如借记卡、信用卡）在大型的商场、超市进行商品结账。在瑞士，金融机构发行了一种叫做 Cashcard 的智能卡，人们使用这种卡可以在公交车、公园、便利店、自动售货机等地方进行支付。这种支付卡的推广主要要看商家的合作程度。如果商家广泛支持这种支付方式，那么就会有很多的消费者使用这种卡。反之，则很难推广。

### 2. 移动运营商运作的手机支付系统

在这种支付方式中，对于小额的支付，通常移动运营商单独就可以完成结算。但是对于大额的结算，运营商则需要同金融机构进行合作。一些手机支付的方式对手机有特殊的技术要求：有的手机中安装了具有特殊功能的芯片卡；有的是双卡手机（分别放置 SIM 卡和特殊功能卡）；还有的手机内置了一个 Smart Card 读取器或外部连接了一个读卡器。由于这样的手机普及起来成本都比较高，要求消费者使用特殊功能的手机，因而现在比较流行另外一种支付方式，即短信支付。使用者可以通过发短信的方式进行支付，这样的短信费用是商品的价格加上一般通信短信的费用。例如，现在国内比较常见的彩铃下载，就是使用的短信支付的方式。在瑞士，Swisscom Mobile 还使用了另外一种支付方式，就是在自动售货机上会有一个特殊的 USSD（Unstructured Supplementary Service Data）号码，当消费者想要购买饮料的时候，使用手机拨打这个号码选择自己想要的饮料即可。

### 3. 第三方提供的卡支付

现在，由于卡的方便、快捷性，许多拥有大量用户基础的企业或机构，会使用一种卡发放给消费者，从而取消了现金支付。如在校园内使用的一卡通，大型超市发放的购物卡等都可以归为这一类。使用尤其广泛的就是公交公司发放的公交卡，使用一种非接触式卡，为乘客解决了没有零钱的苦恼，而且还推出一些优惠政策来鼓励乘客使用卡支付。例如在香港广泛使用的 Octopus Card（八达通卡），已经有 1600 万张在流通。这种卡的广泛使用需要有强大的客户基础和大规模的交易量。

### 4. 第三方提供的手机支付

虽然移动运营商和金融机构在移动支付的价值链中占据着举足轻重的作用，但是对于第三方而言，同样存在机会，他们可以同移动运营商和金融机构合作，为用户提供更专业、更便捷的服务。在国内，手机钱包是中国移动与中国银联联合各大国有及股份制商业银行共同推出的一项全新移动电子支付、金融信息服务，此业务由北京联动优势科技有限公司提供运营支持。在欧洲，

Paybox 是一个非常著名的第三方移动支付提供商，他们为用户提供了电子商务支付，Person to Person 交易支付，对银行账户的支付，在移动的环境中进行支付（例如，在出租车里）。在芬兰，一些公交公司还提供了短信车票，乘客可以通过手机买到这种短信车票。

### （二）移动支付技术实现方式分类

根据传输方式不同，移动支付既可以基于移动通信网络来实现，也可以基于红外线、蓝牙、RFID 等方式来实现。红外线等方式主要用于短距离的手机支付。目前，我国的移动运营商一般都采用基于移动通信网络的 SMS、WAP、双界面 SIM 卡和 NFC 等多种技术来实现，而双面 SIM 卡和 NFC 技术逐渐成为国内移动支付的主流技术。

1. 基于 SMS 的移动支付

SMS 是一种存储和转发服务，是 GSM 的一部分。SMS 分上行、下行两种通道，用户使用短信发送到指定特服号完成支付，运营商发送下行短信推送商品和服务，下行通道也是用户确认消费的通道。基于 SMS 方式的移动支付即短信支付在实时性、交易数据的隐私性和完整性无法得到保证，因此该方式的移动支付仅限于微支付和小额非现场的定向支付。SMS 的优点是技术成熟，使用方便；缺点是它面向非连接存储，信息量少，无法实现交互流程。

2. 基于 WAP 方式的移动支付

WAP（Wireless Application Protocol）即无线应用程序协议，是一个在数字移动电话、Internet 及其他个人数字助理机 PDA 与计算机应用之间进行通信的开放性全球标准，也是实现移动数据以及增值服务的技术基础。

基于这种方式的移动支付是通过手机内嵌的 WAP 浏览器访问网站，来实现移动支付的流程。该方式的移动支付安全性是建立在 WAP 基础之上的。WAP 技术可以实现交易双方的互动，具有很强的业务能力，缺点是需要能够支持 WAP 的移动终端和网站，交易成本较高。

3. 基于 STK 卡方式的移动支付

这种模式是使用银行提供的 STK 卡（SIM Tool Kit，用户识别应用开发工具）替换客户的 SIM 卡，事先在 STK 卡中存储银行的应用前端程序和客户的基本信息，客户使用该卡完成银行交易业务。STK 卡可以内置密码，固化应用程序，提供文字菜单的操作界面。缺点是成本高，受到终端设备的制约。

4. 基于红外线/蓝牙方式的移动支付

它主要实现的是对移动用户的身份认证，进行的一般是短距离、小额支付。目前主要在日本、韩国等地区应用。

### 5. 基于 GSM/USSD 方式的移动支付

USSD 即非结构化补充数据业务，是一种基于 GSM 网络的实时互动的移动增值业务平台。它以菜单方式和直接点播方式实现移动支付业务，支持现有的 GSM 系统网络和移动终端。它的优点是手机不需要做任何设置，传输速度快，提供交互式对话，使用方便。

### 6. 基于 Java/BREW 方式的移动支付

这种方式主要是下载 Java/BREW 客户端程序，然后连接到移动互联网。它的优点是可以提供清晰高质的图形化界面，互动性强，实时通信，响应迅速，缺点是需要特定的支持终端。因此基于 Java/BREW 方式的移动支付适合于对安全性要求较高的宏支付系统的开发。

### 7. 基于双界面 SIM 卡方式的移动支付

双界面 SIM 卡是在传统的 SIM 卡中加入非接触射频接口，将提供能量耦合和数据传输的天线集成在手机或者柔性电路板上，通过接触式界面处理传统 GSM 命令，采用非接触式界面提供电子支付等增值服务。

目前的主流双界面 SIM 卡移动支付解决方案能实现各种非接触移动应用，比如非接触移动支付、电子钱包、PBOC 借记/贷记以及其他各种非电信应用。其从产品形态上来讲有两种：一种是集成 SIM 天线组件方式；另一种是以定制手机的方式把天线固定在电池或背盖上。双界面 SIM 卡方案在湖南移动、中国移动总部及地方省市移动已开始试用，包括门禁控制、员工餐厅、小卖部、洗衣店以及停车场等典型应用；交通方面，该方案通过了大连一卡通、北京一卡通、澳门通、羊城通、苏州一卡通等的测试，并已在中国厦门、广州和泰国进行大规模商用。

### 8. 基于 NFC 方式的移动支付

NFC 是 Near Field Communication 的缩写，即近距离无线通信技术。由菲利浦公司和索尼公司共同开发的，是一种非接触式识别和互联技术，可以在移动设备、消费类电子产品、PC 和智能控件工具间进行近距离无线通信。NFC 提供了一种简单、触控式的解决方案，可以让消费者简单直观地交换信息、访问内容与服务。NFC 手机有三种工作模式：卡模式、点到点通信模式和读卡器模式。

### （三）移动支付技术实现方式比较

随着互联网技术和物联网技术的发展，各种新兴的技术越来越多地在移动支付中得到应用，在安全、便捷性上不断地得到提高。各种移动支付技术实现方式具有各自的优劣势，目前，移动支付实现方式不局限于使用一种方式来实现。例如，SIM 卡与 NFC 技术一起运用到移动支付中，安全芯片放到 SIM 卡里，NFC 芯片内置于手机里，通过 NFC 芯片和 SIM 卡通信标准来实现通信。移动支付各种技术实现方式的优劣势及适用环境比较如表 6-2 所示。

表 6-2　主流移动支付实现方式的优劣势比较

| 实现方式 | 优　势 | 劣　势 | 适用 |
|---|---|---|---|
| SMS | 技术成熟，费用低，终端要求低，业务实现简单 | 安全性差，操作烦琐，交互性差，响应时间不确定 | 远程支付 |
| WAP | 用户界面良好，交互性强，数据传输速率快 | 响应速度慢，对终端有要求，交易成本高 | |
| Java/Brew | 可移植性强，网络资源消耗与服务器负载较低，界面友好，保密性高 | 需要终端支持 | |
| USSD | 可视操作界面，实时连接，交互性好，安全性高，交易成本低 | 需要终端支持 | |
| 红外线/蓝牙 | 成本低，终端普及率高，不易被干扰 | 传输距离有限，信号具有方向性 | 现场支付 |
| 双界面 SIM 卡 | 使用和迁移都比较简单，成本低，安全性高 | 不支持读写器和点对点的通信模式，只能用于有限的被动卡片应用 | |
| NFC | 实现本地网和移动网络的双连接，支付方便快捷，一卡多用，安全性较高 | 需要终端支持，费用高 | 远程支付现场支付 |

## 二、移动支付运营模式

产业价值链是各个产业部门之间基于一定的技术经济关联，并依据特定的逻辑关系和时空布局关系客观形成的链条式关联关系形态。简单来说，产业价值链是由几个具有互补性的企业或相关部门联合起来向客户提供服务的商业模式。我国移动支付业务具有自身的特性，只有建立并不断完善产业链，移动支付业务才能获得健康的发展，产业链中的各个成员才能获得各自的利益和地位，实现共赢。

在移动支付产业链中，移动网络运营商和商业银行/发卡机构拥有各自不同的优势。运营商在移动支付的技术接入、用户数量和使用习惯等方面拥有优势；而商业银行在客户信用管理方面的竞争优势能够保证支付方案的顺利实施，从而将现有的银行支付体系升级成"移动"支付体系。目前，移动支付的运营模式主要有四种：移动网络运营商模式、银行运营模式、第三方运营模式、银行与运营商合作运营模式。

### （一）移动网络运营商模式

在这种模式中，移动运营商会以用户的手机话费账户或专门的小额账户作为手机支付账户，用户所发生的支付交易费用全部从用户的话费账户或小额账户中扣减。移动网络运营商模式中参与者主要有终端制造商、用户、移动网络运营商、服务提供商（SP），没有银行的参与，技术成本较低。但是，涉及运营商参与金融交易问题，移动运营商可能没有经营资质，与国家的金融政策发生抵触。通过这种方式进行的交易一般仅限于 100 元以下的交易。显而易见，在这种模式中，运营商控制整个资金流，没有银行的介入。该模式的移动支付主要运用有信息服务定制、手机钱包、下载游戏、下载音乐等小额支付。移动网络运营商模式中服务流和费用流的流向如图 6-2 所示。

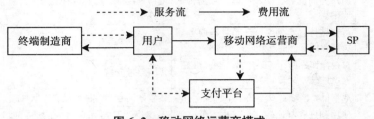

图 6-2 移动网络运营商模式

移动运营商在移动支付中是非常重要的环节。移动运营商为移动支付系统提供包括语音、短信、WAP、CDMA 等方式的支付手段。同样，移动运营商有能力为不同类别的移动支付业务提供不同级别的安全保障。从这个意义上说，移动运营商控制着移动支付系统的运行。以移动运营商为运营主体的移动支付具有如下特点：

（1）直接与用户发生关系，不需要银行参与，技术实现简便。

（2）运营商需要承担部分金融机构的责任，如果发生大额交易将与国家金融政策发生抵触。

（3）与银行账户相比，用户手机没有完全实现实名制，从而缺乏认证的基础；除此之外，移动运营商直接从手机费用中扣除通信以外的费用，有经营金融业务的嫌疑，而移动运营商是没有资质经营金融业务的。

**（二）银行模式**

银行模式是指银行借助移动网络运营商的通信网络，独立提供移动电子支付服务，通过移动通信网络将客户移动设备连接至银行，利用移动终端界面直接完成各种金融理财业务。在该运营模式中，移动网络运营商不参与运营和管理，银行一般通过与移动网络运营商搭建专线等通信线路，自建计费和认证系统，用户在手机上可以直接登录所在银行的账户，进行手机支付交易等业务。

银行模式中，移动网络运营商不参与运营和管理，由银行独立承担移动支付中责任和风险，这种模式中一般是通过建立专线网络，自建计费和认证系统，为用户提供移动支付业务。该模式产生的费用主要有三部分：①数据流量费用，由移动运营商收取；②账户业务费用，由运营商收取；③支付业务服务费用，由银行、支付平台和网络运营商平分。银行模式中服务流和费用流的流向如图 6-3 所示。

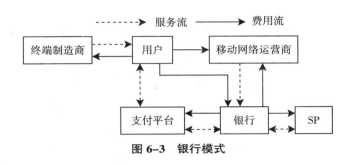

图 6-3　银行模式

　　该模式的特点是各个银行只可以为本行的用户提供手机银行服务，不同银行之间不能互通，特定的手机终端和 STK 卡换置也会造成用户成本的上升；移动网络运营商只负责提供信息通道，不参与支付过程。在移动支付产业价值链中，银行拥有完善的支付和结算管理系统，且有较强的抗金融风险能力，在重要的相关服务中占据着垄断性地位。以银行为主体的移动支付运营模式，其机会与挑战就在于如何将其现有的服务连接到移动装置上去。一般银行只能为本行用户提供本行的手机银行服务，移动支付在银行之间不能互联互通，这在很大程度上限制了移动支付业务在行业间的推广，所以如何整合行内资源为客户创造更大的方便也是银行所需要重点考虑的问题，可以推测银联组织在未来的移动支付中将发挥更大的作用。

（三）第三方支付模式

　　第三方支付服务提供商是独立于银行和移动网络运营商之外的经济实体，利用移动电信的通信网络资源和金融组织的各种支付卡由自己拓展用户，并进行支付的身份认证和支付确认，与银行和移动网络运营商协商合作。

　　该模式中产生费用主要来自：①向运营商、银行和商户收取的设备和技术使用许可费用；②与移动网络运营商以及银行就用户业务使用费进行分成。该模式的特点是：第三方支付服务提供商可以平衡移动网络运营商和银行之间的关系；不同的银行之间的手机支付业务得到了互联互通；银行、移动网络运营商、支付服务提供商以及 SP 之间的责、权、利明确，关系简单；对第三方支付服务提供商的技术能力、市场能力和资金运作能力要求很高。第三方支付模式中服务流和费用流的流向如图 6-4 所示。

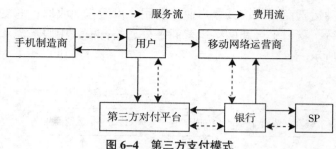

**图6-4 第三方支付模式**

第三方移动支付服务提供商在移动支付产业发展的进程中具有非常重用的作用。移动支付服务提供商可以整合产业链的资源，在移动运营商和银行之间建立桥梁，并最终为商家和消费用户提供移动支付服务。其主要的特点如下：

（1）银行、移动网络运营商、支付服务提供商之间可以进行明确的分工。第三方支付服务提供商可以平衡移动网络运营商和银行之间的关系，银行、移动网络运营商、第三方支付服务提供商以及SP之间的责、权、利明确，关系简单。

（2）移动支付服务提供商可以解决不同银行之间的移动支付业务无法互联互通的状况，通过资源整合，在银行和SP之间交叉推广各自的服务，可以实现跨行之间的移动支付交易，实现不同银行之间移动支付业务的互联互通。

（3）对移动支付服务提供商的要求很高，需要其在市场推广、技术研发、资金运作等方面都具有较强的感召度和认知度。

**（四）移动网络运营商和银行合作模式**

从我国国情来看，以移动运营商为主体或是以银行为主体单独经营都存在很大的困难。首先，垄断金融资源的银行业不会同意以移动运营商为主体经营手机支付业务；其次，我国的信用体制还不健全，移动运营商在经营类似支付金融业务时为用户提供的信用度明显不如银行；最后，类似预付费的手机支付行为还需要金融监管。因此，银行与移动网络运营商的合作模式在国内最为普遍。合作模式中，银行和移动网络运营商发挥各自的优势，在移动支付技术安全和信用管理领域联手为用户提供安全的移动支付服务，合作模式中服务流和费用流的流向如图6-5所示。

这种模式的特点是：

（1）移动网络运营商和银行成为联盟，在信息安全、产品开发和资源共享方面合作更加紧密，而且银行和运营商关心各自的核心产品。

（2）由于运营商与金融机构共同参与，承受金融风险的能力极强，支付额

166

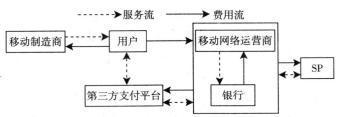

图6–5　移动网络运营商和银行合作模式

度的限制大大减小，信用安全等级提高。

（3）商家的销售款项由金融机构负责结算，结算周期过长的问题得到解决。

（4）早期的手机卡与银行卡进行绑定，一张卡只能和一家银行建立关系，无法实现跨行移动支付。

（5）各个银行不同的接口标准，会造成运营商成本的上升。在移动运营商和银行之间需要引入一个第三方来承担协调和整合的任务。

# 第三节　移动支付安全

安全保障应当是移动商务的首要考虑和始终保证的一个问题。移动支付作为移动商务的重要应用和重要环节，安全机制显得尤其重要。

## 一、移动支付安全要求

电子商务发展的核心问题是交易的安全性问题，而移动电子商务作为电子商务的一种方式，交易的安全性问题也是移动电子商务最担心的问题，因此如何在开放的开放式网络上构建安全的交易模式，一直是人们研究的热点和大家关注的话题。要构筑一个安全的电子交易模式，应满足以下五个方面，这也是OSI安全标准和中国国家信息安全标准规定的五种安全服务：

（1）数据保密。防止信息被截获或非法存取而泄密。

（2）对象认证。通信双方对各自通信对象的合法性、真实性进行确认，以防第三者假冒。

（3）数据完整性。阻止非法实体对交换数据的修改、插入、删除及防止数据丢失。

（4）防止抵赖。用于证实已发生过的操作，防止交易双方对已发生的行为抵赖。

（5）访问控制。防止非授权用户非法使用系统资源。

除此之外，移动电子支付还需要满足以下三点要求：

（1）资源的可利用性。移动支付过程需要提供一种机制以保证在交易过程中对无线（有线）网络与计算资源的安全使用。

（2）消息的及时性。移动支付需要采用重传检测机制判断消息是否受到重放攻击、识别消息是否为新消息，是有人主动攻击还是由于网络存储转发机制缺陷而造成的重传消息。

（3）支付记录可查性。即为了防止当事人对支付行为进行抵赖，移动支付需要提供记录存储机制，从而进一步保证支付安全以及其他参与者的利益。

开展移动支付需要面对来自通信系统和互联网的各种安全性攻击产生的风险，主要包含被动攻击和主动攻击两大类。其中，前者对系统资源的利用并不干扰，仅是试图对通信系统中传输的信息进行窃听，无论是用户、商家的隐私，还是金融机构、移动网络运营商商誉都会受到影响，在一定程度上成为阻碍移动支付发展的重要原因之一；后者则是试图对整个系统运作加以干预以达到破坏或其他私人目的。为了解决移动支付面临的安全问题，就要加强移动支付环境保障，增强身份认证机制，提高数据传输安全性。

## 二、移动支付业务模型

### （一）移动支付业务模型概况

目前已有的各种移动支付模型可以分为三类，即概念模型、专有模型及通用模型。概念模型通常具有分层或者模块化的结构。这类模型着重阐述在简化的环境中移动支付的过程和安全策略，因此，模型中的实体较少。通常包括用户、移动设备和单一的支付处理方。支付处理方可以是数字现金服务器，也可以是用户的开户银行、用户信赖的运营商或者其他金融机构。专有模型是为特定的应用设计的，一般只满足在特定区域内的特定人群的需要。目前存在的大部分支付模型都属于此类，例如，Top-ups.、mTicketing、P2P 支付等。因此，专有模型一般缺乏通用性和开放性，无法快速满足未来新应用的移动支付需求。通用模型有两个主要的特征——开放性和应用无关性，最有代表性的是 SeMoPS（Secure Mobile Payment Service）模型。下面以移动安全支付 SeMoPS 模型为例进行简要介绍，以了解移动业务支付模型的移动支付需要和移动安全支付处理流程。

### （二）移动安全支付 SeMoPS 模型

SeMoPS 模型是具有安全可信任、快速、界面友好、通用性、开放性、独立性特点的先进技术移动支付模型。在 SeMoPS 模型中，所有的支付请求都是

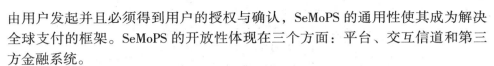
由用户发起并且必须得到用户的授权与确认，SeMoPS 的通用性使其成为解决全球支付的框架。SeMoPS 的开放性体现在三个方面：平台、交互信道和第三方金融系统。

1. 基于 SeMoPS 模型的移动支付需要

基于 SeMoPS 模型的移动支付需要主要体现在：用户隐私保护；用户和商家必须完全信任支付处理机构；应用无关性和可扩展性。

（1）用户隐私保护。用户的支付处理机构（用户的开户银行或者提供服务的运营商）可以获得用户完整的隐私信息，无法实现真正的匿名交易。商家将详细的交易数据发送给用户，用户审核同意后，将交易数据、账户信息以及签名发送到用户的支付处理机构。对于用户的支付处理机构，所有的信息都最终被解密为明文。显然，在支付过程中，用户的支付处理机构既拥有用户的账户信息，也拥有用户的详细交易记录。

（2）用户和商家必须完全信任支付处理机构。发生争议时，交易的真实性完全以支付处理机构提供的交易时间和签名的交易数据等证据为仲裁依据。对于支付处理机构的完全信任关系具有潜在的安全风险。首先，支付处理机构在支付的过程中不是独立的第三方实体，而是负责账户处理和银行间资金转移的支付参与方。由于其不具备独立第三方的性质，所以，支付处理机构不具有解决争议的权威性。其次，交易发生的时间由支付处理机构确定，导致在某些情况下，例如支付处理机构已经获得用户的签名私钥，支付处理机构可以冒充用户的身份，伪造在技术层面上的合法交易。因此，由支付处理机构确定交易时间同样导致潜在的安全威胁。

（3）应用无关性和可扩展性。移动支付模型应该具有通用性，满足当前和未来出现的各种应用的需求。模型同时应该具有良好的扩展性，对平台和采用的技术透明，具有开放的业务接口。

2. SeMoPS 模型安全支付处理流程

SeMoPS 模型的支付处理流程如图 6-6 所示。

（1）用户与商家交互，商家将详细的交易数据发送给用户。交易数据中包括交易流水号、商品名称、价格和商家支付账户等信息。

（2）用户验证交易数据，构造支付请求消息。支付请求消息主要包括交易数据的哈希值、用户和商家的账户信息。用户对支付请求消息签名后，发送到用户支付处理程序。用户的 SeMoPS 模块发送支付请求到用户的账户管理模块，如果通过验证，支付处理机构根据支付请求的内容，冻结用户账户上的相应数额资金。然后将支付请求消息的哈希值发送到 SeMoPS 模块。支付处理机构构造支付通知消息，支付通知消息中主要包括交易数据的哈希值和商家的

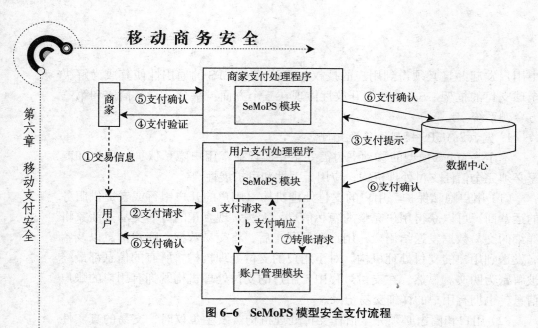

**图 6-6 SeMoPS 模型安全支付流程**

账户信息。

（3）SeMoPS 模块签名后，将消息发送到数据中心。数据中心将支付提示消息路由到商家归属的支付处理机构。

（4）商家的 SeMoPS 模块确定目的商家，重构支付通知消息并签名。然后将重构的支付通知消息发送到目的商家。该支付通知消息主要包括交易数据的哈希值。

（5）商家验证支付处理机构发送的支付通知消息。如果验证通过，商家计算保存的交易数据的哈希值，与支付通知消息的交易数据哈希值比较。如果相同，则可以确定该交易合法且已经由支付处理机构担保支付。此时，商家可以选择同意还是拒绝该交易。商家确认通知，签名后发送给商家的支付处理机构。

（6）商家支付处理程序验证确认通知，如果验证通过，则商家支付处理机构从时戳服务器获得并保存时戳。支付处理机构对确认消息重新签名后，通过数据中心发送到用户支付处理程序。

（7）如果商家同意交易，则用户支付处理机构负责账户资金的转账。否则，解冻已冻结的资金。用户支付处理机构对确认通知重新签名后将其发送给用户。

## 三、数字签名在移动支付中的应用

### （一）移动支付中数字签名应用概述

随着移动商务的发展，移动支付作为移动电子商务的关键范畴，数字签名技术逐渐在移动支付中得到了广泛应用。它是以公钥密码和 PKI 技术为基础，利用具有通信功能的移动设备作为数字签名载体和工具的一种技术。数字签名可以实现移动支付业务中所要求的身份认证、数据完整性及不可否认性是移动支付业务关键的安全保障。只有实现了足够的安全性，才能打消用户对移动支付的安全问题的顾虑，进而更好地开展移动支付业务。

图 6-7 为数字签名的一般流程，数字签名是利用某种加密算法，根据用户自己的私钥对要发送的信息摘要进行加密，接收方用公钥来进行解密，利用此方法来确认发送方的身份和信息的完整性。数字签名技术需要 CA 证书权威向移动支付中心、CP/SP、支付用户终端发放数字证书，CA 证书权威作为验证数字证书的可信实体。无论是基于何种算法的数字签名机制，数字签名都要经历生成证书、认证、数字签名和数据加解密过程。

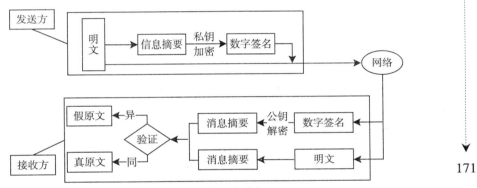

图 6-7 数字签名流程

**（二）手机端公私钥及证书生成过程**

在进行移动支付前，手机端需要生成一对公私钥及对应的由 CA 颁发的证书，才能进行后续的手机支付操作。手机端公私钥及证书的生成过程具体如图 6-8 所示。

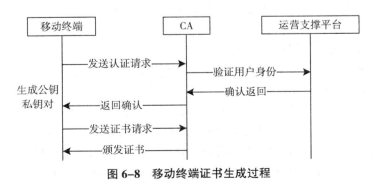

图 6-8 移动终端证书生成过程

移动支付用户向 CA 机构发送认证请求，CA 机构的服务器在通过移动支付运营商的运营支撑平台对用户身份的核实之后，向用户返回确认信息。移动终端的根据相应的密钥算法生成一对公私钥对（SK，PK）。手机将生成的公钥 PK 及用户信息用 CA 的公钥进行加密，发送给 CA 服务器，请求生成证书。CA 服务器接受到请求后，生成用户证书，并将生成的证书发送给手机端，证书中有 CA 服务器的签名。手机收到证书后，用 CA 服务器的公钥验证签名，如果验证通过，即说明该证书已成功生成，将其保存。

**（三）身份认证过程**

用户拥有了自己的证书后，就可以在移动支付过程中使用了。在用户每次登录移动支付业务系统前，都需要进行对用户的身份认证。身份认证过程如图 6-9 所示。

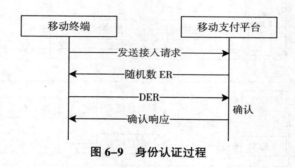

图 6-9　身份认证过程

移动用户在进行移动支付时，移动终端向移动支付平台发送接入请求，请求中包含用户信息。支付系统生成随机数 R，并用该用户的公钥进行加密 ER=Enc（R，PK），将 ER 发送给手机端。手机收到经过加密的随机数 ER，用自己的私钥 SK 对 ER 进行解密获得 R，并将解密后的随机数用支付系统的公钥加密 DER=Enc（R，PK），返回给支付系统。支付系统收到 DER 后，用自己的私钥解密，验证得到的随机数 R'是否等于 R，如果是，则通过对用户的身份认证。

**（四）数字签名过程**

在身份认证通过后，用户可以使用支付系统进行移动支付。数字签名支付过程如图 6-10 所示。

用户用自己的私钥 SK 将购买信息的指令进行签名，将其发送给支付系统，同时发送的还有用户基本信息，如用户 ID 和手机号等。支付系统根据用户信息找到用户的证书，并验证证书的有效期等信息。支付系统再用用户证书中的公钥 PK 对信息摘要进行解密，验证用户的签名是否正确。验证通过后，方可

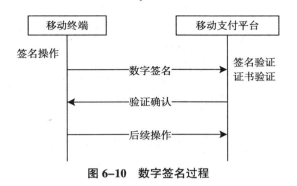

图 6–10　数字签名过程

进行后续的支付操作。

## 四、WPKI 技术在移动支付中的应用

通过前面章节对移动商务相关特点的分析，我们认识到，在无线通信环境中，由于无线网络设备的存储容量有限、处理速度度慢、带宽窄，决定了它不能像有线网络那样依靠高强度的密钥及算法来保证安全性。在第五章中，我们详细介绍了无线公钥基础设施 WPKI 的技术体系及安全总体架构，了解到 WPKI 就是为满足无线通信安全的需求，且针对无线通信环境的特点，在有线 PKI 基础上进行优化拓展，有效地实现移动电子商务密钥和证书管理、加密等一系列策略与过程。它可应用于手机等无线装置，为用户提供身份认证、访问控制和授权、传输机密性和完整性、不可否认性等安全服务，在标准 PKI 中保持互操作性。

随着无线网络技术的发展和 WPKI 标准的不断完善，WPKI 将被广泛应用于无线网络中各种安全通信服务领域。其中，WPKI 在用户身份认证、数据加密以及数字证书管理等方面的优势，使得其在移动安全支付中起到了关键性的作用，保障了移动商务的安全交易。在移动支付的过程中，需要对商家身份进行认证以及对交易过程中的数据进行加（解）密等服务。WPKI 在这些方面提供了安全解决方案。鉴于目前大部分手机处理能力低下，下面介绍一种适合目前情况的 WPKI 移动交易安全框架，即引用 VA（Validation Authority，验证服务器）的 WPKI 移动交易安全框架，来说明 WPKI 在移动交易过程中的工作原理。采用 VA 的 WPKI 移动商务安全框架如图 6–11 所示。

VA 作为所有无线终端的代理，完成各种复杂的证书验证和加密/解密操作，如多级证书链的验证。此时，手机只需要处理单级证书验证，即只需对验证服务器回送的结果进行验证。

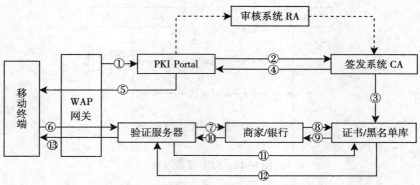

图 6-11　采用 VA 的 WPKI 移动商务安全框架

**1. 用户终端的数字证书申请过程**

（1）手机用户使用生成密钥对和证书请求，向 PKI Portal 申请证书。

（2）PKI Portal 在完成审核后向 CA 签发系统申请签发证书。

（3）签发系统签发证书并通过证书库发布。

（4）签发系统将用户证书回送给 PKI Portal。

（5）PKI Portal 将证书回送给手机终端，存放在手机内的智能卡中。

**2. 移动电子商务业务处理流程**

（1）用户在传输敏感数据时，首先使用私钥签名，用于交易防抵赖，然后用对方证书公钥做数字信封加密。签名和加密根据需要，可以只做其中一项或全做。终端将数据发送给 VA。

（2）VA 将数据转发给相应的商家。

（3）商家查询用户证书黑名单。

（4）商家根据黑名单验证用户证书的有效性。

（5）对于有效的用户进行业务操作，然后回送操作结果。

（6）VA 查询商家证书黑名单。

（7）VA 通过黑名单验证商家证书的有效性以及数据的有效性。

VA 将结果使用自己的私钥签名，然后回送给手机终端。手机终端通过验证 VA 的签名来确认数据的可靠性。

该方案只是引入 WPKI 来保障移动支付安全进行的一种方案，目前关于基于 WPKI 的移动支付尚处于摸索阶段，但 WPKI 在完整性、保密性、身份认证以及不可否认性等方面的优势已得到了普遍的认同，在移动商务系统中起着不可替代的作用。

# 第四节　移动支付产业发展问题与策略

随着移动支付产业的不断发展，新的成员不端加入，新的技术不断得以应用，我国移动支付产业也逐渐丰富起来，但是，同时由于产业链中参与成员众多、成员之间协商力度不够、多种产业模式并存等现象的存在，移动支付产业发展仍然存在一些问题，为了移动支付产业更快更好的发展，亟须提出移动支付产业发展策略。

## 一、移动支付产业发展存在问题

由于我国是多种移动支付模式并存，同时，随着移动支付产业的不断发展，大量新的成员涌入产业链，将国内移动支付产业不断地丰富和发展。从消费者的角度来说，移动支付产业的发展将大大提高其支付的便利性；从商家的角度来说，移动支付产业的发展可以为其拓宽销售渠道，提高顾客的满意度，从而提高企业市场占有率或盈利；从移动网络运营商来说，移动支付产业的发展必将给其带来较大的收益，并且提高移动数据的增值性；从银行角度来说，移动支付产业的发展能给银行带来收益，其收益主要包括消费者每次进行移动支付所缴纳交易费及商家的服务费分成，还会变相地通过移动支付的预付款增加银行储蓄额、激活睡眠卡、拓宽支付渠道提高服务质量、减少实体网点设置的成本等；从第三方支付平台角度来说，移动支付产业的发展可以使其从向运营商、银行、商户业务使用费进行分成获得更多收益。

然而，由于在法律规范、商业模式、技术安全和消费者习惯等方面的问题，在一定程度上阻碍了移动支付产业的发展。

### （一）政府监管

由于中国国内的移动支付多种商业模式并存，不同的模式存在不同的政策因素，并没有形成统一的政策规范。目前我国的移动支付监管主要由三个部门分别负责：中国人民银行、银监会、工业及信息化部。三个部门分别负责货币政策从而实现宏观调控、对银行开展各项业务的监管、对电信运营商的移动支付业务内容进行监管。移动支付额度的制定则由工业及信息化部制定。

政府与监管是移动支付发展的关键因素，但是在我国政府监管方面却存在许多问题尚未解决。首先是监管主体不明确。三个政府监管部门只是对移动支付业务的某一方面进行监管，并未明确具体由哪个部门进行统筹监管整个移动支付产业。其次是法律效力不足。目前，移动支付条规主要以部门行政规章为主，尚未出台明确的法律和行政法规。除此之外，还存在监管法律依据不足的问题。目前移动支付业务主要集中面临两大类法律问题：第一类，通过银行、第三方支付平台或者运营商交易平台提供移动支付服务中的法律问题；第二类，资金及交易安全方面的法律问题，如滞留资金管理、移动支付证据认定、电子认证及移动支付责任承担问题等。

**（二）移动支付运营模式不清晰**

从传统的购物交易到电子支付，再到移动支付，这期间支付商业模式经历了天翻地覆的变化。自从移动支付业务引入我国，移动运营商、网络公司、银行、软件商、设备商等都加入移动支付市场的竞争，但是，移动支付产业链初步形成，还处于不成熟的阶段，没有清晰的移动支付运营模式，参与其中的各方在整个产业链上的位置都没有最终确定。

从国内的现状来看，巨大的用户数和移动支付流程中的强势地位使得移动支付产业链的主导权只能由移动运营商或者银行来掌握。对于移动运营商来说，发展手机市场具有很大的吸引力。但是银行机构担心移动运营商通过这项业务控制银行所管辖的金融交易过程，在交易的过程中容易引发矛盾。移动运营商具有设备和技术上的优势，银行具有风险管理的强项，双方看到移动支付的发展前景，都力图在产业链中占据主导位置。现在国内移动支付运营模式是多种模式并存，没有清晰的运营模式，更为政府的监管设下难题。

**（三）移动支付安全性问题**

交易是整个商务环节中的重中之重，用户对移动支付安全性的担忧是影响移动支付产业发展的重要因素。由于移动支付涉及用户的个人财产利益，一旦出现交易失误，将会对用户造成很大的损失，大大降低用户对移动支付业务的信心。因此运营商必须保证无线数据传输的安全性，加强移动支付安全机制。在有银行参与的移动支付模式中，还需要银行对账户信息和用户身份进行安全认证，给用户一个放心的安全支付环境。

**（四）移动支付的成本过高，支付程序烦琐**

移动支付成本问题也是消费者比较关心的一方面。成本包括直接交易成本和使用支付服务的固定成本，还有技术上基础设施的成本，例如需要支持移动支付功能的移动设备、移动支付过程中产生的流量费用问题等。同时，随着新的移动支付模式的不断发展和变化，就需要新移动设备来支持。

除了移动支付成本问题之外，还存在移动支付程序烦琐问题。移动支付程序烦琐主要是由于移动支付的产业链分工不明确、产业链效率低造成的。移动支付是个复杂的产业链，涉及银行、信用卡组织、移动运营商、手机终端厂商、手机支付平台提供商、商业机构、内容和服务提供商、用户等多个参与者和活动环节，需要各个环节的联合启动推进产业发展，从而造成了产业链协作效率低下。

作为移动支付产业价值链的主要参与者，无论是对于运营商还是银行来讲，进行手机支付都需要重新对自有的网络进行技术改造，并提供相应的额外服务。而对于银联来讲，受制于自身的体制限制，业务创新和市场反应能力也相对较差。

**（五）消费习惯问题**

传统的购物习惯，现金交易的消费理念在消费者心目中已经根深蒂固。这种消费习惯和支付方式也是阻碍移动支付产业发展的重要因素。就技术而言，实现移动支付已经基本上不存在问题，现在重要的是推广。移动支付业务在加强移动支付安全、减少事故发生率的同时，更需要克服用户对移动支付业务的心理安全问题，加强法律监管，使侵犯者受到处罚。只有保障用户的财产安全，用户才能安心使用移动支付业务。

**（六）国内移动支付标准不统一**

随着中国手机普及率的提高，市场环境日趋成熟，移动支付发展潜力巨大，但缺乏统一的移动支付标准始终制约着产业的发展。由于各方都想主导移动支付产业链，不仅导致了移动支付运营模式的不清晰，也导致了移动支付标准不能统一。

目前，国内手机支付标准主要有两种，一种是中国移动主导的运行于 2.4G MHz 上的 RF-SIM 标准，另一种是银联支持的运行于 13.56MHz 上的标准。2011 年 7 月，有关消息称工业及信息化部将与中国人民银行共同制定统一的移动支付标准，移动支付标准已经初步明确，其中近场支付采用 13.56MHz 标准，2.45GHz 方案仅用于封闭应用环境，不允许进入金融流通领域。

## 二、移动支付产业发展策略

### （一）解决移动支付的安全问题

移动支付的安全性是用户关注的焦点。在支持的流程中，既要做到交易前对用户进行授权、鉴别，确保交易过程中信息传递的可靠性、私密性和交易行为的不可否认性，又要符合用户使用习惯，保持易用性。打造一流的安全支付平台和技术支撑环境，制定更高的技术安全规范，可以降低用户对移动支付业务的顾虑，同时，移动运营商要积极推动手机实名制的实施。

### （二）创新商业模式，实现产业发展

我国移动支付产业具有产业链长、合作方案复杂、协调成本高的特点。这

就要求产业链中的参与者积极创新商业模式，在发展过程中不断自我完善。在现阶段，由移动运营商和银行合作主导产业链，第三方移动支付平台积极支持的商业模式较为适合我国移动支付产业的发展，它在移动支付产业不断发展的过程中也将不断完善；同时，除了移动通信业与金融业在产业层面上的融合，媒体、娱乐等服务行业也要积极融入该领域，充分利用自身资源，合理分工，建立良好的业务模式，推动移动支付产业的健康发展。

### （三）整合价值链，加强行业协作，实现共赢

移动支付产业虽然刚刚起步，但是具有很大的潜力，任何一家企业想垄断整个市场都是不可能的，市场具有自己的价值链和经营模式，需要各个环节的共同合作经营。价值链上的各合作伙伴应该明确各自的责、权、利，加强沟通和协作，才能保证移动支付业务的健康发展。其中最重要的就是移动运营商与银行间的合作。双方需要充分认识到合作比争夺更有利于移动支付市场的开拓，需要关注于自身的核心竞争力。运营商的优势在于网络的提供和移动支付技术的保障，银行拥有风险管理和信用认证的经验，两者合作的前景是广阔的。

### （四）政府部门与央行加快相关政策法规的制定

任何行业的规范发展都离不开配套的法律法规的正确指引和业务监督。因此政府部门和央行有必要加快关于移动支付业务的监管政策法规的制定，明确移动支付服务商及其业务的合法性。对非银行机构在移动支付活动中提供的支付结算服务，应有效监控，防范其业务经营风险。

### （五）引导消费者建立新的消费观念，推广移动支付业务

移动支付业务的提供商需要加强客户需求和消费行为研究，找准目标客户市场，展开有针对性的市场营销，进行个别行业的试点推广，在成功后，再拓展到更多的行业中，不断培养用户的使用习惯。移动运营商需要为用户提供尽可能简单、友好的操作界面，简化移动支付的操作流程。为用户提供与现金支付相似的支付手段，如红外线支付方式与蓝牙支付方式等。同时，产业链上的各环节应达成共识，对移动支付的终端设备制定统一的行业标准，形成完善的供应链。

 **本章案例**

#### 移动支付奏响华丽前奏 WPKI 技术谱动人旋律

只想买一个郊游用的烧烤架又懒得打开电脑？没有关系，你有手机。饭后逛街偶然发现喜爱的衣服又没带钱包？没有关系，你带着手机。这就是移

动支付。

在 2011 年 4 月 14 日开幕的"2011 中国移动支付产业论坛"上，工业及信息化部科技司副司长代晓慧表示，工业及信息化部将与中国人民银行共同制定统一的移动支付标准。据悉，商务部中国国际电子商务中心等多家权威单位也将参与到相关标准制定的行列中来，这对产业的发展无疑是一个天大的好消息，因为这意味着，移动支付的春天就要到了。

美国三大移动通信运营商共推公交系统商用移动支付；日本、韩国的三家移动巨头达成协议，共同开发一款移动支付业务，使移动支付得以在日本、韩国之间互通；来自中国的最新消息显示，国内手机用户已超 8 亿人，巨大的市场上，标准的制定，无疑将为移动支付奏响华丽前奏。运营商、银行、商户各自盈利，用户便捷地获取所需……移动支付的受益者是所有人。然而欣喜的同时，人们还没有忘记的是保证安全。美国移动支付的首要问题即为"安全"，国内同样如此，安全不是目的，安全是前提。这便是中国国际电子商务中心下属国富安公司等信息安全服务提供者的职责所在。

手机无线网络对安全性的要求甚至多于互联网。互联网 CA 认证的方式已被广大用户所认可，3G 网络中需采用更好的加密体制。国富安公司作为国内最早接触无线公钥基础设施（WPKI 技术）的厂商之一，将互联网电子商务中 PKI/CA 安全机制引入移动商务中，从而保证安全、可靠的移动网络环境。

一个经典的例子是国内 3G 领域首次使用第三方数字证书的案例。国富安通过 SD-key 为客户提供身份认证，用户使用 3G 无线登录，即可安全进入国家药监局电子政务系统进行相关操作。当然，这个项目也是国内领先的，是以 SD-key 方式向手机用户提供第三方证书的典型案例。

如果说标准的即将制定是移动支付的华丽前奏，那么我们称保证信息安全的相关服务为乐曲的骨架必不为过，而 WPKI 技术等则可称为乐曲的动人旋律。旋律使得乐曲饱满，旋律使得乐曲精彩，好的旋律也是乐曲能够常奏不衰的重要保证。移动支付离我们越来越近，也需要进一步关注它的安全了。在这一点上，信息安全服务提供者们责无旁贷。

资料来源：佚名.移动支付奏响华丽前奏　WPKI 技术谱动人旋律 [OL]. 和讯科技，http://tech.hexun.com，2011-04-19.

 问题讨论：

1. 国外哪些主流移动支付安全方案值得我们借鉴？

2. WPKI 技术在移动支付，以及移动商务安全中发挥了怎样的作用？

# 本章小结

　　移动支付（Mobile Payment）是移动商务活动中重要环节。伴随着移动支付的应用，不仅拓宽了用户的支付方式，也给移动商务的发展带来重大的机遇。移动支付在国内外和不同的学者之间有不同的概念，至今为止还没有一个统一描述移动支付的概念。在本书中，按照编者的理解给出了移动支付的一个概念。同时，第一节介绍了移动支付在国内得以快速发展的背景和移动支付的分类情况。

　　目前国内许多电子商务网站都提供了多种类型的支付方式。按照支付活动的运作方式的不同，可将电子商务领域中的支付方式分为三大类：第一类是依靠传统支付体系实现的传统支付方式；第二类是依靠 Internet 完成的网上支付方式；第三类是依靠通信网络完成的移动支付方式。移动商务的发展离不开完善的支付方式和支付手段，在我国，目前移动支付标准未统一，移动支付运营模式也是多种模式并存。商业运营模式根据移动支付产业价值链中的主要参与者可以分为四类，即移动网络运营商模式、银行模式、第三方支付模式、移动网络运营商和银行的合作模式。根据我国的国情和移动商务在国内发展的状况，移动网络运营商和银行的合作模式是目前在国内最适合运营的商业模式，但是为了移动支付有更进一步的发展，移动支付商业模式要探求新的发展，寻找新的突破。

　　安全保障应当是移动商务的首要考虑和始终保证的一个问题。移动支付作为移动商务的重要应用和重要环节，安全机制显得尤其重要。本章主要以移动安全支 SeMoPS 模型为例，说明移动支付的需求以及处理流程，并介绍了数字签名在移动支付中的应用。

　　随着移动支付产业的不断发展，新的成员不断加入，新的技术不断得以应用，我国移动支付产业也逐渐丰富起来。但是，由于产业链中参与成员众多、成员之间协商力度不够、多种产业模式并存等现象的存在，移动支付产业发展仍然存在一些问题。为了移动支付产业更快更好的发展，亟须提出移动支付产业发展策略。

# 本章复习题

1. 简述移动支付业务的发展背景。

2. 简述移动支付的定义以及移动支付的分类。

3. 移动支付的实现方式有哪几种？简述各种实现方式的优缺点和适应的移动支付方式。

4. 移动支付的商业模式有哪几种？你认为哪种商业模式目前是最适合我国的商业模式？

5. 简述移动支付的安全要求。

6. 简述基于 SeMoPS 模型的移动支付业务流程。

7. 简述数字签名在移动支付中的应用。

8. 简述 WPKI 应用于移动支付的优势。

9. 我国移动支付产业发展过程中面临哪些问题，可以采取哪些发展策略？

# 第七章

## 移动商务的安全管理

## 学习目的

知识要求 通过本章的学习，掌握：

- ● 移动商务存在的安全管理问题
- ● 国外先进的移动商务安全管理经验
- ● 移动商务安全管理的措施
- ● 信誉与信任模型

技能要求 通过本章的学习，能够：

- ● 了解国内外有关移动商务安全的法律法规政策
- ● 了解信誉与信任模型对完善移动商务安全管理的作用

## 学习指导

1. 本章内容包括：移动商务存在的安全管理问题分析；国内外移动商务安全管理现状；信誉与信任模型；移动商务安全管理措施。

2. 学习方法：抓住重点，结合实际理解我国移动商务安全管理现状；借鉴国外先进的管理经验；与同学讨论防欺诈行为的手段和加强我国移动商务安全管理的措施。

3. 建议学时：4学时。

引导案例

## 落实《电子签名法》 助推社会发展转型

### 一、以网络空间为载体的虚拟社会正悄然形成

随着信息通信技术的发展和互联网的普及，一个覆盖全球的信息网络已经形成。网络为人类社会活动提供了新空间。网络空间高效、便捷、开放、低碳的特点，吸引越来越多的人参与其中，并开展工作、学习和生活等各项活动，以网络空间为载体的虚拟社会正悄然形成并不断发展。

网络空间并不是孤立存在的，网络空间与现实空间具有很强的映射关系，虚拟活动与现实活动相互补充，共同组成人类活动的全部。随着网络空间的发展壮大，人类活动将越来越多地从现实空间转向网络空间，这样的变迁正改变着我们的生产结构、经济结构，改变着我们的社会结构和社会的组织模式，改变着我们的经济社会发展方式，对人类发展产生了深刻而深远的影响。可以认为，未来的人类社会将是一个虚拟社会与现实社会相互融合、相互影响并共同发展、共同繁荣的社会。

### 二、维护网络空间秩序任务艰巨

经历几千年的发展，人类社会形成了完整的法律体系和道德规范，任何人的行为一旦超越了道德、违背了法律，必将受到谴责和处罚，这种约束机制为保障秩序、促进社会健康与和谐发展奠定了基础。法律和道德对人类行为的约束建立在身份真实与行为客观的基础之上。为了确保人类活动的真实和不可抵赖，我们建立了以身份管理、凭证留存为核心的活动记录制度，重大活动和行为都会以某种形式记录下来，以备查证。记录形式包括政府文件、纪要，商业合同、业务凭证，甚至人与人之间的约定或协议。所有记录构成了人类活动的证据链条，成为责任认定的基础。也正是由于有了这些记录，责任才能被追究，行为才有可能受到约束。

现实社会中记录人类活动的载体主要是纸质文件。纸质文件确保了一旦记录形成，便不可更改。为确保纸质文件的真实、完整，经过长期摸索，形成了签名规则并最终发展成为法律制度。一切重要文件或记录，都以当事人签名作为生效的要件。建立在签名基础上的纸质文件记录，构成了人类活动的最重要的证据，为法律实施、道德批判提供了基础。

在网络空间，一切记录都表现为电子形式。电子形式的文件与纸质文件有着本质不同。电子文件删改容易，真实性、完整性不易证实，这种记录形式失去了书面证据（纸质文件）无可争议的证明力，使网络行为的责任追究难度加

大。再加上网络身份制度的不完备,网络活动行为隐蔽,一些不法分子或心存不满的人,更倾向于利用网络从事非法活动或宣泄不满,大大提高了网络空间的执法成本,增加了维护虚拟社会秩序的难度。

### 三、推广电子签名与认证是繁荣网络空间的基础

利用网络从事经济社会活动,不仅可以大大提高效率,而且可以减少出行、减少纸张,符合人类社会低碳、环保、绿色的发展方向。网络空间要发挥更大的作用,必须解决网络空间的身份认证和行为管理两大问题,必须像现实社会一样,建立可以追溯责任的记录制度。2005年,我国正式实施《电子签名法》,明确了可靠电子签名的法律效力,并且对可以替代书面文件的电子文件进行了规范。《电子签名法》的颁布实施,从法律上解决了网络空间的法律适用问题,也为建立虚拟社会的善风良俗提供了基础。

落实《电子签名法》,关键在于推广可靠的电子签名应用。实现可靠电子签名的技术很多,最成熟并得到广泛认同的便是基于非对称密钥的数字签名技术。推广数字签名技术,可以从两方面着手:一是加强网络身份管理;二是建立电子凭证制度。

随着网络活动的日益增多,网络身份管理已经引起世界各国的高度重视。我国学者也提出了加强网络身份管理的建议。我们认为,以数字证书为基础,以可靠电子签名应用为牵引,依托国家批准的电子认证机构,建立符合市场经济规律的、覆盖全国的、统一的身份认证服务体系,应当成为我国推进网络身份管理的选择。发展电子认证机构,普及数字证书,制定统一的身份认证政策,加强认证过程管理,建立风险补偿机制,对我国普及数字证书、建立网络身份管理制度具有重要推动作用。

现实社会中,人类活动往往使用凭证进行记录,如我们在银行办理业务会收到业务凭证,进出重要场所会登记并签名。一切重要活动都会采取某种形式记录下来并由当事人签名。反观网络活动,我们会发现,许许多多重要的网络活动,没有相应的凭证,缺少有效的、低成本的行为追溯机制,无法追踪到行为主体,网络成为散布流言、混淆视听的垃圾场,网络行为成为轻佻戏谑、不负责任的代名词,网络空间的秩序维护和权益保护困难重重。建立电子凭证制度,依据身份认证和可靠电子签名,确立电子凭证的法律效力,有助于建立网络行为的追溯机制,保障网络空间秩序,促进虚拟社会健康发展。

通过电子签名与认证服务搭建虚拟社会与现实社会的桥梁,建立起网络身份与真实身份、网络行为与真实行为之间的关联,把法律法规应用于网络空间,用公共道德和社会正义约束网络行为,对于建立网络空间秩序,促进虚拟

社会发展，促进社会发展的转型将起到积极作用。

资料来源：欧阳武. 落实《电子签名法》 助推社会发展转型 [OL]. 移动 LABS, labs.chinamobile. com, 2011-05-26.

➡ **问题：**

1. 网络空间秩序的管理具有哪些难度？

2. 为什么要推广电子签名，推广电子签名对于发展移动商务具有什么作用？

# 第一节 移动商务存在的安全管理问题分析

除了移动商务在技术上面临无线窃听、冒充和抵赖、重传攻击、病毒和黑客、插入和修改数据、无线网络标准缺陷等问题，手机短信、SP 提供商、移动终端、工作人员、信息安全管理标准化也面临着安全管理问题，下面将重点分析移动商务在安全管理方面存在的问题。

## 一、用户隐私信息的安全管理

在移动商务中，消费者要通过移动支付方式完成交易，但由于移动商务交易的双方当事人不直接见面，只是通过网上银行来进行交易的，这就给一些黑客偷窃个人信息、账户号、划走资金提供了作案的机会。甚至有人将收集、储存、整理的大量用户信息，公然用网络和手机进行销售。不仅如此，根据网络安全报告提供的情况：大约四成的网民购物后的个人私密信息被窃取或个人信息被在线网络滥用，造成不法分子利用这些信息发布垃圾短信或进行恶意勒索、欺诈等活动。

无线通信的主要优势是能够提供基于地理位置的服务。定位技术能使无线运营商为紧急救援人员和其他团体提供非常精确的用户位置信息，使出现紧急情况的个人能得到救助和保护，但同样引发了人们对隐私问题和个人安全问题的担忧。因为，无线位置跟踪技术能使他人知道用户的活动信息，包括去什么地方、在什么地方、停留多长时间等。时间一长，就能通过收集到的这些信息分析出用户的习惯、活动特点及规律。这种随意窥测个人隐私究竟有多大的影响是很难预测的。利用这种技术，执法部门和政府可以监听信道上的数据，并能够跟踪一个嫌疑人的物理位置。同样，恐怖分子利用这种技术，就可以有目的地实施抢劫和绑架等犯罪活动。

总而言之，用户隐私信息的管理不善，造成一些用户对移动商务持观望态度，阻碍了移动商务的推广与应用。移动商务对用户隐私信息的管理除了相关技术尚不完善外，还欠缺系统的管理方法以及配套的法律约束手段。

## 二、SP 提供商的安全管理问题

SP 提供商通过移动运营商提供的增值接口，通过短信、彩信、无线应用协议 WAP 等方式为手机用户发送产品广告、提供各种移动增值服务。由于 SP 与移动运营商之间是合作关系，因此移动运营商很难充当监督管理的角色，部分不法 SP 以利益为重，利用手机的 GPRS 上网功能，向用户发送虚假信息和广告，哄骗他们用手机登录该网站，实际上却自动订购了某种包月服务，网站以此骗取信息费。通过通信公司的网关发送短信，一般具备了"代扣费"功能，客户只要回复就会落入短信陷阱。这些垃圾短信的大量产生，让许多手机用户敢看短信而不敢回短信，给一些正规的企业造成了市场困境。

## 三、移动终端的安全管理问题

很多用户容易将比较机密的个人资料或商业信息存储在移动设备中，如 PIN 码、银行账号甚至密码等，原因是这些移动设备可以随身携带，数据和信息便于查找。但是由于移动设备体积较小，而且没有建筑、门锁和看管保证的物理边界安全，因此很容易丢失和被窃。很多用户对他们的移动设备没有设置密码保护，对存储信息没有备份，在这种情况下丢失数据或被他人恶意盗用，都将造成很大的损失。

另外，用户在使用移动设备时大多数是在公共场合，周围行人较多，彼此之间的距离很近，尤其是在地铁这样比较拥挤的交通工具上，设备显示信息和通话信息比较容易泄露给他人，用户在信息安全防范意识方面有所欠缺。

## 四、工作人员的安全管理问题

人员管理常常是移动电子商务安全管理中比较薄弱的环节。未经有效的训练和不具备良好职业道德的员工本身，对系统的安全是一种威胁。工作人员素质和保密观念是一个不容忽视的问题，无论系统本身有多么完备的防护措施，也难以抵抗其带来的影响。

对于外来攻击者，他们可能通过各种方式及渠道获取用户的个人信息和商业信息等，如果员工在各方面都加强防范，应该可以杜绝不少漏洞。我国很多企业对职工安全教育工作做得不够，又缺乏有效的管理和监督机制，有些企业买通对手的管理人员，窃取对手的商业机密，甚至破坏对方的系统，这给企业带来极大的安全隐患。

### 五、信息安全管理的标准化问题

目前移动电子商务产业刚刚起步，这个领域还没有国际标准，我国也没有国家标准和统一管理机构。设备厂商在无线局域网设备安全性能的实现方式上各行其道，使移动用户既不能获得真正等效于有线互联网的安全保证，也难以在保证通信安全的基础上实现互通互联和信息共享。由于没有安全标准的评测依据，又缺乏有关信息安全的管理法规，主管部门很难对信息安全标准做出规范要求，这也给移动电子商务信息安全的审查和管理工作带来了很大困难。

# 第二节　国内外移动商务安全管理现状

随着移动终端设备的普及和移动通信网络、互联网的飞速发展，世界各国都采取相应的管理措施以及相应的法律法规来规范移动商务活动，尤其是移动商务的安全性问题。

## 一、国外先进的移动商务安全管理经验

移动电子商务在我国刚刚兴起，在国外的发展历史也并不是很久。但是，部分发达国家在移动电子商务的安全管理方面取得了显著成效，极大地促进了移动电子商务安全的健康发展。虽然这些国家依靠强大的经济技术支持，但是其先进的管理经验仍为我国提供了很好的借鉴价值。综观国外发达国家的安全管理，以下几方面的经验对于中国移动商务的安全管理具有很好的借鉴意义。

### （一）国外移动商务安全管理的措施

1. 对移动通信市场的监督管理

有效的监管体制对移动电子商务活动的安全开展是十分必要的，加强对移动运营商、SP 提供商的管理，加大对移动通信行业的监管力度，为移动用户营造一个安全可信任的网络交易环境，是移动电子商务健康发展的重要保障。目前，世界各国都十分重视对移动通信行业的监管，尤其在监管机构的设置、准入环节的安全控制等方面对我国有很大启示。

（1）监管机构的设置。英、法、澳三国对监管机构的设置管理较为领先，它们的电信管制机构的共同特征是：①机构必须依法设立，因此有较高的权威性；②电信管制机构应是一个专门的技术性管制机构，因为电信业是一个专业

性较强的行业；③电信管制机构与政府相关部门的关系，既有其相对的独立性，又有一定的关联性，但政府不予过多干涉。

（2）市场准入环节。世界很多国家都非常注重无线网络运营者对移动电子商务安全的影响，目前在市场准入环节采取的主要安全管理手段是许可证的颁发。各国均设置了严格、缜密的审查过程，对运营商和 SP 提供商的资格、能力、安全性等多方面进行综合评估。

（3）对 SP 的监管。世界各国对 SP 的监管方式不同，除了在法律上对其进行规范和约束以外，很多国家还结合本国国情建立了独特的管理模式，并获得了显著成效，其中日本和韩国的经验值得我国借鉴。

在日本，SP 分为官方和非官方两种。官方 SP 主要是一些大的 SP，运营商会定期巡检官方 SP 的内容，对于非官方 SP 的内容，主要通过法律来管辖。这种划分是对 SP 的一种考核评定，成为官方 SP，不仅提升了在用户心目中的信用度，同时也增加了用户未来访问网站的机会。这种管理模式既有利于 SP 专注于内容的合法性与安全性，也有利于移动运营商对 SP 的管理和激励。

韩国对 SP 实行分层次管理，采取运营商管理大 SP，大 SP 管理小 SP 的模式。对 SP 采取分层管理，有力促进了运营商与 SP 之间以及大 SP 与小 SP 之间的沟通和联系，同时上层主管部门负责对下层 SP 的内容提供、业务和服务质量、操作安全性等方面进行定期检查，发现违规行为及时处理，减少了统一管理模式下对 SP 违规行为的遗漏，大大提高了安全管理的效率。

2. 对移动终端的管理

世界很多国家已经意识到违法短信对移动电子商务安全性的威胁，对手机实行实名登记成为国际上流行的管理方法。日本在实名管理方面取得的成绩最为突出，它采取行业联合管制的方法预防垃圾短信。美国对非正常短信的监管不是要求发送方实施手机实名制，而是要求手机用户注册拒收垃圾短信，类似美国做法的还有英国、新加坡等国家。

3. 安全管理组织体系建设

在网络信息安全管理的体制建设方面，美国和日本的经验值得借鉴。在完善维护信息安全管理体制方面，美国早就成立了由主要内阁成员参加的"关键基础设施保护委员会"，该委员会定期举行会议并提交报告，为总统了解信息网络安全状况和制定政策提供建议，并协调各项保护信息系统计划的实施。在政府信息安全体制建设方面，日本政府的信息安全对策是于 1999 年正式启动的，2000 年初开始进行信息安全体制建设。从内阁官方安全保障、危机管理室成立"信息安全对策推进室"确立了内阁信息安全体制。

### 4. 安全管理标准的制定

目前，信息安全管理标准中应用最为广泛的是由英国标准局制定的 ISO/IEC 标准，该标准从信息安全策略、组织的安全、人员安全等 10 个方面分别介绍了信息安全的控制目标以及实现这些目标的 127 个控制措施。很多国家都依据该标准制定了自己的国家标准，但是随着该标准在不同国家越来越多的实践，人们发现了其不足之处，并开始进行修正。表 7-1 是对 ISO/IEC 标准和修订版内容进行的比较，以对我国信息安全标准的制定给予启示和参考。

表 7-1　ISO/IEC 标准和修订版内容的比较

| ISO/IEC 17799:2000 | ISO/IEC 17799 修订版 |
| --- | --- |
| 安全策略 | 安全策略 |
| 组织的安全 | 组织信息安全 |
| 资产分类和控制 | 资产管理 |
| 人员安全 | 人力资源安全 |
| 物理和环境安全 | 物理和环境安全 |
| 通信和操作管理 | 通信和操作管理 |
| 访问控制 | 访问控制 |
| 系统开发和维护 | 信息系统采购、开发和维护 |
| | 信息安全事件管理 |
| 业务连续性管理 | 业务连续性管理 |
| 符合性 | 符合性 |

### （二）国际电子商务立法现状

全球电子商务立法是近几年世界商事立法的重点，电子商务立法的核心，主要围绕电子签章、电子合同、电子记录的法律效力展开。从 1995 年美国犹他州颁布《数字签名法》至今，已有几十个国家、组织和地区颁布了与电子商务相关的立法，其中较重要或影响较大的有：俄罗斯 1995 年的《俄罗斯联邦信息法》，联合国贸易法委员会 1996 年的《电子商务示范法》和 2000 年的《电子签名统一规则》，欧盟 1996 年的《关于内部市场中与电子商务有关的若干法律问题的指令》和《电子签名统一框架指令》，德国 1997 年的《信息与通用服务法》，新加坡 1998 年的《电子交易法》，美国 2000 年的《国际与国内商务电子签章法》，等等。

上述电子商务立法虽然国家不同、时间各异，但总体来看，各国国内的电子商务立法却有着三个非常明显的共同特征：①迅速，从 1995 年俄罗斯制定《俄罗斯联邦信息法》及 2000 年美国犹他州出台《数字签名法》至今，在短短几年的时间里，已有几十个国家、组织和地区制定了电子商务的相关法律或草案，这种高效的立法，在世界立法史上是非常罕见的；②兼容，在电子商务高速发展并逐步打破国界的大趋势下，电子商务立法中任何的闭门造车不仅是画地为牢，更会严重阻碍电子商务与相关产业的发展，所以，各国在进行电子商务立法时，兼容性是首要考虑的指标之一，并且，也正是这种兼容性的要求造就了电子商务立法中先有国际条约后有国内法的奇特现象；③法律的制定及时有力地推动了电子商务、信息化和相关产业的发展。2000 年前后席卷全球的电子商务狂潮在很大程度上要归功于两部法律：一部是我们前面提到的联合国贸易法委员会的《电子商务示范法》，它奠定了全球电子商务开展的根基；另一部就是美国 1997 年的《全球电子商务纲要》，直接涉及了关税、电子支付、安全性、隐私保护、基础设施、知识产权保护等发展电子商务的关键性问题，为美国电子商务的发展创造了良好的政策法律环境。

此外，在这些国际电子商务立法中，电子商务国际立法还具有一些特点：边制订边完善，电子商务国际立法重点在于使过去制定的法律具有适用性；发达国家在电子商务国际立法中居主导地位；工商垄断企业在电子商务技术标准的制定上起主要作用。

总之，经过近 10 年的立法实践，世界各国和国际电子商务立法都有了长足的进步，一些基本原则得到广泛应用，在一些细节的处理上也已比较成熟。起步较早的国家在完成了针对电子签章和电子交易的相关立法之后，更多地把注意力转移到一些更具体的问题上，如完善交易规则、反欺诈、打击垃圾邮件和查处网络犯罪等，并同时加大了推广国际规则的力度。作为发展中国家的中国，在电子商务的立法上起步较晚，还有大量的实际问题和法律技术问题需要解决，有很多的国际规则需要研究，而在"以信息化带动工业化"的战略任务面前，给予我们的时间是很有限的，所以及时研究跟踪国际电子商务立法的发展进程及特点，掌握国际电子商务立法的发展趋势，促进中国国内电子商务立法，对于中国积极参与国际电子商务立法，防止大国对电子商务立法的控制具有重要意义。

（三）国外先进经验对我国的启示

首先，从先进国家移动商务安全管理的经验来看，以下几点值得我国学习和借鉴：①设置有效的移动通信市场监管机构，保证监管机构的独立性，同时要大力发挥政府的监督职能，加强对监管机构的监督和管理；②加强对移动运营商和 SP 提供商的准入控制，设置严格、缜密的评估和审查过程，同时兼顾社会其他机构的意见；③有效遏制垃圾短信的广泛传播，尽快实施移动终端的实名制管理；④提高移动电子商务安全管理的地位，将安全管理纳入国家安全战略之中，提高人们的安全意识；⑤建立完善的安全管理组织体系，重视安全基础设施的建设和安全基础技术的开发研究工作；⑥制定适合我国国情的安全管理标准，搭建信息安全标准验证管理平台，推动标准实施。

其次，要重视政策法规在移动电子商务安全管理中的重要作用。由于我国移动通信和电子产业的行业自律意识薄弱，因此要指定特定的认证机构颁发电子签名认证证书，同时要加快移动电子商务安全立法进程，在保证所确定的法规不会阻碍未来新技术发展的前提下，加强法律对安全管理的约束力量。

## 二、我国移动商务安全管理的法律环境

党的十六大确定了"以信息化带动工业化"及国民经济信息化的发展战略，2009 年国家"十二五"规划明确表示把电子商务作为支持创新发展的一个重要方向，这是自"十一五"规划明确提出要求建设"移动电子商务试点工程"以来又一次将电子商务提升到一个新的发展高度。在这些大政方针与政策措施的指引和推进下，近几年，我国的电子商务与企业信息化取得了较快的发展，加快了我国国民经济信息化的进程。但是，我们必须看到，我国发展电子商务还面临许多障碍，其中政策、法律法规等保障环境不健全的因素直接影响了电子商务在我国的普及、应用和发展。

### （一）我国电子商务立法现状

在电子商务立法领域，从 1999 年开始，相关的立法呼声开始出现，2000 年第九届全国人大三次会议第一天产生的第一号提案使电子商务立法成为更多人关注的焦点，在其后的时间里，相关的一些法律法规、部门规章和地方法规陆续出台。在这一过程中，出台了包括《电信管理条例》、《互联网信息服务管理办法》、《商用密码管理条例》、《互联网站从事新闻登载业务管理暂行办法》、《全国人大关于维护互联网安全的决定》等多部法律法规，其中 2005 年 4 月颁布的《电子签名法》从法律上解决了网络空间的法律适用问题，对电子商务的安全管理起到了关键性的推动作用。

综观这些法律法规，还存在较多的问题：

（1）这些法律法规只是围绕着电子商务发展中的一些边缘化的法律问题做出了规定，如基础设施的问题、信息服务的问题、行政管理的问题、信息安全的问题等，而对于电子商务运行中最为核心的问题，如电子交易、电子签章、电子合同、数据与隐私权保护、消费者保护等涉及交易环节的有效性、安全性和相关方权益保护的问题，却基本没有涉及或涉及得过少。倒是在一些地方法规中，先后针对电子商务中的签章、交易、认证等做出了规定，如广东省的《电子交易条例》、上海市的《数字认证管理办法》、海南省的《数字证书认证管理办法》等，这些地方法规虽然对当地电子商务的发展起到了很大的促进作

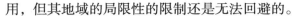

用，但其地域的局限性的限制还是无法回避的。

（2）这些法律法规的效力普遍较低，以部门规章为主，法规较少，法律更少。而部门规章等效力低的现实直接造成了其适用范围和力度的不足。还有，虽然部门规章和地方法规的数量较多，但由于缺乏更高的法律或立法规划的指引，目前我国电子商务法律体系的系统性很差，还没有形成统一、稳定的法律原则，规定之间缺乏必要的呼应和协调，甚至存在一些冲突和不一致的地方。

（3）虽然目前我国围绕着电子商务和网络的一些规章数量不少，名称也各不相同，但其中很多规章的核心内容却基本一致，那就是规定对这个领域电子商务和网络经济活动进行登记、许可等管理。围绕这个规定，做出一些程序上的规定。这些规定散见于对 ISP 经营、ICP 经营、BBS 经营、域名管理、网上新闻、网上广告、网上证券、教育网站、网上音像制品、招聘网站管理等领域，在某种程度上可以说已经形成了一种固定的模式。这样的一种模式，基本上是在以往的条块分割的管理体制下针对传统商务模式的管理办法，不能很好地适应电子商务和网络经济的特性和要求。

总之，我国还没有形成完整的电子商务法律体系，涉及电子商务安全管理的核心法律法规建设尚不完善，相关部门应结合电子商务在我国实际应用中出现的问题，尽快制定出有针对性的法律法规以规范电子商务市场，以此推动电子商务健康、有序、快速地发展。

### （二）我国移动商务立法现状

移动商务作为崭新的商务活动方式，不可避免地会带来一系列法律问题。但与之相关的法律，我国仅有于 2005 年 4 月颁布的《电子签名法》，较之国外已有的法律法规还相差甚远。移动商务在我国的发展还处于初级阶段，目前针对移动商务的相关法律法规还没有出台，致使移动商务贸易、税收、安全等问题无法得到解决，从而在保障移动商务所有参与方的基本权益问题上存在一定难度。

首先，中国尚处于社会主义初级阶段，现行涉及商务的法律法规，基本都是针对传统的商务活动而建立的，实践中已有很多不能适应移动商务的迅速发展。

其次，发达国家和发展中国家在发展移动商务方面必然存在利益冲突，围绕如何制定规则和应当遵守什么样的规则等原则性的问题必然会进行力量和智慧的较量。

最后，移动商务的全球性的特点使得中国移动商务的法律建设既要考虑国内的环境，又要与全球移动商务的法制建设同步，如果中国有关使用现代信息技术的法规与国际规范有较大的差异，就会限制中国企业积极参与国际竞争。

与日新月异的技术发展和移动商务模式的更新相比，由于法律固有的稳定性和立法认识能力的限制，使与移动商务相关的法律显得跟不上节拍。一方面是法律在一些移动商务带来的新领域里呈现空白；另一方面是传统法律与移动商务行为不协调，这方面的弊害主要是使商家无法预见自己行为的法律后果，对既得利益缺少安全保障，同时，那些不协调的法律可能直接阻碍移动商务的发展。

为此，各地也积极推出政策，如《北京市信息化促进条例》、《上海市数字认证管理办法》以及《广东省电子商务交易条例》等，尽管这些条例、办法并不是针对移动商务提出的，但是这些条例对交易活动、基础设施等的规范，为移动商务的安全管理奠定了基础，为监管电子商务和移动商务提供了依据。总之，移动商务的法制建设任重而道远，伴随着移动商务的不断发展，相关配套的法律、政策也应加快步伐完善。

# 第三节　信誉与信任模型

随着互联网技术的发展，信息传播的便捷性、快速性及用户规模和潜在价值的巨大性，电子商务已经成为信息时代商业发展的趋势。但是由于虚拟市场产品具有不可触摸、交易的匿名性等性质从而使信息的不对称性加剧，欺诈行为不断出现。在线交易的非人格化和信息的不对称性使虚拟市场的不确定性加大，即交易风险增加。很多调查显示，网络用户对网络信息持有怀疑或否认态度，消费者对网络销售者的信任度不高，由此影响了卖家和买家交易关系的建立。经研究表明，消费者大多不愿意在网上进行商品的交易是因为信用的缺失。建立信誉与信任模型，并应用于移动商务中，才可以有效地对欺诈行为进行安全管理。

## 一、商家欺诈行为产生的安全威胁

在传统的交易中，交易双方是通过"面对面"的形式完成交易的，消费者容易判断经营者提供信息的真实性。而在移动商务中，消费者对于产品的了解只能通过图片和文字的简单说明了解、判断，这就使消费者对商品的产地、规格、原材料来源、成分等真实情况缺乏全面、深入的了解。这种信息的不对称，就给某些商家夸大商品的性能和功效、提供虚假的商品信息提供了机遇和可能。

**（一）虚假广告对消费者的威胁**

在移动商务中，消费者仅能通过简单的图片和文字介绍去认知和了解产品，对产品的真实质量情况和本身可能存在的缺陷缺乏了解，这就使消费者在网上订购后，出现实际交货商品的质量、价格、数量与所订购的商品不一致的情况。特别是某些虚假广告更具有这种骗人的效果。

当虚假广告和其后面掩盖的网络欺诈行为被消费者发现后，不法行为人只要采取立即关闭，或者转移站点的方法，就可以轻松地逃脱处罚。不仅如此，当侵权行为发生后，部分不法分子还可以利用高科技手段迅速毁灭证据，使监管人员即使发现其不法行为，也会因为证据不足而无法对其实施处罚。

**（二）售后服务中的缺陷**

目前，我国移动商务中的售后服务滞后，一旦消费者要向商家退款或索赔，商务网站需要提供该经营者的详细资料，但商务网站常以商业秘密为由，拒绝提供，对此，消费者毫无办法。这样一来，一旦双方发生纠纷，受害的用户无法承担举证责任，问题很难查清。

**（三）欺诈损害了消费者的权益**

消费者在虚假广告的误导下，进行商务交易后，消费者的知情权以及利益都受到了侵害，而且这种欺诈行为会造成消费者对整个移动商务模式产生怀疑，并将这种排斥的态度传播给身边的人，导致移动商务模式的信用下降，严重阻碍移动商务的推广以及应用。

商家的欺诈行为除了可以采用宣传与法律手段解决外，建立信誉与信任模型也是防欺诈、增加用户对移动商务信用度和接受度的有效管理方法。

## 二、信誉模型

### （一）信誉的定义

从广义上讲，信誉总体来说是一种信任度，信誉是对一个人或者一个事物的特性或行为的普遍认识。电子商务信誉是在组织网络节点间建立信任、维护安全的重要途径，对信誉的研究目前主要集中在信誉测度的计算。

信誉和信任是紧密联系的，信誉高，可信任性就强。显然信誉是信任的一个组成部分，信誉来自信任。但是二者又有明显区别：我信任你因为你的信誉好；我信任你尽管你的信誉不好。第一种陈述反映信任方已经了解被信任方的信誉，并且其信任是建立在信誉的基础之上的；第二种陈述反映尽管信任方了解被信任方的信誉，但是对被信任方的信任是以个人的知识为基础的，通过自身经历和经验或亲密的关系而决定的，即感知信任。通过比较反映了信任是一个针对个人的主观的心理过程，主观评价的形成有很多的影响因素。一些因素对信任的形成影响权重较其他因素大，如个人的在线经历比第三方信息或被信任方的信誉评价对信用的影响大。但是在缺乏个人在线经历的情况下，第三方信息或信誉评价就显得尤为重要。

**（二）信誉模型的基本运行原理**

信誉模型是在线信誉系统的主要核心部分。有效的信誉模型必须包括三方面属性——实体对象长期有效，信誉信息的获取和发布，根据信誉信息做出决策。通过定量分析，为交易双方提供信誉决策所需的数据、信息和背景材料，帮助交易双方明确潜在交易对象（组），建立或修改决策模型，提供各种备选方案并对各方案进行评价和选优，利用人机交互功能进行分析、比较和判断，为科学的信誉决策提供必要的支持。我们要有个信誉标度来衡量判断信誉决策的好坏，信誉标度是指交易完成后，交易一方针对交易情况给对方进行信誉反馈评价，而信誉标度规则是指信誉模型提供哪些符号供用户进行选择以完成信誉反馈评价。

信誉模型的基本框架如图 7-1 所示，可以概述为：

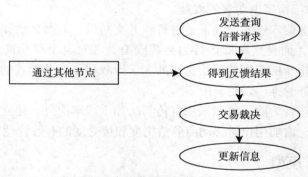

**图 7-1　信誉模型的基本框架**

（1）发送信誉查询请求。

（2）接受查询请求结果，即得到其他节点的反馈。

（3）计算并做交易裁决，即综合信誉信息计算对方节点的可靠性，决定是否交易。

（4）交易完后信息更新——如果交易，根据交易的结果修改自身直接评价值，并修正对其他节点反馈的可信度。

通过收集、利用交易者对在线交易的事后信息反馈可建立信誉，这有助于推荐、判断被信任方交易的质量和可信任性。反馈信息主要包括：反馈的满意或欺骗的交易数量；交易的总数量；反馈信息的可信度；交易的规模；电子社区的内容和规模。

Rep Frame 是一个抽象框架，目前提出的绝大多数模型其实都是由它衍生出来的，只是具体实现不同。按照信誉的计算方式，大致可将信誉模型划分为以下几类：标准信誉模型、全局信誉模型、eBay 信誉模型。

### （三）发展趋势

回顾国内外的研究成果，信誉模型是从交易双方考察交易方的信用状况，通过主观信任和客观信誉的比较来判断在线购物是否发生。然而，除了一些经典的困扰大家的问题外，关于信誉机制又有了新的目标和问题被不断提出。应该看到，正是由于电子网络和人类自然社会的许多相似性，才造成了这种信誉机制的复杂性，实际中也许根本无法真正设计出一个通用的完美方案。但不论如何，通过多学科研究人员的配合，设计一个尽可能好的信誉系统仍然是大家努力的目标。虽然目前研究这方面的科研机构和社会团体非常多，但相互间的配合却还不够，他们很少利用前人的成果，却经常是另起炉灶，设计一个依然包含大量已知缺陷的新系统。正是这种原因，使得基于信誉模型的信誉系统的研究即便在基本概念上都有较大分歧。

如今，基于信誉模型的信誉机制在网格计算、电子商务、Adhoc 网络等方面的研究也开展得如火如荼，如果能相互间增进沟通，取长补短，对于推动信誉机制研究的更深入开展将大有裨益。

## 三、信任模型

### （一）信任的定义

一般意义上讲，信任是指"对实体在某方面行为的依赖性、安全性、可靠性等，是对这种能力的坚定依靠"。本书对信任的定义如下：

信任是对一个实体身份和行为的可信度的评估，与这个实体的可靠性、诚信和性能有关，信任是一个主观概念，取决于经验，我们用信任值来表示信任等级的高低，信任值随实体的行为而动态变化。

### （二）信任关系的分类

实体之间的信任关系可以分为两类：直接信任和推荐信任。

直接信任是指两个实体之间曾经有过直接的交易，他们之间建立了一种直接信任关系，信任值来源于根据双方的交易情况得出的直接经验。

推荐信任是指两个实体之间没有进行过直接的交易，而是根据其他实体的推荐而建立的一种信任关系，他们之间的信任值是根据其他实体的评估得出的结果。

### （三）信任模型简介

在公钥基础设施中，当两个认证机构中的一方给对方的公钥或双方相互给对方的公钥颁发证书时，两者间就建立了这种信任关系。信任模型描述了如何建立不同认证机构之间的认证路径以及寻找和遍历信任路径的那些规则。

所谓信任模型就是提供了一个建立和管理信任关系的框架，是安全架构用来对实体的身份及其相关数据（如姓名、公钥等）进行验证的机制。

信任模型主要分为以下六种：单级 CA 信任模型、严格层次结构模型、分布式信任模型结构、Web 模型、桥 CA 信任模型、用户为中心的信任模型。

**（四）信任模型在移动电子商务中的应用**

目前在互联网上的电子商务交易过程一般是基于 Web 模型，且通过 B/S 方式完成。例如，顾客在网页上选择了自己需要的商品后，将购物车"推到"收款台查看购物清单和费用，如果用户满意就继续选择支付方式；在发送支付信息前可以要求该商业服务器向用户提供证书，浏览器通过对证书进行有效性验证，在浏览器和服务器之间建立 SSL 连接将用户的卡号和密码发给商业服务器；商业服务器使用虚拟的 POS 软件准备特制的电子消息发送给卡处理服务局，卡处理服务局根据用户账户的请求以及支付卡信息创建银行标准授权请求，并将其放置在银行的交换网络上；如果该用户指定的银行批准请求，就会返回授权销售的信息，接着完成销售工作。由于 Web 信任模型的局限性，在这个过程中浏览器和服务器之间建立的 SSL 连接存在很高的风险。

以证券交易为例来说明，在实际的电子商务交易中应用信任模型。证券交易中通常是使用证券的客户端软件来与服务器进行交易。根据证券交易的一般特点，将信任模型进行组合，用户和证券公司之间信任关系的建立采用 Web 模型（即信任列表和严格层次结构的组合），采用这方式用户只需要向证券公司信任的 CA 申请证书，用户易操作；在证券公司服务器之间使用严格层次结构信任模型，证券公司是一个单一的组织，可以共同信任一个 CA 证书，可以在内部建立自己的 CA 机构进行管理，与外部隔离；在证券公司服务器和其他组织服务器之间进行操作时采用分布式信任模型，此时只需要在两个组织的根 CA 之间建立信任关系，就可以实现彼此的交叉认证。

## 四、信誉和信任模型的安全性

移动电子商务是建立在无线网络与互联网基础上的一种新兴的公共网络交易平台。安全问题是一直伴随着互联网发展的重要问题，基于上述移动电子商务的特点使它面临很多安全性问题，主要分为来自网络内部的威胁与来自网络外部（网络之间）的威胁两个部分。恶意监听，篡改、插入、删除、重发数据等都是来自网络外部的威胁；虚假或者恶意内容攻击，垃圾信息等都是网络内部的威胁。信誉和信任模型同样也面临着网络内部和网络外部的威胁，如错误推荐就是信誉和信任模型存在的网络内部安全威胁，由于信誉推荐是信誉的根基，错误推荐的存在将严重威胁到信誉模型的正常运作。

随着各种自治网络的出现，互联网的安全问题受到越来越严重的威胁。传统的提供网络安全做法一直是借用工具进行添加密钥和进行身份验证。但是，基于加密的安全技术不能解决在网络中所遇到的新特征和新恶意行为，因为加密技术不能防止内部对手或错误节点提供有意的和无意的错误服务。因此，对信任和信誉的管理逐渐成为保障电子商务安全的重要部分。虽然信任和信誉系统在网络安全中扮演了重要角色，但是由于信任和信誉中采用了间接信任传递手段，攻击者能采用各种方法阻碍信任机制建立正确的信任和信誉评价，从而达到破坏信任和信誉系统安全的目的。很多研究者对信任和信誉系统做了各方面研究，如采用信誉技术激励 Peer 增强协作、惩罚恶意行为等。这些研究工作表明，在电子商务中使用信誉以及信任系统，可以大量地减少电子商务中的恶意行为。

# 第四节　移动商务安全管理措施

我国致力于移动电子商务安全领域的研究已经有几年的时间，经过我国政府、移动通信行业和 IT 行业以及移动用户等多方面的共同努力，安全工作已经取得了可喜的进展，如《电子签名法》的正式实施等。并且经过多年的努力，我国成功研制了多种自己的加密算法，并建立了多个 CA 认证中心，大多数银行都开办了网上银行业务，创造了一个比较安全的移动商务环境，从而保证了我国移动商务的健康发展。

尽管我国在移动商务安全研究工作上取得了一定的进展，但其安全现状并不乐观，国内关于移动商务的安全事件报道层出不穷。用户对于移动终端的安全和网络的安全问题越来越担心，安全成为舆论普遍关注和瞩目的话题。第一章中，我们从技术、管理和法律的角度，简要介绍了移动商务的安全措施，下面我们将结合我国的实情，提出我国移动商务在安全管理方面的具体解决措施。

## 一、加强移动通信服务市场的安全监管

### （一）加强交易主体身份识别管理

目前，我国绝大多数手机尚未进行实名登记，垃圾短信、诈骗短信层出不

穷，利用手机进行的违法犯罪事件也屡见不鲜。这不仅妨碍了正常的社会公共秩序，甚至危害国家的安全。而面对利用手机进行的违法犯罪活动，公安机关在侦查中苦于这些涉案手机没有进行身份登记，缺乏破案线索。

因此，在移动商务的交易过程中通过强化主体资格的身份认证管理，保证每个用户的访问与授权的准确性。实名身份认证解决方案的应用，可以增强移动商务交易的安全性，保证交易双方的利益不受到侵害。但是，由于当前购机实名制尚未完全推行，因此，假名和真名混用的情况，更给了使用假名、假身份证者以浑水摸鱼的空间。不仅如此，一人多机、一人多号而不同名的情况、手机转让不过户的情况严重，以致造成不能确认交易主体的准确、真实身份的情况严重存在。

除此之外，相当多的移动商务平台以"我只提供平台，风险与我无关"自居。因此，对参与移动商务的交易主体缺少必要的审查和管理缺少网络化的交易监督，缺少对交易风险的提示和告诫，更缺少对交易风险的必要的赔付保障。所有这些，都将影响移动商务的发展进程。

**（二）加强相应的政府责任**

在政府层面，主要是对用户的隐私权保护提出更高的要求。要求政府必须加强对用户个人信息的保密，保证只有司法机关和行政机关在必要的情况下通过法定程序，对个人信息进行查询；运营商及其代理机构也要对用户的注册信息进行保密，不得滥用于注册之外的其他用途。另外，政府还应该要求运营商建立畅通的途径，避免过多干涉，积极与管理部门配合，力争采取切实有效的措施保证未登记用户方便地进行登记。

**（三）加强短信息服务的配套管理**

治理不良手机短信是系统的工作，只有运营商、短信服务商、手机用户和政府共同参与，才能取得根本性的治理效果。

（1）要从准入环节加强管理。经营短信息服务业务，应当按照有关规定取得业务经营许可证。这也是加强短信息服务市场的重要举措之一。

（2）在服务环节，可以对短信息服务提供者设置一些义务性规定。短信息服务业务提供者向用户提供短信息服务，应当将短信息服务规则告知用户，并提示用户须对其本人制作、复制、发布、传播短信息的行为承担法律责任。短信息服务提供者应对短信内容本身尽到一定的审查义务，发现违法或违规内容的，应当及时向有关部门报告；对于明显违法的，应当立即采取相应的技术手段加以处理。

（3）各政府部门应当密切配合，对短信息服务加强监管。特别是通信行业主管部门，应当通过制定必要的规则来明确相关各方的权利和义务，加强日常的监督管理，加强对移动通信运营商和短信息服务提供者的监管，加大处罚力度，真正保护广大移动用户的合法权益，进而保证移动电子商务活动安全顺利进行。

### （四）加强移动商务诚信体系建设

#### 1. 建立可识别的诚信体系

诚信作为一种道德要求，它是一切道德的基础和根本，是一个社会赖以生存和发展的基石。目前我国社会诚信危机严重，全国每年因失信违约造成的损失就高达数亿元，建立适合中国国情的社会诚信体系尤为迫切。这不仅是电子商务发展中的关键问题，也是移动商务发展中的关键问题。

2007 年 3 月 27 日，中国移动牵手 SP 成立诚信舆论联盟，肯定了在过去几年里，中国移动信息服务行业经历了非常高速的增长，但同时一些 SP 在运营过程中也出现了一些侵犯消费者权益的违规操作行为，整个行业也因此一度处于消费维权的风口浪尖。因此，新浪、TOM、空中网、华动飞天等众多 SP 决定发起这一"联盟"，促进移动梦网健康持续发展。

由于移动终端具有可追溯性，为诚信体系建设奠定了较好的基础。但前提是必须实行实名制，并且要进行 CA 认证。其认证情况，不仅在相关网站和 WAP 网站均可以查询，而且在手机页面上也应该有明显的标识予以反映和识别。

#### 2. 建立诚信推送的反应通道

移动诚信体系的建设，不仅应具有网络诚信体系的一般特点，还应适应移动商务动态运行的特征和快速决策的特点，在交易寻盘、合同确定、支付决策等决断前，移动支付页面都应该有交易对方诚信情况的标识反映，还应该建立主动推动服务上门的推送反应通道，以便更好地为交易双方服务，避免和减少交易风险。与此同时，还应该建立违反诚信的反映和举报渠道，使违反诚信的行为或活动得到有力的追究和有效的制止。

## 二、加强门户网站系统的安全管理

### （一）安全管理模型的建立及实施

对移动电子商务系统的管理过程是一个动态的管理过程，是一个循环反复、螺旋上升的过程，可以尝试建立一个"闭环"管理模型，将安全管理的各个阶段融入模型之中，然后不断连续审查整个过程，发现问题时及时更新、及时解决，以便形成越来越完善的安全系统。系统安全"闭环"管理模型如图 7-2 所示。

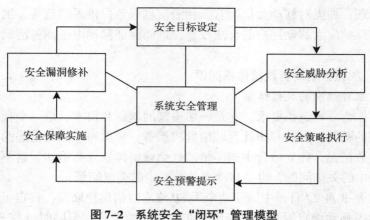

图7-2　系统安全"闭环"管理模型

该安全管理模型的具体实施方案如下：

（1）为移动电子商务系统设定安全的基本目标。

（2）对移动电子商务网络的安全威胁进行分析，确认存在的问题，找出原因并预测可能导致的后果。

（3）对发生安全漏洞的部分强制执行系统的安全策略，保证系统安全正常地运行。

（4）在系统发生错误时设置预警提示，以便及时对系统做出响应，避免不必要的风险发生。

（5）注意实施系统的安全保障措施，如紧急事件响应措施、定期系统安全评估等，确保系统一直处于最佳的安全状态。

（6）修补系统的安全漏洞，并纠正策略违规行为。

**（二）系统安全管理的具体策略**

1. 人员管理和培训

从事移动电子商务的经营管理人员对系统的安全负有重大责任，他们面临着防范严重的网络犯罪的任务。而网络犯罪同一般犯罪不同，他们具有智能性、隐蔽性、连续性、高效性的特点，因此加强对内部人员的管理显得十分重要。

首先，要对有关人员进行上岗培训，建立人员培训计划。应定期组织安全策略和规程方面的培训，从而提高内部人员的安全素质，增强他们的安全意识和保密意识。

其次，要落实安全责任制，在岗位职责中明确本岗位执行安全政策的常规职责和本岗位保护特定资产、执行特定安全过程或活动的特别职责，对违反安

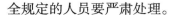

全规定的人员要严肃处理。

最后，要贯彻交易系统安全运作的基本原则：①双人负责原则，重要业务不要安排一个人单独管理，实行两人或多人相互制约的机制；②任期有限原则，任何人不得长期担任于交易安全有关的职务；③最小权限原则，明确规定只有网络管理员才可进行物理访问，只有网络管理人员才可进行软件安装工作。

2. 信息安全保密

移动电子商务活动提供的信息涉及企业的生产、财务、供应等多方面的机密，因此有必要对信息划分安全级别，确定安全防范的重点，从而提出相应的安全保密措施。信息的安全级别一般分为三级：

（1）绝密级。如公司战略计划、公司内部财务报表等。这部分内容不在网站上公开，只限公司高层人员掌握。

（2）机密级。如公司的日常管理情况、会议通知等。这部分内容也不会在网站上公开，只限公司中层以上人员使用。

（3）秘密级。如公司简介、产品介绍及订货方式等。这部分内容在网站上公开，供客户浏览，但是必须有相应的保护措施，防止黑客入侵。

保密工作的另一个重要问题是对密钥的管理。密钥管理贯穿于密钥的产生、传递和销毁的全过程，因此要定期更换密钥，减少黑客通过积累密文而增加破译的机会。

3. 系统日常维护

移动电子商务系统的维护包括硬件维护和软件维护两个方面：

系统的硬件维护，包括移动通信的基站、交换机设备和内容提供商的服务器设备。为了保证系统安全可靠地运行就必须对系统进行良好的管理和维护，而由于移动电子商务涉及的网络设备较多，因此系统维护的任务难度很大。对于可管设备，可以通过安装网管软件进行系统故障诊断、显示及公告、网络流量与状态的监控，以及系统性能调优、负载平衡等；对于不可管设备，要通过手工操作来检查状态，做到定期检查与随机检查相结合，以便随时、准确地掌握系统的运行状况。

系统的软件维护，包括系统软件和应用软件的维护。对于系统软件要定期清理日志文件、临时文件，整理和检测磁盘文件系统，并处理运行中的死机情况等；应用软件维护主要是做好版本控制，提供在线更新功能。

另外，还要做好数据的定期备份工作，以便在需要的情况下对系统数据进行恢复。

4. 病毒防范

病毒防范是保证系统正常交易的重要方面，如果网络系统遭到病毒袭击，将阻碍和破坏系统交易的顺利开展，因此必须采取必要的病毒防范策略。

（1）提高安全防范意识。网络病毒种类繁多，传播方式和渠道非常多，因此需要系统管理人员和工作人员提高警惕，不要打开来历不明的电子邮件和文件、程序等，对于可能带有病毒的介质如软盘、U盘和光盘等，要进行病毒查杀，防止病毒进入交易系统。

（2）使用防病毒软件。网络防病毒软件有两种：一种是单机版防病毒软件；另一种是联机版防病毒软件。前者是事后杀毒，当系统被病毒感染后才能发挥作用；后者是在网络端口设置一个病毒过滤器，属于事前防范，它能够在病毒入侵系统之前将其抵挡在外。

（3）定期清理病毒。很多病毒都有一个潜伏期，因此有必要实行病毒定期清理，以消除处于潜伏期的病毒，从而防止病毒的突然爆发，要使服务器始终处于良好的工作状态，进而保证移动电子商务活动的正常进行。

5. 安全保障措施

对系统实施安全保障措施是系统安全所必需的，如紧急事件响应措施、定期系统安全评估、安全风险分析及更新系统升级等，这些措施都为系统的安全提供了有力的保障，确保系统一直处于最佳的安全状态，即使系统受到攻击，也能最大程度地挽回损失。

## 三、加强安全管理组织体系的建设

### （一）制定一套完整的安全方案

一套完整的安全方案是实现移动电子商务系统安全的有力保障，移动服务提供商应结合自己的实际状况，从人力、物力、财力等各方面做好部署与配置。由于安全方案涉及安全理论、安全产品、网络技术、系统技术实现等多方面专业技能，并且要求有较高的认知能力，因此可以聘请专业安全顾问公司来完成。大多安全顾问公司在做安全方案方面有着丰富的经验，能够制订出符合需要的合理的安全方案。

### （二）制定并贯彻安全管理制度

在对系统安全方案和系统安全进行处理的同时，还必须制定出一套完整的安全管理制度，如外来人员网络访问制度、服务器机房出入管理制度、管理员网络维护管理制度等。以此来约束普通用户等网络访问者，督促管理员很好地完成自身的工作，增强大家的网络安全意识，防止因粗心大意或不贯彻制度而导致安全事故。尤其要注意制度的监督贯彻执行，否则就形同虚设。

### （三）成立网络安全管理机构

**1. 建立安全决策机构**

建立由行政领导、IT技术主管、信息安全主管、用户代表和安全顾问组成的安全决策机构，用来帮助建立安全管理框架，组织审批安全策略、安全管理制度，指派安全角色，分配安全职责，并检查安全职责是否已被正确履行，核准新信息处理设施的启用、组织安全管理专题会等。

**2. 建立安全执行机构**

建立由网络管理员、系统管理员、安全管理员、用户管理员等组成的安全执行机构，负责起草网络系统的安全策略、执行批准后的安全策略、日常的安全运行和维护、定期的培训和安全检查等。

**3. 选择安全顾问机构**

安全顾问机构一般聘请信息安全专家担任系统安全顾问，负责提供安全建议，并为安全策略评审和评估提供意见。选择安全公司时一定要谨慎，一旦聘请了安全顾问公司，那么现有的系统就等于对其完全开放，因此要从安全公司的背景、理念、人员管理等多方面考虑，以减少外来人员的安全隐患。

## 四、加快安全管理标准化进程

首先，要尽快制定符合我国国情的安全标准，为移动电子商务的安全管理提供依据。我国的移动电子商务起步较晚，安全技术力量薄弱，因此可以参考和借鉴国际信息安全标准化的先进经验，应根据我国移动电子商务安全保障体系建设和信息标准化的需求，集中优势科研力量，深入研究，制定出适合我国国情的移动电子商务安全标准，为我国安全标准化建设提供指南，为安全管理提供依据。

其次，搭建信息安全标准验证管理平台。移动电子商务安全标准化首先要解决信息安全标准的科学性、合理性和实用性问题，我国应加大信息安全标准化的人力、物力和资金投入，尽快开展基础设施建设，搭建信息安全标准的测试、研究、验证环境，从标准的科学性、合理性和实用性等方面深入开展标准的研究和管理工作，以便更好地满足移动电子商务的应用安全。

最后，加强组织领导，推动标准实施。移动电子商务安全主管部门要以安全标准化应用为主，加强对移动电子商务安全的组织领导，加大无线网络及信息安全标准的宣传贯彻实施力度，切实做好安全标准的推广应用和监督检查工作。同时由于信息安全的特殊性，国家必须强化信息安全标准的实施，保证我国信息安全标准的全面和有效落实。

综上所述，要实现安全的移动电子商务，单靠纯粹的技术防范是单薄无力的，安全管理策略的有效实施将使整个安全体系达到事半功倍的效果。只有技术和管理"双管齐下"，才能为移动电子商务系统构筑坚不可摧的安全防线。

## 五、加强法律对移动电子商务安全的约束

要保证移动电子商务活动的安全开展，除了先进的技术和严格的管理以外，还必须依靠相关法律法规的约束。有了安全的法律环境，才能使移动电子商务交易活动有法可依，使交易双方责权明晰，从而促进移动电子商务的进一步繁荣发展。

目前，我国还没有专门针对移动电子商务安全的法律法规出台，对其安全问题的研究只是在电子商务安全和移动通信市场安全的政策法规基础上加以适当修改和补充，没有形成明确的法律条文。因此，我国首先应结合实际，由各主管政府部门在相应领域制定专门的法规进行管理和协调，制定出一套针对移动电子商务安全的法律法规，从而为移动电子商务的安全管理提供法律依据。其次，应注重法律的可操作性，明确各主管部门的职责和权利，并在前置审批部门、专项内容主管部门、移动通信和互联网主管部门以及信息安全标准化组织等机构之间建立有效的沟通机制，制定行政许可和事后监督、制裁违法行为的工作流程，形成监管合力，提高全方位的协调、管理能力，对移动电子商务安全问题实行齐抓共管。同时可以出台维护移动网络信息安全的配套措施，创新管理方法，提高管理效率。最后，在对移动电子商务安全管理进行法律约束时，如果涉及政策导向性问题的，应该由国家主管部门在适当时候以政策手段进行调控，避免法律对新技术的发展形成体制性束缚。

## 本章案例

### 国内移动电子商务迎黄金时代　亟须规范先行

随着"移动通用实名"的推广，无线淘宝开放平台的出炉，凡客、当当网、卓越亚马逊网、京东商城等电子商务企业，以及电商网、搜狐、阿里巴巴等也纷纷启动了移动电子商务市场的布局计划，逐步推出手机客户端和手机网站。与此同时，艾媒咨询主办的2011年中国首届移动电子商务大会的汹涌而来，政府部门、移动互联网及互联网各界人士将在广州市共聚一堂，共同探讨中国移动电子商务的未来发展大计，移动电子商务市场正形成一片炽热的"蓝海"。

# 移动商务安全

移动电子商务因其快捷方便、无所不在的特点，已经成为电子商务发展的新方向。艾媒咨询（Iimedia Research）数据显示，2010 年中国手机电子商务交易额达到 22.1 亿元，交易额同比增长超过 2 倍。艾媒预计，未来两年增长速度仍会有所增大，预计 2011 年交易规模为 65.3 亿元，2012 年将突破 188 亿元。艾媒数据还显示，2011 年手机购物用户规模将达到 13000 万人，而到 2012 年，中国手机购物市场用户规模更达到 19000 万人，整体市场进入快速增长期。2013 年中国手机电子商务将迎来首个黄金时代。

但是，正当移动电子商务领域备受觊觎之时，3·15 央视频频曝光团购的欺诈与诚信缺失。专家指出，各种网络欺诈行为已成为消费者投诉热点，不断增长的各种钓鱼网站欺诈行为，直接威胁到消费者的网购及支付安全。这揭露了电子商务与移动电子商务的通病：诚信缺失及用户体验不成熟。此外，就目前情况而言，国内物流行业鱼龙混杂，移动电子商务支付手段主要有物流公司代收货款和充值点卡代收等。这种物流企业与商家的结算风险比较大，而且结算周期相对较长，安全、便利性不尽如人意。

国内移动电子商务市场是个诱人的蛋糕，但对于移动电子商务领域的企业来说，如何分得其中的一块，依然是一个大难题。艾媒分析师建议，要摆脱移动电子商务中的困境，首先得不夸大其词，诚信交易，获取用户信任，从而培养用户的消费习惯；丰富服务内涵，注重用户体验，提高用户服务质量；亟须完善移动支付支撑系统，以保证移动支付交易的安全性。

207

虽然国内移动电子商务市场正值黄金时代，但想要真正在其中获取收益，那就得慎步而行，做好规范和管理工作，不宜急功近利、随波逐流，否则"神马都是浮云"。国内移动电子商务市场的前景是光明的，道路是曲折的。只有解决了用户体验及移动支付问题，突破了这些"瓶颈"，加强移动商务的安全管理，移动电子商务才有可能更快、更好地发展。

资料来源：佚名. 国内移动电子商务迎黄金时代 亟须规范先行 [OL]. 手机中国，http://www.cnmo.com，2011-04-11.

➡ **问题讨论：**

1. 我国的移动商务安全管理面临着哪些方面的挑战？
2. 你认为可以从哪些方面着手来加强移动商务的安全管理？

# 本章小结

　　除了移动商务在技术上面临无线窃听、冒充和抵赖、病毒和黑客、插入和修改数据、无线网络标准缺陷等问题，用户隐私、SP提供商、移动终端、工作人员、信息安全管理标准化也面临着安全管理问题。随着移动终端设备的普及和移动通信网络、互联网的飞速发展，世界各国都采取相应的管理措施以及相应的法律法规来规范移动电子商务活动，尤其是移动电子商务的安全性问题。本章总结了移动商务安全管理较为领先国家的经验，以及我国在移动商务安全管理方面做出的努力。

　　随着互联网技术的发展，信息传播的便捷性、快速性及用户规模和潜在价值的巨大性，电子商务已经成为信息时代商业发展的趋势。但是由于虚拟市场产品具有不可触摸、交易的匿名性等性质从而使信息的不对称性加剧，欺诈行为不断出现。在线交易的非人格化和信息的不对称性使虚拟市场不确定性加大，即交易风险增加。很多调查显示，网络用户对网络信息持有怀疑或否认态度，消费者对网络销售者的信任度不高，由此影响了卖家和买家交易关系的建立。经研究表明，消费者大多不愿意在网上进行商品的交易是因为信用的缺失。建立信誉与信任模型，并应用于移动商务中，可以有效地对欺诈行为进行安全管理。

　　我国致力于移动电子商务安全领域的研究已经有几年的时间，经过我国政府、移动通信行业和IT行业以及移动用户等多方面的共同努力，安全工作已经取得了可喜的进展，但其安全现状并不乐观，国内关于移动商务的安全事件报道层出不穷。用户对于移动终端的安全和网络的安全问题越来越担心，安全成为舆论普遍关注和瞩目的话题。本章最后结合我国的实情，从不同方面提出了我国移动商务安全管理的具体解决措施。

# 本章复习题

1. 我国移动商务在管理方面存在的主要安全问题有哪些？
2. 国外对移动商务的安全管理主要体现在哪几方面？
3. 国外先进的移动商务安全管理经验对我国开展移动商务管理有哪些启示？
4. 简述我国目前有关移动商务安全管理的政策法规现状。

5. 简述欺诈行为给移动商务带来的影响。

6. 简述信誉和信任模型的基本运行原理。

7. 加强移动通信服务市场安全监管的措施有哪些?

8. 在移动商务安全管理组织体系的建设方面, 可以从哪些方面着手?

9. 如何加快我国移动商务安全管理标准化进程?

10. 我国应如何建设移动商务的政策法律环境? 如何构筑中国移动商务法律体系?

# 第八章

## 移动商务安全应用

## 学习目的

知识要求 通过本章的学习，掌握：

● 移动商务在各行业的应用

● 移动商务面临的威胁

● 移动商务几种典型的应用

● 移动商务典型应用的运营模式及安全策略

技能要求 通过本章的学习，能够：

● 理解移动商务相关应用及面临的安全威胁

● 理解移动商务典型应用的安全策略

● 了解国际上通行的两种电子支付安全协议

● 了解移动商务的三种典型应用

211

## 学习指导

1. 本章内容包括：移动商务应用安全概述；手机银行应用及安全问题；移动游戏应用及安全问题；移动政务应用及安全问题。

2. 学习方法：抓住重点，结合实际应用思考移动商务应用的安全问题；理解移动商务的应用和安全威胁；理解手机银行、移动游戏、移动政务应用安全问题及解决策略。

3. 建议学时：4 学时。

 引导案例

## 北京移动电子政务管理平台开通

2010 年 8 月 27 日下午，"北京市移动电子政务管理平台开通仪式及标准宣贯会"（以下简称"管理平台"）在北京邮电大学科技大厦举行，北京市副市长苟仲文出席，苟仲文副市长和北京市经济和信息化委员会朱炎主任为管理平台开通揭牌。

苟仲文副市长在揭牌后讲话指出，在当前全市着眼建设世界城市背景下，充分利用移动通信技术对提高政府效率、建设服务型政务具有十分重要的意义，一方面对政务部门提出加快建设移动电子政务的要求；另一方面对移动电子政务产业链提出希望，希望运营商、终端厂商、系统集成商、信息安全服务商等加强合作，提高服务能力。并特别强调在移动电子政务建设和应用中，要完善制度规范，确保信息安全。

北京市经济和信息化委员会副主任俞慈声分析了北京市电子政务面临需求和问题、阐述发展趋势，介绍了北京市移动电子政务的建设与应用现状，并对管理平台的一期建设情况和移动政务试点单位工作进展进行总结，对下一步推进移动电子政务建设和发展提出了三步走计划。

北京通信信息协会受北京市经济和信息化委员会委托，组织产业链各类企业，组织制定了总体技术要求以及移动通信平台子规范、管理平台子规范、移动政务平台服务子规范、终端子规范、委办局区县信息系统建设子规范、信息安全子规范共六个子规范，并在会上做了宣贯和说明，规范运营商建设通信平台和提供服务，规范了各部门移动政务应用系统建设。

北京市经济和信息化委员会统筹、集约建设的移动电子政务管理平台为全市各部门开展移动业务提供统一政务接入、统一应用管理、统一接口标准、统一安全标准、统一终端标准。截至目前，移动电子政务管理平台在北京市各部门和电信运营商等多方共同努力下，已完成一期建设。

会上，朝阳区、北京市经济和信息委员会、北京市种子站等单位分别演示了在移动执法、移动视频、移动办会等移动电子政务领域的试点应用情况。北京联通、北京电信在会上就目前提供的解决方案进行了介绍。

北京市移动电子政务管理平台从终端、传输、接入、应用等方面全面保障安全，而且集合三家电信运营商技术，这在国内尚属首次，这对于推动北京市移动电子政务的发展、带动周边产业链意义重大，有助于实现《北京市信息化基础设施提升计划》要求的"城乡一体化的数字城市、资讯获取便利的信息城

市、移动互联的网络城市、信息新技术新业务的先行城市、信息安全水平一流的可信城市"发展目标。

资料来源：佚名.北京移动电子政务管理平台开通［N］.人民邮电报，http://www.163.com，2010-09-01.

➡ 问题：

1. 北京移动电子政务管理平台的作用是什么？
2. 移动电子政务涉及哪些安全问题？

# 第一节　移动商务应用安全概述

随着移动网络技术和服务的不断深入，以及人们商务模式观念的改变，移动电子商务逐渐成为近年来发展非常迅速的应用领域。如果说互联网是人类资讯与管理的革命，那么移动互联网则是商业与智能化的革命。随着移动商务的深入发展，各种应用模式应运而生，但由于各种移动商务技术的特点和局限性，移动电子商务在应用过程中同样面临着一些不可避免的安全威胁，需要在今后的探索与实践过程中，完善安全策略。

## 一、移动商务应用模式介绍

在第一章中，我们了解到移动商务在娱乐业、金融业、旅游业、教育和物流等行业得到了广泛的应用，尤其现在满足客户个性化的需求，移动电子商务也悄然在用户之间得到应用。移动电子商务的应用随着时间的发展不断渗透到与人类生活、生产、学习、工作、娱乐相关的各行各业中，成为未来商务的典型形式。

移动电子商务在各个行业中的应用不是相互独立的，而是相互交叉、共同发展的。一个实际的应用可能在多个行业中得到应用，例如移动电子商务信息服务。移动电子商务信息服务是指通过信息采集、开发、处理和信息平台的建设，通过移动通信网络直接向终端用户提供语音信息服务（声讯服务）或在线信息和数据检索等信息服务的业务。移动电子商务信息服务在企业商务活动、企业业务管理和通用服务领域都有广泛的应用，主要有移动搜索信息服务、移动门户信息服务、移动商务信息定制服务等。下面是一些移动电子商务的典型应用。

## （一）移动娱乐

随着移动网络的不断发展，移动宽带对大数据量传输的支持不断加强，从而使移动网络成为一个全新的传媒与娱乐渠道，为移动娱乐业的发展提供了一个全新的应用平台。目前，互动性游戏和实时娱乐服务已经走入了人们的生活中。人们可以通过移动网络终端用一种方便、快捷、安全的方式来获取定制的交互式新闻报道和娱乐信息服务，音乐与娱乐的升级、传递服务，娱乐活动购票服务，以及在线游戏服务等具有特性的移动服务。第二节中介绍的移动游戏就是移动电子商务在娱乐行业中的一个具体应用。

## （二）移动金融

无线通信技术一直处于快速发展的阶段，而且新技术正在进入实用阶段，深入各个社会领域乃至百姓生活，给整个社会带来巨大的变革，影响着社会经济生活的运作模式和发展模式。其中，金融业作为应用新技术的先锋，与移动电子商务技术相结合，实现了不受时间、地点的限制，交互式地进行金融活动。由于数字化电子货币的使用与发展为人们进行跨地域的商务金融活动提供了方便条件，因此，目前金融业最有影响和发展潜力的应用是移动支付，同时在移动支付的基础上将会发展出更多的移动金融应用。移动金融的主要应用包括移动支付、移动银行、移动钱包、移动证券、移动彩票等。

## （三）移动旅游

随着国内外旅游业的快速发展，游客们会发现"在家千日好，出门一时难"的困扰，尤其是在旅游旺季。但是移动旅游移动电子商务的发展为旅客出游提供了一种及时、方便、快捷的旅游方式。旅游产品是一种特殊的商品，它具有季节性、无形性、生产与消费的异地性等特点，因而也就决定了旅游产品生产与旅游消费需求之间不可避免地存在时间和空间上的差异。传统的旅游服务无法解决游客在旅游区域、旅行途中临时产生的一些需求：如订餐、租车、购票、订房、更改旅游路线等。而移动电子商务则能随着移动的游客，提供无处不在的个性化、实时的贴心服务，能够解决以上诸多问题。移动旅游的典型应用有移动旅游咨询服务、移动电子门票、车辆定位与管理、移动电子导游等。

## （四）移动教育

所谓移动教育是指以互联网和教学服务器为主要载体，以移动电视台和移动教育网为连接用户和互联网的主要媒介，运用当前比较成熟的通信技术、网络技术以及多媒体技术，通过目前使用较为普遍的无线设备，为各类用户提供广泛的数字化信息、学习内容、灵活方便的交互式教学、学习支持服务。与传统教育相比较，移动教育最大的优势是能够突破时间、空间和地域的限制。

214

移动教育的形式包括交互式教学、管理及服务等活动；移动教育强调提供数字化的信息和内容；教学辅助信息（课程表、学术会议通知等）属于移动教育的内容；移动教育不受时间和地点的限制；移动教育提倡在"做"中"学"；移动教育的技术基础是移动互联技术；移动教育的实现工具是小型化的移动计算机设备。

### （五）移动物流

移动物流是指以物流技术为支撑，物流环节的信息通过移动设备采集和无线网络进行传输，实现物流服务商务活动的电子化、网络化和自动化，是信息流、资金流和物流服务三者的统一。其中，物流技术一般是指与物流要素活动相关的、实现物流目标的所有技术的总称。现代物流技术综合了 GIS 技术、条形码技术和射频技术。

随着现代物流集成化、信息化和网络化的要求，移动电子商务的发展，使得物流业成为最有可能接受移动电子商务，并且能够使移动电子商务发挥作用的领域。建立一个高效率、低成本的物流体系，使得交易做到及时准确、配送简捷快速、服务良好的移动物流是物流的发展趋势。另外，随着我国对物联网的重视，条形码技术得到了广泛普及，条码标准日益规范，射频技术和 GIS 技术也在物流配送环节使用。

## 二、移动商务应用安全问题的解决策略

尽管移动商务的各种应用模式如火如荼地开展着，但其安全问题也越来越凸显，引起了人们的关注。就像在第二章中提到的移动商务的安全威胁一样，移动商务应用也存在很多安全威胁，同样面临着无线网络安全威胁、移动设备安全威胁以及用户隐私威胁等。要想移动商务的应用能够更广泛地被应用与更深入地发展，就必须解决这些安全问题，构建稳定的移动商务应用环境。在移动电子商务应用过程中，既要提升移动商务的技术防范能力，这是提高移动商务安全性的关键和核心环节，也要注意采用管理与法律方面的措施。这些手段要合理搭配使用，才能更好地维护移动商务应用领域的秩序，守护商家和客户的重要机密，维护商务系统的信誉和财产，同时为服务方和被服务方提供极大的方便。

### （一）端到端策略

端到端在移动电子商务中意味着保护每个薄弱环节，确保数据从传输点到最后目的地之间完全的安全性，包括传输过程中的每个阶段。即找出每个薄弱环节并采取适当的安全性和私密性措施，以确保整个传输过程的安全性并保护每条信道。移动电子商务带来了许多的设备，它们运行不同的操作系统且采用

不同标准，因此安全性成为更加复杂的问题。公司需要实用的安全解决方案，这些解决方案应能够被快速、简便地修改以便满足所有设备的要求，除此之外还要考虑全局。安全策略将对一系列商业问题产生影响，单独考虑安全性是远远不够的。实施 128 位鉴权码也非理想选择，因为程序太长会影响到用户使用的方便。同样，性能、个性化、可扩展性及系统管理等问题都会对安全性产生影响，这些都是制定安全策略时必须考虑的因素。

### （二）采用无线公共密钥技术（WPKI）

可通过部署无线公共密钥基础设施（WPKI）技术来实现数据传输路径的真正的端到端安全性、安全的用户鉴权及可信交易。WPKI 使用公共密钥加密及开放标准技术来构建可信的安全性架构，该架构可促使公共无线网络上的交易和安全通信鉴权。可信的 PKI 不仅能够安全鉴权用户、保护数据在传输中的完整性和保密性，而且能够帮助企业实施非复制功能，使得交易参与各方无法抵赖。

### （三）加强交易主体身份识别管理

在移动商务的交易过程中通过强化主体资格的身份认证管理，保证每个用户的访问与授权的准确，实名身份认证解决方案的应用，可以增强移动商务交易的安全性，保证交易双方的利益不受到侵害。

### （四）加强移动商务安全规范管理

为了保证移动商务的正常运作，安全运作，必须建立起移动商务的安全规范，必须加强移动商务的法制建设，必须提升移动商务主体的安全意识，必须营造移动商务的整体诚信意识、风险营销意识和安全交易意识。应通过移动商务安全规范的建设，完善管理体制，优化交易环境，加强基础网络设施建设，提高整体的安全交易环境和服务质量，充分发挥法律法规在交易中的规范作用，建立整个交易过程的良性互动机制，促进移动商务的健康发展。

### （五）完善相关法律和制度，规范产业发展，建构安全交易环境

移动电子商务是虚拟网络环境中的商务交易模式，较之传统交易模式更需要政策来规范其发展。有了法律的保障才能使交易的双方具有安全感，才能逐步转变用户固有的交易习惯而参与到方便、快捷的移动电子商务模式中。国家应完善相关法律和制度，明确行业的发展策略和政策导向，为移动电子商务的发展提供公平竞争的环境，并保障各参与团体间的利益分配，从技术和资金等方面支持广大企业从事移动电子商务的业务开发。移动通信的安全性还应该通过各种方式进一步增强，有效地解决安全问题是移动电子商务所必需的，从而能更好地鼓励交易服务。目前正在开展对电子商务安全体系的研究工作，电子商务的安全体系已经慢慢发展成型。

# 第二节　手机银行应用安全问题

手机银行是一种结合了货币电子化与移动通信的崭新服务，手机银行业务不仅可以使人们在任何时间、任何地点处理多种金融业务，而且极大地丰富了银行服务的内涵，使银行能以便利、高效而又较为安全的方式为客户提供传统和创新的服务，而移动终端所独具的贴身特性，使之成为继 ATM、互联网、POS 机之后银行开展业务的强有力工具，越来越受到国际银行业者的关注。目前，我国手机银行业务在经过先期预热后，逐渐进入了成长期，如何突破业务现有发展瓶颈，增强客户的认知度和使用率成为手机银行业务产业链各方关注的焦点。

## 一、手机银行介绍

从整体移动电子商务市场来看，传统的电子商务供应商、电信运营商、软件服务商、终端厂商、银行等产业链上的众多成员开始凭借自身的优势，纷纷涉足移动电子商务领域，同时，移动互联网本身也孕育出一大批新兴的移动电子商务提供商。2010 年，在中国移动入股浦发银行，正式进入移动支付领域后，银联也宣布联合 18 家商业银行、电信运营商（中国电信和中国联通）、诺基亚与联想等手机制造商共同成立移动支付产业联盟，一时间，移动支付领域硝烟四起。

手机银行不是电话银行，也不是 WAP 银行，是继电话银行、WAP 银行之后发展起来的新的移动银行。电话银行是基于语音的银行服务，而手机银行是基于短信的银行服务。目前通过电话银行进行的业务都可以通过手机银行实现，手机银行还可以完成电话银行无法实现的二次交易。比如，银行可以代用户交付电话、水、电等费用，但在划转前一般要经过用户确认。由于手机银行采用短信息方式，用户随时开机都可以收到银行发送的信息，从而可在任何时间与地点对划转进行确认。

手机银行与 WAP 网上银行相比，优点也比较突出。首先，手机银行有庞大的潜在用户群；其次，手机银行须同时经过 SIM 卡和账户双重密码确认之后，方可操作，安全性较好，而 WAP 是一个开放的网络，很难保证在信息传递过程中不受攻击；最后，手机银行实时性较好，折返时间几乎可以忽略不计，而 WAP 进行相同的业务需要一直在线，还将取决于网络拥挤程度与信号强度等许多不确定因素。

手机银行是由手机、GSM 短信中心和银行系统构成，利用移动通信网络及终端办理相关银行业务的简称。手机银行作为一个实时在线、交互性强的交易渠道，首先它的实现方式是基于银行账户的交易，而不是基于手机话费的交易，因此需要客户将手机和其银行账户对应绑定。其次，一方面银行将有大量金融产品通过该渠道发布，需要将银行的金融产品解释成手机银行渠道的业务流程；另一方面，由于手机这种移动终端的界面表达能力的限制，不可能把所有的功能一次性全部展示在客户面前，需要为不同客户提供不同的定制服务。最后，手机银行系统需要支持多通信服务提供商和多接入技术。

## 二、手机银行实现技术

移动银行的实现技术，从最先采用的基于 STK 卡的短消息方式，到 WAP 方式、基于信令通道的 USSD 方式，再到移动通信网络发展到 2.5G 时代又出现了 KJava、BREW 方式，甚至普通的短消息，采取一定业务安全控制以后也可以实现银行交易。

### （一）普通短消息方式

普通短信方式的移动银行安全级别很低，在手机里和网络运营商的服务器里都会留下痕迹，但如果从业务方面进行控制，只开通诸如查询、缴手机费之类的业务也未尝不可。其优势也是显而易见的，所有的手机都支持短消息，大多数人都会用短消息，如果有一个便捷有效的签约流程，发展客户是非常容易的。

### （二）基于 STK 卡的短消息方式

作为首先应用于移动银行的技术，这种方式是将银行服务的菜单写入特制的 STK 卡，从而便于客户的菜单式操作，同时，STK 卡本身有比较完善的身份认证机制，能有效保障交易安全。

其缺陷有几个方面：①STK 卡的容量有限，通常只能在卡里写入一家银行的应用程序，而且不能更改，最近出现的 OTA 空中下载技术可以更新 STK 卡里的内容，对服务进行升级，但仍然比较麻烦。②短信的存储转发机制会使交易在网络运营商的服务器里留下痕迹。③业务和商业模式存在致命缺陷，尽管有人提出可以将换卡手续改在银行柜台办理，但这需要银行与网络运营商的更深层次的合作。

### （三）USSD 方式

USSD 是新型交互式移动数据业务的非结构化补充数据业务，是一种基于 GSM 网络的新型交互式数据业务，可用于开发各种业务。USSD 消息通过 7 号

218

信令（SS7）通道传输，可与各种应用业务保持对话。USSD 可以将现有的 GSM 网络作为一个透明的承载实体，运营商通过 USSD 自行制定符合本地用户需求的相应业务。这样，USSD 业务便可方便地为移动用户提供数据业务，而增加新的业务对原有的系统几乎没有什么影响，保持了原有系统的稳定性。

USSD 方式的优势在于：①客户群体不需要换卡，适用大多数型号的 GSM 手机；②实时在线，交互式对话，一笔交易仅需一次接入；③费用较低。

其局限则是：①对不同类型的手机，其界面显示有较大的差异；②仅仅是从银行端到手机端的下行信息，无法实现端到端的加密；③目前该业务仅在部分地区试点，尚未普及到全国。

### （四）WAP 方式

WAP（Wireless Application Protocol）是无线应用协议的简称，是开发移动网络上类似互联网应用的一系列规范的组合。它将使新一代的无线通信设备可靠地接入 Internet 和其他先进的电话业务。由于无线网络系统和固定网络系统不一样，加上移动终端的屏幕和键盘都很小，所以 WAP 不适于采用 HTML（超文本标识语言），而需采用专门的 WML（无线标记语言）。目前大多数银行发布的移动银行采用 WAP 2.0 的方式，WAP 2.0 实现了由 WAP 终端到 CP 之间的端到端加密，采用 TLS 作为端到端加密的算法。

WAP 方式的优势在于：①银行的开发量很小，仅需在网上银行的基础上开发 WML 的版本即可；②字符内容浏览，实时交易；③GPRS 的出现，改善了浏览速度。

其局限在于：①客户需要有 WAP 手机；②只能处理文字，可交互性差，界面简单。

### （五）K–Java 方式

K–Java 是专门用于嵌入式设备的 Java 应用，是 Java 技术在无线终端设备上的延伸。J2ME 平台技术扩大了 Java 技术的使用范围。这种多功能的 K–Java 应用程序开发平台，可以开发许多新的功能强大的信息产品。K–Java 技术可以使用户、服务提供商、设备制造商通过物理（有线）连接或无线连接，按照需要随时使用丰富的应用程序。J2ME 的配置和框架使信息设备的灵活性（包括计算技术和应用程序安装方式方面）得到很大提高。

其优势在于：①实时在线，交互式对话；②图形化界面，操作非常友好；③采用一些 1024 位的 RSA 认证加密技术和 128 位的三重 DES 加解密技术，安全性相对较高。

其局限在于：①目前 K–Java 手机价格较高，用户较少；②对不同型号的手机无法做到统一的显示，需要对不同型号的手机做部分针对性的开发。

### （六）BREW 方式

BREW（Binary Runtime Environment for Wireless，无线二进制运行环境）是一种基于 CDMA 网络的技术。用户可以通过下载应用软件到手机上运行，从而实现各种功能。BREW 位于芯片软件系统层和应用软件层之间，提供了通用的中间件，直接集成在芯片上，不必通过中间代码就可以直接执行，在整个系统中仅需约 150K 的存储容量。就像在 Windows 中添加、删除程序一样，用户可以通过手机下载各种软件实现手机的个性化，运营商也可以通过无线方式为用户下载、升级或回收软件。BREW 支持各种加密算法，开发商只需直接通过 API 接口调用对称加密算法 RC4、非对称算法 RSA、SSL 算法、HASH 函数等基本函数，不用再次开发。BREW 方式的优缺点同 K-Java 类似，但目前在安全性和终端表现的一致性上要优于 K-Java 方式。不过，BREW 是高通公司的专利技术，开放性不如 K-Java。

## 三、手机银行运营模式

韩国手机银行业务目前已经成熟。早在 2002 年 12 月，韩国就已经有 18 家银行提供手机银行服务，全年交易超过 109 万次，仅在 2002 年 9 月就有 9 万次交易发生。目前韩国所有的零售银行都能提供手机银行业务，截至 2009 年，韩国手机银行用户规模已达到 1115.5 万人。日本最先建立了手机钱包的商业运营模式，普及率和公众接受度比较高。现在大约有 550 万日本手机用户开通了电子支付功能，这个数字几乎占到了日本总人口的一半。欧美国家因为网上银行普及比较早，而很少使用手机银行，而且移动网络的安全性是手机银行在欧美国家发展的最大阻力。从运作模式来看，日本以移动运营商为主导，韩国以银行为主导。

我国手机银行主要采用以银行为主体的运营模式和提供第三方支付的手机银行运营模式。

### （一）银行模式

银行模式是指银行借助移动网络运营商的通信网络，独立提供移动电子支付服务，通过移动通信网络将客户手机连接至银行，利用手机界面直接完成各种金融理财业务。在该运营模式中，移动网络运营商不参与运营和管理，银行一般通过与移动网络运营商搭建专线等通信线路，自建计费和认证系统，用户在手机上可以直接登录所在银行的账户，进行手机支付交易等业务。

该模式的特点是各个银行只可以为本行的用户提供手机银行服务，不同银行之间不能互通，各银行需要购置设备并开发自己的系统，因而会提高业务成本，在一定程度上也造成了资源的浪费；特定的手机终端和 STK 卡换置也会造成用户成本的上升；移动网络运营商只负责提供信息通道，不参与支付过程；该模式在一定程度上也限制了手机支付业务的发展。

目前，国内银行纷纷开展了手机支付业务，例如，农业银行有 WAP 流畅版和 3G 时尚版手机银行；中国建设银行手机银行通过手机号与建行账号绑定来进行金融业务；工行基于 WAP 技术的手机银行；招行则推出 iPhone 版、Android 版、Java 版、Mobile 版、HTML 版、WAP 版等。

### （二）第三方支付模式

第三方支付服务提供商是独立于银行和移动网络运营商之外的经济实体，利用移动或电信的通信网络资源和金融组织的各种支付卡，由自己拓展用户进行支付的身份认证和支付确认，与银行和移动网络运营商协商合作。

该模式中产生费用主要来自：①向运营商、银行和商户收取的设备和技术使用许可费用；②与移动网络运营商以及银行就用户业务使用费进行分成。该模式的特点是第三方支付服务提供商可以平衡移动网络运营商和银行之间的关系；不同的银行之间的手机支付业务得到了互联互通；银行、移动网络运营商、支付服务提供商以及 SP 之间的责、权、利明确，关系简单；对第三方支付服务提供商的技术能力、市场能力和资金运作能力要求很高。

## 四、手机银行安全问题

移动电子商务虽然起源于电子商务，但是其通过移动终端上网的特性决定了它存在与普通电子商务不同的安全问题。无线网络本身的开放性带来了窃听、攻击和盗取密码等不安全隐患，手机软件病毒造成的安全威胁呈上升趋势，移动电子商务平台运营管理漏洞造成的安全问题都将是关注的重点。

### （一）信息传输的安全问题

由于无线网络的不稳定性和开放性，带来了窃听、攻击和盗取信息等不安全隐患。防范这些不安全隐患，一种方法是从手机端到银行服务端，采用先进的数据加密和验证技术，实现标准的 Https，保障了数据传输的速度，确保了手机银行的安全性和可靠性；另一种方法是通过专线方式与银行服务器连接，在进行银行业务操作时，不与外部系统连接，可以有效地减少外部网络入侵、信息窃听等安全问题，但是这种方法不能完全满足所有用户的需求，而且使得风险集中，故障点增多，一旦专线发生故障将造成全网故障。

### （二）手机病毒问题

在下载手机客户端应用软件时，可能会有手机病毒潜伏在应用软件中，在用户使用时盗取用户信息。为减少和杜绝手机病毒，应该严格按银行公布的方法和流程下载，确保程序安全可靠。手机银行客户端提供商应该根据手机用户的独特性设计手机银行客户端的唯一下载，使每个人的下载地址均不相同。

### （三）客户身份验证问题

使用手机银行服务时，可能会出现非法用户登录手机银行，必须加强客户身份验证。

加强客户身份验证可以采用以下策略：

（1）使用开通手机银行服务时所绑定的手机号码和设定的手机银行登录密码。首先，只有绑定的手机号码才能登录手机银行；其次，用户登录时还需输入手机银行登录密码。为防止恶意试探密码，设置了密码错误次数累计限制，当累计错误次数超过设置次数，手机银行密码将被设置为锁定状态。

（2）采用动态密码，也就是一次性密码。动态密码的产生因子一般都采用双运算因子。①用户的私有密码。它代表用户身份的识别码是固定不变的。②变动因子。正是变动因子的不断变化，才产生了不断变动的动态密码。采用不同的变动因子，形成了不同的动态密码认证技术：基于时间同步认证技术、基于事件同步认证技术和挑战/应答方式的非同步认证技术。

（3）要求客户办理开通手机银行业务时预留一个信息作为暗号。当客户登录手机银行后，在网页上会出现自己预留的信息。若暗号不正确，则说明客户登录了假网站，应立即退出，并与银行联系。

### （四）交易限额控制

在交易信息传输时，为了防止交易信息被篡改造成的损失，可以按照用户的需求设置每天或每月银行账户交易额度。包括对外转账、业务缴费等。

### （五）终端应用问题

手机银行还具有一个独特的安全问题。虽然顾客可以使用移动设备随时随地访问银行账户，但是移动终端显示屏幕通常很小、分辨率低，以及功能有限的键盘使得开发友好的用户界面和图形应用具有挑战性，这给消费者进行移动电子商务活动增加了难度。

另外一种风险是手机客户端记录用户的账号密码，该问题可以通过技术手段解决。客户终端在退出系统后会自动清除客户手机内存里关于卡号、密码等重要的信息。而别名设定、交易和卡号绑定等则仅保存在银行主机里而非手机里，因此即使手机丢失也不会影响用户手机银行的账户安全。

### （六）手机银行业务相关法规制度问题

虽然手机银行在国内引起了一定程度的反响，但是，目前国家和银行有关手机银行法律规范不够健全、商务模式尚不清晰，所以用户对手机银行还持有怀疑态度。随着法律法规的健全，加之手机银行简单方便、随时随地可以使用的特点，必将得到广泛的应用。

除了上面提到的问题外，因为手机号码和银行账户是关联的，很多客户都会担心手机丢失后会对本人账户信息和资金构成危险。其实客户可以放心使用，只要客户及时与银行联系并进行挂失，加之在办理手机银行时设有密码保护，他人捡到遗失的手机在不知道密码的情况下无法使用手机银行，或者客户可以通过银行网银、银行柜台等渠道暂停电子银行服务，待手机找回后再恢复。

# 第三节　移动游戏应用安全问题

伴随着中国 3G 网络和业务的发展，基于手机的移动互联网的手机游戏也进入了快速发展期。对于运营商而言，挖掘和把握手机游戏用户的需求，提供不同于传统电脑游戏的差异化服务，是推动手机游戏市场发展、赢得竞争的关键，同时在满足用户同时大力发展手机游戏平台建设，使手机游戏产业发挥更好的市场潜力。

移动游戏在 2011 年支出已达到 67 亿美元，未来在智能手机、平板电脑持续带动下，2015 年可望增长到 113 亿美元，占整体游戏软件支出 565 亿美元的20%。推升移动游戏支出持续增长的原因是智能手机和平板电脑，虽然游戏在这些设备中并非唯一功能，但仍然扮演着重要角色，移动软件商店游戏成为热门下载类别，未来会随手持上网设备增加而继续增长。预期智能手机、平板电脑持续带动移动游戏飙升，Gartner 表示，全球对移动游戏支出将快速增长，2015 年可望占据 1/5 的游戏软件市场。

## 一、移动游戏介绍

### （一）移动游戏定义

移动游戏（Mobile Game 或 Wireless Game），是指消费者利用随身携带并具有广域无线网络联机功能的行动终端设备（如手机、PDA 等），能随时随地进行的游戏。移动游戏运营商将游戏产品与移动终端产品相结合，从而提供给消费者随时随地的游戏服务支持。按照移动终端的类型，移动游戏的定义可分为广义与狭义两种。广义层面的移动游戏指能在移动过程中进行游戏的服务。目前市场中的掌机 PDA、游戏手机等均属于广义的移动游戏服务的范畴。狭义的移动游戏主要指与移动通信终端相结合的游戏服务。就通信领域的移动游戏而言，狭义的移动游戏就是指手机游戏。

## （二）移动游戏特点

传统的娱乐游戏往往具有时间和空间的限制，不能让游戏者随时随地享受到游戏的乐趣。而移动游戏由于移动终端的特性使得游戏的时间和空间被无限扩大。与传统的娱乐游戏相比，移动游戏有很多自身的特点，其主要体现在以下几个方面：

### 1. 随身性和便携性

随身性和便携性是移动游戏不可忽视的一大优势。人们对游戏的需求无处不在。移动游戏的随身性和便携性能满足人们随时随地的娱乐要求。同时，这也是移动游戏与传统游戏的最大区别。

### 2. 永远在线

永远在线是指移动游戏终端能随时随地与移动网络以及通过移动通信网络与其他终端保持联络。目前，网络游戏作为电子游戏产业发展的一个方向，已经在全球范围内快速发展起来。而网络游戏的兴起也极大地刺激了移动游戏的发展。移动终端永远在线的特性使其具备了开放移动网络游戏的条件，为未来游戏产业的发展指出了一个新的发展方向。

### 3. 位置可知

位置可知是指由于移动终端与移动通信网络保持着实时的联系，能使移动通信网络随时确定移动终端的位置。对于移动游戏运营商来说，可以充分利用用户的位置信息开发出基于位置的移动游戏产品。因为增加了位置的元素，从而增加了游戏的趣味性。如日本 KDDI 就利用其带有 GPS 功能的手机开通了基于位置的 BREW 游戏，受到了众多游戏玩家的喜爱。

### 4. 群众性

移动游戏是最具有群众性的、为大众喜爱的、具有吸引力的一种游戏形式。这种群众性的特征决定了参与的人群多，市场广泛。随着生活水平的提高，越来越多的青少年拥有手机、PDA、平板电脑等移动设备，游戏对青少年又能产生很大的诱惑力，因此，移动游戏有快速发展的潜力。

近年来，各大电信运营商的手机游戏平台建设不断加强，移动游戏厂商的推广渠道正朝着多元化方向发展。从移动游戏的发展方向来看，各大运营商重点关注以下三个方面。首先，手机游戏网络化。移动网游的游戏性、互动性更强，生命周期更长，对用户吸引力更大。其次，PC 网页游戏的移动化。无须安装客户端，打开网页就可以进行网络游戏，主要以开心网等社交网络游戏为主。最后，互联网、IPTV 及手机的互动游戏。它们可以帮助玩家更好、更便利、更安全地玩游戏，更多地获得互动的娱乐体验。

## 二、移动游戏分类

### （一）按照游戏的执行环境或特征分类

如按游戏的执行环境或特征分类，移动游戏目前大概可以分成下列八类。

（1）嵌入式游戏（Embedded Game）。嵌入式游戏作为移动终端的附加功能安装于终端设备，如 NOKIA 手机安装的贪食蛇就属于此类游戏。

（2）SMSG 游戏（SMSG Game）。SMSG 游戏利用短信息服务（Short Message Service）传递游戏信息，但此类游戏受限于短消息传递的时间过长，故这类游戏多为回合制。SMSG 游戏的优点是实现了用户与游戏的互动，也让用户更加习惯于使用手机来进行娱乐游戏。

（3）微型浏览器游戏（Micro-Browser Game）。微型浏览器游戏的玩家必须透过浏览器界面，如 WAP 浏览器，而游戏的内容则透过 WML 或 CHTML 等描述语言来定义。由于玩家的输入命令都必须通过移动无线网络传递至服务器，经服务器计算产生对应的游戏画面后，再传回至玩家端，故此类游戏互动性较不理想。

（4）多人互动游戏（Multi-player Game）。多人互动游戏可以通过广域移动无线网络或蓝牙进行联机，使玩家进行多人互动游戏，从而令游戏更刺激。

（5）下载类游戏（Download Game）。下载类游戏执行于 Java 或 BREW 平台上。移动玩家可根据自己的兴趣自由选择下载游戏程序。游戏程序可以通过 OTA（Over-The-Air）的方式，下载到移动终端设备上，从而进行随时随地的游戏。

（6）定位类游戏（Location-based Game）。定位类游戏的游戏内容与玩家的所在地有关。位置信息的取得可以直接通过手机内建的 GPS，或是基地台的 Cell ID 等技术。如日本的 Panasonic 与 Dwango 公司有发布此种与玩家所在位置有关的钓鱼游戏，国内也有相关业者投入此类游戏的开发。

（7）流类游戏（Streamed Game）。流类游戏的特点是游戏的内容，如玩家角色或关卡资料，可以在游戏程序需要的时候，通过网络方式传输到终端。

（8）扩展类游戏（Pervasive Game）。扩展类游戏延伸于原 PC Game 或 Console Game 游戏。它可以让玩家在家中通过游戏机玩游戏，而外出时则可以通过手机以另一种不同于游戏机的方式继续进行游戏，从而保持游戏的一致性。

上述移动游戏的分类，是以游戏的执行环境或特征分类的，但并不表示这些游戏之间彼此毫无关联、相互独立。实际上它们是可以互相搭配、相辅相成的，例如，短消息服务（SMS）游戏可以是多人（Multi-player）游戏，Java 游戏也可以有流游戏（Streamed Game）的功能。同时，如果按移动游戏的时间发展来划分，移动游戏则可以分为嵌入式游戏、短信游戏、程序平台游戏以及未来游戏等几类，如图 8-1 所示。

图 8-1　移动游戏的发展

### （二）按照游戏内容分类

移动游戏按照内容分类大致可以分为文字类、动作冒险类、格斗类、设计类、体育竞技类、益智类、棋牌类、角色扮演类、策略类等，现在很多游戏平台按照此办法进行分类，如新浪网、中国移动、中国联通等。按照内容进行分类可以使下载用户对游戏进行清楚的分类，更加符合下载用户选择游戏的分类习惯。

### （三）按照游戏网络特性分类

移动游戏按照网络特性分类可以分为单机游戏和联网游戏。单机移动游戏，如内置于手机中的游戏由来已久，但这种游戏仅作为手机的一个附加属性而存在，没有任何增值的空间。随着移动通信网络与移动终端性能的不断提高，移动游戏增加了网络性特征。基于短信、无线应用协议（WAP）、JAVA 等不同技术的联网互动游戏得以实现，而单机游戏也能通过网络下载更新或升级，这大大提升了移动游戏的增值空间，使其成为一个蕴藏着巨大利润的新兴产业。

除了按上述三种方式分类外，移动游戏还可按游戏表现形式分为文字游戏和图形游戏；按照手机平台分类主要分为 Java 游戏、Brew 游戏、UniJa 游戏、Symbian 游戏、Linux 游戏、Palm 游戏、Black Berry 游戏、Windows Mobile 游戏、Android 游戏等。

## 三、移动游戏运营模式

移动游戏运营模式如果按照游戏的收费模式进行分类的话，大致可以分为三种运营模式：合作运营模式、移动网络运营商模式和内容提供商模式。合作运营模式是指网络运营商、内容提供商和服务提供商之间达成合作协议，共享移动游戏内容所带来的收益。采用这种运营模式的优点在于它为移动电子商务价值链各方参与者创造一个生态系统环境，参与者共同推动内容的开发和推广，并从中获取自己的利益。移动网络运营商模式是指网络运营商完全控制游戏内容的开发和营销推广，游戏内容完全商品化。内容提供商模式是指运营商起传递游戏内容的管道作用。

目前，中国移动游戏的现状是：网络运营商——中国移动、中国联通正在积极打造其游戏平台，并广泛与内容提供商（CP）、服务提供商（SP）寻求合作，但网络运营商与游戏运营商、CP、SP之间的关系仍然存在严重的不均衡，网络运营商的强势使其居于主导地位。虽然运营商、CP和SP之间关系存在不均衡现象，但是从整个移动游戏市场上来看，合作运营模式是运用最为广泛的一种运营模式。

全球游戏产业生态正经历一场技术和商业模式的转变，一方面是移动游戏的特殊销售模式；另一方面是在线游戏的商业模式也在转变。随着网络技术的发展，运营商和游戏平台供应商以及内容提供商和终端设备厂商之间的合作关系更加紧密，不仅仅局限于同服务提供商的合作中，同时，游戏内容的开发和游戏平台应用得到更多的关注。

## 四、移动游戏安全问题

移动游戏安全问题概括起来有病毒问题、游戏购买支付问题、垃圾短信。

### （一）违法短信和垃圾短信威胁

手机用户在游戏网站下载手机游戏或者手机网游时往往在注册时要提供手机号码或者自动获取手机号码，而这些信息可能不慎泄露或被人盗取，被一些公司利用而发送广告，或者不法分子发送恐怖短信等垃圾短信。垃圾短信使人们对移动电子商务充满恐惧，而不敢在网络上使用自己的移动设备从事商务活动。目前，还没有相关的法律法规来规范短信广告，运营商还只是在技术层面来限制垃圾短信的群发。

垃圾短信对移动商务应用造成很大的困扰，可以通过运营商对流量进行检测，检测非法短信；用户举报非法短信；加强用户隐私等来应对垃圾短信。

## （二）病毒问题

移动游戏同样面临着病毒问题，消费者通过 WAP 网页在线游戏，或者下载游戏软件至移动终端过程中都有可能中毒。在一些非官方网站下载移动游戏时，这些移动游戏中可能隐藏着一些病毒，虽然有些病毒并不会窃取或破坏用户资料，但是可能会使手机自动拨号，向其他手机号发送垃圾短信等，导致用户的信息费激增。另外，用户在下载游戏或网游时要留下手机型号等信息，这样就为黑客针对手机型号制作传播病毒程序埋下伏笔。尤其是现在更多的使用智能手机和 3G 网络，移动游戏的增多，相应的游戏下载和参与量大幅度上升，使得手机和联网的手持设备更可能成为黑客或者病毒制作者的目标以及病毒载体。

面对病毒问题，用户在使用移动游戏应用时，可以去正规网站下载或在线游戏。另外，为移动设备开发移动终端开发防火墙和杀毒软件，目前移动终端杀毒软件已经得到应用。本书认为病毒重在防范，要定期进行杀毒。

## （三）游戏中嵌入的商家欺诈行为

移动游戏中有许多免费游戏，尤其是网络游戏靠植入的广告获得收入。一些广告存在欺诈消费者的行为，但是这些虚假广告在被发现后，不法行为人只需立即关闭或者转移站点，就可以轻松地逃避处罚，使得众多用户遭受损失。

针对欺诈行为，重要的解决手段是加强监管力度，惩处欺诈行为。另外，用户要增强自我防范意识，不贪图小便宜，防止被骗。

# 第四节　移动政务应用安全问题

从 20 世纪 90 年代开始，电子政务在全球各地兴起。21 世纪伊始，移动政务的概念又被提了出来。移动政务即把电子政务的部分功能从固定网转移到移动网来实现，可以把移动政务看成电子政务的一个子集或扩展。移动政务是传统电子政务结合移动通信平台的产物，通过移动政务平台，政府公务人员之间、政府与企事业单位之间、政府与公众之间可以随时随地实现相互间的信息传递，提高效率，彻底摆脱有线网络的束缚。

移动政务应用为再造政府、创新管理模式提供了新的机遇。移动政务的概念主要是基于移动网络的大面积覆盖和移动终端的发展提出的，更适合未来政务管理的发展。在本节中，主要从移动政务概述、移动政务的意义和移动政务

存在的问题等方面对移动政务进行介绍。

# 一、移动政务介绍

## （一）移动政务的定义

移动政务，又称移动电子政务，主要是指移动技术在政府工作中的应用，通过诸如手机、PDA、无线网络、蓝牙、RFID 等技术为公众提供服务。在公共管理领域，移动政务的重要应用之一是为市民以及现场办公的公共服务人员提供随时随地的信息支持。除了政府服务人员移动办公的需要，移动 Internet 技术还可以用于远程数据自动采集，例如环保部门、安全保卫部门、燃气管线监控部门、压力容器监控或者其他类型的危险品监控。远程数据采集，不仅免除了工作人员来回奔波的麻烦，而且提高了信息采集的及时性。最重要的是通过移动及无线技术对现场信息交互的支持，减少了不必要的物流和人流，推动了可持续发展，建设"资源节约型社会"。

移动政务的表现形式为"移动"，核心内容为"政务"。移动政务具有不受网线或网络接口限制、配置简单、应用灵活等特点，对于工作效率的提高、社会资源的节省，具有无比的优越性，从而引起政府部门的兴趣，也为产业链上各环节带来了新的商业机会。"移动"既不是简单地把现有电子政务搬到移动网络上，也不是满足公众对政府主管部门要求和希望的万能钥匙。政府工作的某些方面只能由电子政务来解决，例如，用于各政府部门之间电子通信和数据传送的基础设施就很难用移动政务来代替。但有时又很难区分电子政务与移动政务。一个典型例子是政府办公楼之间的无线连接，通过此无线连接，公务员不管在哪个办公楼，只要用移动终端（PDA 或笔记本电脑）即可获得数据，如图 8-2 所示。

## （二）移动政务的类型

### 1. 基于消息的服务

基于消息的服务即短信息服务；是门槛最低、应用最多的移动政务应用。目前出现的服务大多数是初级阶段应用，例如短信预警、短信公告、短信对内通知、短信对外通知等。基于消息的各种服务，信息的流动方向可以是单向的，也可以是双向的。随着移动互联网的普及，尤其是移动电子邮件的普及，短信服务会有一定程度的减弱。

目前，移动政务中基于消息服务的全球典型的应用案例有：2002 年 11 月，奥地利内务部与西门子合作利用手机短信给手机用户发送国会选举结果；2003 年 4 月，马耳他宣布进入"移动政务时代"，首批开展的服务包括基于手机短信的公民投诉事宜状态查询、各种证件的更新通知、考试成绩通知；2003 年 7

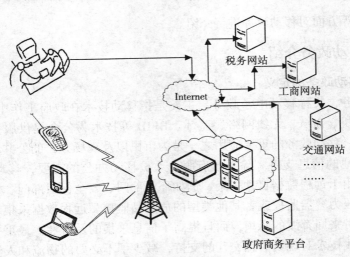

图 8-2  移动政务的典型应用

月，英国负责劳动就业的部门开始尝试用手机短信为失业人员提供就业信息；2004 年 8 月，荷兰政府在全球率先投资建立基于 GSM 网络小区广播的预警系统，这一系统可以向特定区域居民发送自然灾害预警、有害气体泄漏以及烟雾预警等信息；2004 年 10 月，奥地利宣布在 6 个城市进行的为期一年的"移动缴纳停车费"试验取得成功，有 5 万名驾驶员使用了这一服务利用短信缴纳停车费；2006 年 1 月，北京市居民收到北京市政府拜年短信。近年来，自然灾害频繁发生，为此，政府制定了自然灾害短信息预警机制，使更多的人能够及时获得灾害信息，有效地避免了财产损失和人员伤亡。2010 年，各地政府纷纷开通政府微博，为广大市民提供一个上访、交流的平台，以促进政府职能的更好发挥。

2. 基于移动 Internet 的服务

基于移动 Internet 的服务主要是基于移动 Internet 平台开发的服务。现在政府部门的很多现场办公都有移动 Internet 在进行服务支持，例如城管通、警务通，都是移动 Internet 的典型应用。除了政府服务人员移动办公的需要，移动 Internet 技术还可以用于远程数据自动采集，例如环保部门、安全保卫部门、热力管线监控部门、压力容器监控或者其他类型的危险品监控。此外还有 WAP 网站这种大众服务方式，网民可以随时随地利用 GPRS、CDMA1X 上网访问政府网站。

目前，全球基于移动 Internet 的服务的典型应用案例有：2005 年，英国伦敦市北部几个区联合构建的移动地理信息系统，通过移动技术及地理信息系统的结合，结合 PDA 掌上电脑终端，实现了环境保护、市容维护的实时管理；2005 年 7 月，山东大学齐鲁医院基于中国移动 GPRS 无线通信网络构建的"院外心脏远程监护系统"正式投入临床应用；2005 年，佛山移动推出的移动城市管理解决方案在 10 多个交通繁忙路口应用，交管部门通过手机监控摄像系统可实时掌握各区域路况信息以及时进行交通调配；2005 年，江苏省在长江及其水系从事运输的船舶上安装传感设备，检测船的吃水深度，通过 GPRS 网络将相关数据上传至监控中心，据此发现超载船舶并及时进行拦截及处罚。

3. 基于位置的服务

基于移动 Internet 的服务是未来移动政务的发展主流。其典型应用是可以提供基于位置的服务。基于位置的服务，是指利用移动通信网络获得特定物体的地理位置，从而为其提供相应的服务。比较典型的是追踪目标，包括车辆追踪、人员追踪等。在这种应用中，被追踪物体与运营商之间以短消息或者移动 Internet 的方式传递信息，同时利用运营商的基站来识别出终端的地理位置。

目前，全球基于位置服务的应用案例主要有：2005 年，广西利用 CDMA 技术在每辆货车上都装了车辆监控系统，交管局可以实时观察车辆的运行状态，及时发现超载、超速等各种安全隐患和司乘人员的违规行为；2005 年，江苏省在运输烟花爆竹的车辆上安装 GPS，并利用 GPRS 网络定时上传信息，建立并完善了运输安全监控系统；2006 年 2 月，继奥地利之后，芬兰监狱部门开始借助 GSM 定位、GPS 等技术手段，实现对表现良好及低危险性的犯人重返社会的跟踪管理，新方法比传统方法节约超过 90%的成本。基于位置的服务在提升精确性之后将会有更广阔的应用空间和更大的市场价值。

## 二、移动政务的意义

以移动技术为代表的普适计算，使得传统的以计算机为中心的电子政务模式转变成移动的以人为本的技术和策略，突破了传统的政府服务提供范式。移动政务的应用为进一步提高政府公共管理与服务水平，为建设敏捷、透明、责任、更具回应性的流畅政府提供了新的机遇，也有助于实现普遍服务，实现和谐管理。移动政务开展的具体意义和作用体现在以下几个方面：

（一）普及政府服务，有效解决数字鸿沟

美国关于移动政务的报告中，开宗明义指出：政府应该为尽可能多的公民提供服务。这一点对中国政务的发展也有相应的借鉴意义。目前，手机用户远远超过拥有计算机的人数，这一点在西部农村地区尤其突出，对实现真正意义上的政务普及具有重要意义。

如何消除数字鸿沟，为更多民众提供优质服务，是众多电子政务专家一直在争论的话题。提供政府服务的各种渠道中，例如办事大厅、Internet、无线通信网络、数字电视、信息亭、呼叫中心、传真、普通邮件，无线通信网络是覆盖范围仅次于呼叫中心的。在政府对于民众服务方面，全面普及以短信服务为代表的移动政务，是当前各种方案中投资小、见效快的最佳方案之一。

### （二）实时性强，提高办事效率

相对于台式机、笔记本电脑，移动终端更易于携带，能够更好地随时随地处理信息。无论是普通公众，还是政府的工作人员，移动政务实时传输信息这一特性可以有效提高办事效率，这点对于执法部门、应急服务部门尤其重要。北京市的交警已经开始使用的移动车辆监控系统，可以拍下行驶中车辆的牌照号码，实时传输给后台系统查询这一车辆的相关信息，从而决定是否采取措施。

### （三）群众基础好，简单易用

"拇指经济"的蓬勃发展，说明以短信为代表的移动增值消费模式和通信模式已经被广大群众所接受，已经成为很多人的日常习惯。对于普通民众而言，尤其是老年人，很多人对于打字、上网并不熟悉。但是，他们会发送短信。而且，电信运营商可以在手机菜单中嵌入移动政务的程序，更加方便民众使用。

### （四）引导SP（增值服务提供商）行业健康发展

前几年，被人们称为"拇指经济"的短信业务不仅挽救了寒冬中的 Internet 公司，也启动了一个新的市场。相关数据显示，2003 年短信市值近 300 亿元。但进入 2004 年，短信业务的增长态势开始逐渐放缓，门户网站的短信业务下滑。依靠短信本身费用盈利的模式遭遇了"瓶颈"。此时，SP（Service Provider，增值服务提供商）行业应用成为众多专家解决"短信业务瓶颈"的药方。作为 SP 行业的主管部门，政府更应该以自身的应用来带动 SP 行业应用的推广，以自身效率的提高作为企业界学习的标杆。

### （五）投资回报明显，易于推广

对于政府而言，在法律法规允许的范围内，开放信息资源供 SP 使用，可以获得适当的经济回报以更好地推动政府信息化项目。例如，北京市开设了机动车违章短信查询系统。司机可以发送特定信息查询自己的违章信息，从而避免逾期不交导致的罚款。政府在为司机及时了解违章信息、减少损失的同时，也使 SP 赚到了利润。如果政府热点问题调查中引入短信参与的方式，政府部门可以从电信运营商或者 SP 的收入中提取一部分，用于奖励群众的参与，以实现更好的互动。

### （六）容易同其他信息系统集成

与传统语音通信比较而言，移动政务更容易与其他信息系统集成。当前，利用计算机进行语音、文字互相转化的技术并不成熟。有些地区的呼叫中心，采用人工录入的方式将语音转换为文字，成本较高。现在，也可以用计算机连接电话线来拨打电话，但是这一做法并不普及。而短信系统很容易与 OA、ERP、CRM 等系统集成，有效实现信息的传递。

### （七）避免热线电话占线问题

很多政府部门的热线电话，存在占线问题。采用多中继线接入建立呼叫中心固然可以在某种程度上缓解这一问题。但是，这一方案成本较高，很难大幅度推广。短信息系统不容易出现堵塞问题，可以有效解决这一难题。

## 三、移动政务存在的问题

移动政务的提出主要基于以下事实：现在有移动电话或其他无线终端的人比有 PC 机的人多，如果把移动用户作为一个群体，那么政府提供给这一群体的服务将比提供给 PC 机用户的多得多。目前移动通信网已经覆盖全球大部分国家，移动终端是非常方便随身携带的，计算机却通常不随人旅行。因此，经常旅行和走动的人只要随身带上能接入移动政务的移动终端，就可以在世界各地保持跟自己政府的接触，获得信息和服务，不必再依靠不安全的网吧或服务亭去搜索信息或与家里通信。但移动政务的开展和应用，仍存在相应的难题。具体来讲，主要有以下几个方面的问题：

### （一）信息来源的可靠性问题

在同政府部门交流中，身份鉴别问题在信息收集方面至关重要。例如有些人恶作剧，利用短信报告井盖丢失问题，工作人员赶到所谓的事发现场却发现没有问题。中国存在大量的预付费手机用户，这使得很多用户的身份无法有效识别。除此之外，远程办公方面，利用手机操作后台系统的时候，单凭手机号码不足以鉴别操作者的身份，这其中包括 SIM 卡复制问题，也有手机借用问题。

身份的识别和信息的来源的真实性目前是一个比较大的难题。开展手机信用、培养公共意识、密码系统与生物技术是目前解决的方向。在重要的应用方面要建立移动政务认证机制，在当前阶段，设计信息收集系统的时候，可以考虑到用户信用等级管理、创建黑名单等方法。远程办公系统，采用登录密码是一个简单有效的方式。较为敏感的系统，则可以考虑生物识别技术。

### （二）网络的安全问题

就像传统网络安全一样，无线政务的网络安全也是一个重大的问题。特别是在公共空间传播的无线数据和终端设备方面，可能遇到的危险更大。移动网络的开放性给移动政务用户的数据交易的完整性和私密性造成了很大的威胁。

加之，手机病毒已经开始发展起来，对于终端设备的危害更强。

应对移动政务网络安全问题，采取密码保护信息安全、传输数据加密是目前的主要途径。在移动政务系统设计时要利用入侵检测技术和反病毒技术对非法侵入者进行追踪和防范。另外对于政府的机密业务，可以选择采用虚拟专用网络（VPN）来进行数据的传递和交互，利用强大的加密方法来保证传输安全的技术，无线局域网的数据用 VPN 技术加密后再用无线加密技术加密，就好像双重门锁，提高了可靠性。

**（三）法律效力问题**

法律法规是保障信息系统良好运行的基础。与移动政务相关的法律法规问题，包括短信的有效性问题以及短信警报系统的操作流程问题。对于公众来说，虚假短信的法律约束力有多大，对于虚假信息带来的损失的赔偿制度，报警系统的流程等都需要有新的规定。同时，在无线办公方面，文件的有效性也需要进一步地研究。传统的盖章、签名的方式在无线政务中比较难做到，这样就要做出相关的规定来证明文件的有效性。

**（四）移动数据通信费用问题**

移动网络不断发展，而且得到了广泛的普及，移动数据通信成本已有所降低，不再像几年前那么高昂。现在收费面临着服务费悄悄收、业务易定难退、业务退订后依旧收费等问题。政府部门可以借助用户数量较多优势，同电信运营商商谈无线数据通信服务价格，以减少开支。同时，还要加强监管力度，杜绝乱收费现象的发生。

**（五）人性化设计问题**

因手机屏幕的限制、短信长度的限制以及无线通信稳定性的限制，系统设计者应该充分考虑，系统发给用户的文字、图片应该进行优化，以方便阅读。此外，如果采用短信方式提供服务，用户发送短信格式错误的时候应该发送帮助信息，引导用户正确使用。移动运营商应该在各自的呼叫中心服务内容中增加移动政务的介绍，以推动民众应用。

**（六）终端设备安全问题**

终端设备安全问题包括移动设备丢失、密码被攻破、病毒等。要保障终端设备的安全，培训用户良好的安全使用习惯非常重要。计算机仅仅被当作数学运算工具的时候，没有多少人想到需要登录密码。如今，计算机里面往往存放了大量重要的信息，登录密码至关重要。当手机仅仅当作通话工具时，没有多少人使用密码保护。但是，移动政务的开展提高了手机的重要程度，用户需要培养安全使用的习惯，充分利用各种密码（例如 SIM 卡密码、设备开机密码、设备屏幕保护密码、设备键盘锁密码）保护信息安全。

移动政务，作为传统电子政务的扩展，未来还可以同无线城域网（如WiMax）、瘦客户端、移动 Internet、普适计算、RFID、3S 等应用进行更深入的融合，为人们带来更好的体验。移动政务，关键不在于技术，而在于如何针对自身业务特点进行流程重组。对于政府以及公共部门而言，同移动运营商、SP共同探讨，充分借鉴已有的成功案例，是非常重要的。已经取得一定进展的北京交警部门、北京东城区、广东信息产业厅等部门，都是值得尊敬的先行者。

 **本章案例**

### 中移动发手机病毒警示信息

6 月 21 日消息，中国移动昨天在官网上放出了最新手机病毒警示信息，提醒用户不要轻易点击未知的链接，如若发现手机有任何异常情况，就尽快联系手机售后服务网点处理或拨打中国移动客户服务热线 10086 进行举报。而且中国移动还列举了多种主要的手机病毒及其相关信息。

中国移动发出手机病毒警示信息如下：

**一、有关发布虚假"中毒提示"短信的警示信息**

近期，有大量客户举报收到内容为"您好！系统监测，您的手机系统已感染僵尸病毒，或被恶意扣费，请尽快查杀！"等类似短信，并提示用户点击链接进行杀毒。经查实，此内容并非中国移动或手机病毒监测的权威部门发布，如点击链接则有可能感染手机病毒。为避免产生不必要的损失，中国移动提醒您：对于假冒移动公司名义的信息和链接，提示的手机已经中毒、安装杀毒软件或者网址链接等信息，不要轻易相信，不要随意点击进入，更不要转发，应及时删除。如果发现手机有任何异常情况，请尽快联系手机售后服务网点处理或拨打中国移动客户服务热线 10086 进行举报。

**二、有关"X 卧底"病毒的警示信息**

近期一款名为"X 卧底"的病毒正在严重威胁着用户的隐私安全，根据国家计算机网络应急技术处理协调中心监测数据显示，该病毒在全国范围内平均每天发生 6600 次隐私信息窃取事件。

X 卧底是一款手机恶意软件，主要以窃取用户隐私、通话为主要目的，严重威胁用户的隐私安全。其主要技术原理为：

X 卧底软件安装后将隐藏在手机操作系统中，可通过开机自启动的方式在手机后台运行。通过调用智能手机操作系统相关 API 接口，读取手机终端的个人通讯录、呼叫记录、短信记录等隐私数据，并通过 GPRS 通道发送到后台主控服务器，以达到窃取用户隐私的目的。

235

X 卧底软件还能自动判断被监控手机是否具有 GPS 功能，如果具备该功能，将调用手机终端的 GPS 定位功能接口获得用户的位置信息，并通过 GPRS 通道发送到后台主控服务器上，从而实现对用户的位置追踪。

在被监控手机通话时，X 卧底软件会向指定手机发送短信通知，此时若指定手机呼叫被监控手机，X 卧底软件会在后台启动三方通话模式，实现在用户不知情的情况下对被监控手机的通话窃听。若被监控手机处于空闲状态时被呼叫，X 卧底软件可在后台自动接听，打开话筒功能，进行录音，并发送到指定手机，实现对用户周围环境的声音窃听。

"X 卧底"病毒的主要传播方式有：一是通过存储卡拷贝，直接在手机上安装软件；二是通过互联网下载软件，安装在手机上，或发送短/彩信，诱导用户点击后自动安装。

建议广大用户提高安全使用手机意识，不要轻易将手机借人，收到来路不明的信息和链接不要随意打开，更不要转发，应及时删除，以免遭受病毒侵害。如需下载手机应用软件，应选择相关软件的官方网站。如不慎中毒，应尽快联系手机售后服务网点处理或拨打中国移动客户服务热线 10086 进行举报。

### 三、其他主要病毒及警示信息

（一）MobileUpdate 病毒

主要影响操作系统：Symbian S60。

该病毒以"MobileFarmGame5th"为名诱使用户下载安装，安装后无图标。感染该病毒后会自动联网，并且会删除 10086 短信，即在收到 10086 短信时，只有短信提示音，收件箱中无短信内容。

（二）ZZinstall.A

主要影响操作系统：Symbian S60。

该病毒以"手中的幸福"等应用欺骗用户安装，感染该病毒后会自动拦截部分短信，并且会在后台自动发送短信。

（三）Android188 系列病毒以及安卓吸费王病毒

主要影响操作系统：Android。

用户使用的 Android 手机下载安装了如屏幕水雾，宋词三百首等应用软件，其中可能被捆绑了病毒。感染后会控制手机，植入恶意插件，强制订购 SP 业务，屏蔽 10086 短信等。

（四）金剑病毒

主要影响操作系统：Symbian S60。

用户下载名为"金剑伴侣"的应用软件，此软件表面是一款手机杀毒软件，但其内置了手机木马。中毒后会自动联网，在后台群发垃圾短信并删除相应记录。

（五）"地产广告"病毒

主要影响操作系统：Symbian S60。

用户下载安装被捆绑了该恶意插件的应用软件，被感染后手机会暗中连接互联网，按照病毒服务器下发的指令向指定号码群发地产广告类垃圾短信。

建议广大智能手机用户，在享受智能手机带来的丰富应用的同时，更应加强对手机安全隐患的防范意识。为了避免感染手机病毒，可采取以下措施进行防范：

（1）建议给手机安装适用的杀毒软件，并关注最新手机病毒的新闻报告及防范措施。

（2）手机下载及安装软件时请选择安全可靠的网站操作。

（3）使用 SD 卡、T-FLASH 等内存卡交换数据时注意防止病毒感染。

（4）隐藏或关闭手机的蓝牙功能，以防手机自动接收病毒，更不要安装通过短彩信和蓝牙发送过来的可安装文件。

（5）平时对于手机内的电话本及重要信息要经常性备份，以防感染病毒后丢失。

（6）对于已经感染病毒的手机，建议尽快到手机售后服务网点进行处理或者使用相关手机杀毒软件进行杀毒。

资料来源：佚名.中移动发手机病毒警示信息提醒用户［OL］.赛迪网，2011-06-20.

**问题讨论：**

1. 手机病毒对于发展移动商务具有哪些阻碍？

2. 请分别从法律、技术、管理三个角度探讨如何降低手机病毒带来的负面影响。

## 本章小结

随着移动网络技术和服务的不断深入以及人们商务模式观念的改变，移动电子商务逐渐成为近年来发展非常迅速的应用领域。如果说互联网是人类资讯与管理的革命，那么移动互联网则是商业与智能化的革命。随着移动商务的深入发展，各种应用模式应运而生，但由于各种移动商务技术的特点和局限性，移动电子商务在应用过程中同样面临着一些不可避免的安全威胁，需要在今后的探索与实践过程中，完善安全策略。第一节介绍了移动商务的主要应用模式、移动商务面临的安全威胁以及移动商务应用安全问题的解决策略。

　　手机银行是一种结合了货币电子化与移动通信的崭新服务，手机银行业务不仅可以使人们在任何时间、任何地点处理多种金融业务，而且极大地丰富了银行服务的内涵，使银行能以便利、高效而又较为安全的方式为客户提供传统和创新的服务，而移动终端所独具的贴身特性，使之成为继 ATM、互联网、POS 机之后银行开展业务的强有力工具，越来越受到国际银行业者的关注。因此，手机银行的安全问题也随之突出，第二节详细介绍手机银行的实现技术、运营模式和安全问题。

　　伴随着中国 3G 网络和业务的发展，基于手机的移动互联网的手机游戏也进入了快速发展期。对于运营商而言，挖掘和把握手机游戏用户的需求，提供不同于传统电脑游戏的差异化服务，是推动手机游戏市场发展、赢得竞争的关键，同时在满足用户需求的同时要大力发展手机游戏平台建设，注重手机游戏的安全问题，以使手机游戏产业发挥更好的市场潜力。

　　移动政务即把电子政务的部分功能从固定网转移到移动网来实现，可以把移动政务看成电子政务的一个子集或扩展。移动政务是传统电子政务结合移动通信平台的产物，通过移动政务平台，政府公务人员之间、政府与企事业单位之间、政府与公众之间可以随时随地实现相互间的信息传递，提高效率，彻底摆脱有线网络的束缚。但移动政务的开展和应用，仍存在相应的难题，需要我们不断关注与完善。

238

# 本章复习题

1. 请结合实际说明三种移动商务的典型应用模式。
2. 移动商务手机银行的运营模式有几种？
3. 简述移动游戏分类和其运营模式。
4. 简述移动政务实现的意义和存在的问题。
5. 简述移动电子商务在各行业中的应用。
6. 移动电子商务面临着哪些安全威胁？
7. 可以从哪些方面着手解决移动商务应用安全问题？

# 参考文献

［1］陈特放. WPKI 在移动电子商务应用中的安全研究［J］. 中南大学学报，2008.

［2］陈晓红，刘梦鹤. 浅谈移动电子商务［J］. 科学论坛，2010（16）：39–40.

［3］崔媛媛. 手机数字签名：移动支付业务的安全保障［J］. 电信网技术，2010（2）：8–12.

［4］但鸣啸，刘宏伟，吴婷婷，肖岳，石雅强. 移动商务中的隐私保护策略研究综述［J］. 中国电子商务，2010（12）：264–265.

［5］杜寒，张曹，韩树文. 物联网标准体系浅谈［J］. 条码与信息系统，2010（4）：16–18.

［6］盖建华. 端到端的移动商务安全框架［J］. 现代管理科学，2009（4）：71–73.

［7］龚海伟. 从三网融合看物联网［J］. 有线电视技术，2010（12）：68–69.

［8］胡润波，杨德礼，祁瑞华. 移动商务中基于综合评价的推荐信任评估模型［J］. 运筹与管理，2010，19（3）：85–93.

［9］姜广通. 基于 RFID 移动商务认证协议的研究与实现［D］. 大连理工大学博士学位论文，2008.

［10］李必云，石俊萍. 基于 WPKI 的移动电子商务研究［J］. 计算机与现代化，2010（3）：49–51.

［11］李俊. 中国移动支付产业发展及监管策略研究［D］. 北京邮电大学博士学位论文，2009.

［12］李娜. 日本、韩国移动支付模式的启示［J］. 黑龙江科技信息，2008（9）：72–24.

［13］李琪. 电子商务概论［M］. 北京：高等教育出版社，2009.

［14］李文娟. 安全移动商务协议分析与研究［D］. 大连理工大学博士学位论文，2007.

239

[15] 李星亮. 利用 AD HOC 网络认证模型和 WPKI 技术设计 M-Commerce 系统 [D]. 大连理工大学博士学位论文，2008.

[16] 李顺吉，张昆，刘伟. 手机银行数字签名实现方案 [J]. 中国金融电脑，2010（11）：72-75.

[17] 刘文琦. 移动支付系统安全的若干关键问题研究 [D]. 大连理工大学博士学位论文，2008.

[18] 刘晓军. 移动电子商务的应用分析 [D]. 中国海洋大学博士学位论文，2008.

[19] 罗松. 三网融合标准体系研究 [J]. 电信网技术，2010（9）：37-41.

[20] 马莉，周佳庆. WAPI 协议分析及移动终端设计 [J]. 电脑与电信，2008（10）：48-50.

[21] 莫万友. 移动支付法律问题探析 [J]. 河北法学，2008，26（11）：111-113.

[22] 彭冰，郎为民. 移动微支付系统研究 [J]. 微计算机信息，2006（27）：223-225.

[23] 钱怡. 无线局域网安全接入控制方法的研究 [D]. 东南大学博士学位论文，2005.

[24] 秦成德，王汝林. 移动电子商务 [M]. 北京：人民邮电出版社，2009.

[25] 邱翔. 我国近场移动支付技术标准的确立发展分析 [C]. 两网融合与物联网发展学术研讨会论文集，2010：46-51.

[26] 润波，杨德礼，祁瑞华. 移动商务中基于综合评价的推荐信任评估模型 [J]. 运筹与管理，2010，19（3）：85-93.

[27] 沈郁. 基于 WPKI 的 WAP 移动电子商务安全研究 [J]. 湖南大学学报（自然科学版），2003，30（3）：189-192.

[28] 舒虹. 移动电子商务安全问题及其应对策略 [J]. 贵阳学院学报（自然科学版），2009，4（4）：45-47.

[29] 魏芳. IEEE802.11e 中 TXOP 和接入控制机制的研究与改进 [D]. 电子科技大学博士学位论文，2010.

[30] 王春东，李琦. 数字签名技术在移动商务中的应用 [J]. 信息安全与技术，2010（7）：101-104.

[31] 王利平. 无线局域网入侵检测技术研究 [M]. 武汉：华中科技大学出版社，2008.

[32] 王秦，张润彤. 移动商务身份认证机制的研究 [J]. 物流技术，

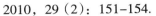

2010，29（2）：151-154.

[33] 王汝林.移动商务理论与实务 [M].北京：清华大学出版社，2007.

[34] 王伟.3G 通信网络的安全性分析 [M].西安：西安电子科技大学出版社，2008.

[35] 王有为，胥正川，杨庆.移动商务原理与应用 [M].北京：清华大学出版社，2006.

[36] 汪杨琴.移动支付协议安全性研究 [D].上海交通大学博士学位论文，2007.

[37] 夏斌.移动电子商务中的安全技术研究 [D].扬州大学博士学位论文，2008.

[38] 夏容.应用于移动设备的数字签名方案综述 [J].电脑知识与技术，2012（3）：3355-3356.

[39] 熊国红，戴俊敏.对手机银行认识与安全问题的思考 [J].武汉金融，2011（1）：52-53.

[40] 徐春燕，黄倩.物联网助力电子商务发展的思考 [J].科技创业月刊，2010，23（6）：59-60.

[41] 杨兰荣.移动商务端到端安全的关键技术研究 [D].江苏大学博士学位论文，2009.

[42] 杨凌云.3G 时代我国移动支付商业发展研究 [D].北京交通大学博士学位论文，2009.

[43] 杨木，张润彤.一种基于二维条码的移动商务一次性口令认证方案 [J].计算机工程与科学，2009，31（7）：17-19，22.

[44] 杨先磊.无线应用中身份认证技术的研究 [D].北京：北京邮电大学出版社，2007.

[45] 杨兴丽，刘冰，李保升.移动商务理论与应用 [M].北京：北京邮电大学出版社，2010.

[46] 詹川.智能手机系统结构及在移动商务应用中的性能研究 [J].中国管理信息化，2010（12）：85-93.

[47] 张静，霍煜梅，王颂，梁雄健.移动游戏的商业生态系统分析 [J].北京邮电大学学报，2008，10（4）：15-19.

[48] 张莉.国外移动支何业务监管现状分析与启示 [J].西部金融，2010（11）：56-59.

[49] 张丽萍，胡坚波.移动电子商务应用现状和趋势分析 [J].现代电信科技，2010（5）：1-4.

［50］张峻玮. 移动电子商务发展研究综述［J］. 经济研究导刊，2011（1）：189-190.

［51］张润彤，朱晓敏. 移动商务概论［M］. 北京：北京大学出版社，2008.

［52］张幼麟. 无线网络的安全协议［J］. 计算机安全，2010（1）：26-27.

［53］周品芳. 中国移动支付发展策略研究［M］. 北京：北京邮电大学出版社，2009.

［54］IEEE. Standard 802.16e-2005. Part16: Air interface for fixed and mobile broadband wireless access systems-Amendment for physical and medium access control layers for combined fixed and mobile operation in licensed band［S］. 2005.

［55］E. W. T. Ngai, Gunasekaran A. Decision Support Systems［J］. A review for mobile commerce research and applications, 2007, 6（3）：78-80.

［56］Jeffrey L. Solving the startup problem in Western mobile Internet markets［J］. Telecommunications Policy, 2007, 31（1）：14-30.

［57］Karygiannis, Athanasios, Antonakakis, Emmanouil. Security and privacy issues in agent-Based location-Aware mobile commerce［J］. Lecture Notes in Computer Science, 2009：308-329.

［58］Tomi D., Niina M. Past. Present and future of mobile payments research［C］. Electronic Commerce Research and Applications, 2008, 8（7）：165-181.

［59］Zahariadis Th. Evolution of the Wireless PAN and LAN standards［J］. Computer Standards and Interfaces, 2004, 26（3）：175-185.

［60］Zheng Y., Valtteri N., Yan D. A user behavior based trust model for mobile applications［J］. Lecture Notes in Computer Science, Norway, 2008：455-469.